मेरे नक़्शे के मुताबिक़

मेरे नक़्शे के मुताबिक़

सूरज पालीवाल

वाणी प्रकाशन

प्रकाशन के उत्कृष्टतम 62 वर्ष

सजिल्द पहला संस्करण : 2025

vaniprakashan.com

वाणी प्रकाशन

4695, 21-ए, दरियागंज, नयी दिल्ली-110 002

फ़ोन : + 91 11 23273167, 23275710

शाखाएँ

अशोक राजपथ, पटना-800 004, बिहार

कॉफ़ी हाउस कैम्पस, महात्मा गांधी मार्ग, प्रयागराज-211 001, उत्तर प्रदेश

महात्मा गांधी अन्तरराष्ट्रीय हिन्दी विश्वविद्यालय, वर्धा-442 001, महाराष्ट्र

sales@vaniprakashan.in

vaniprakashan@gmail.com

Mere Nakshe Ke Mutabik

by Suraj Paliwal

ISBN : 978-93-6944-182-2

Sansmaran

मूल्य : ₹ 625

जी.एस. ऑफ़सेट, दिल्ली-110 095 में मुद्रित

वाणी प्रकाशन का लोगो मक़बूल फ़िदा हुसैन की कूची से

मथुरा-वृंदावन से जमुना पार गाँव बरौठ को जहाँ मेरा जन्म हुआ,
जहाँ मुझे अक्षर ज्ञान हुआ और जिसने मेरे हाथ में कलम दी

भूमिका

'मेरे नक़्शे के मुताबिक़' में मेरे अब-तक जिये जीवन के ऐसे संस्मरण हैं, जो मुझे निरन्तर लिखने के लिये प्रेरित करते रहे हैं। इन संस्मरणों में मेरा गाँव है, मेरा बचपन है, बचपन के संघर्ष हैं, पढ़ने के दौरान आये अवरोध हैं, मेरे अपने सपने हैं और उन सपनों में मेरी माँ की उम्मीदें और पिता की चमकती आँखें हैं। दरकते हुये सामंती घर में मेरा जन्म हुआ था लेकिन जन्म के साथ ही ज़मींदारी चली गयी। जमींदारी उन्मूलन के कई वर्ष बाद जब मुझे थोड़ी-थोड़ी समझ आने लगी, तब मेरे सामने उसके अवशेष बिखरे पड़े थे लेकिन बाकी रह गये अवशेषों को मैंने संजोया नहीं बल्कि उसे शंका की दृष्टि से देखा। इसमें मेरी माँ की भूमिका खासतौर पर अहम् रही कि उन्होंने अवशेषों के प्रति मेरे मन में कभी मोह उत्पन्न नहीं होने दिया। पिता की भूमिका परिवार के संरक्षक की थी, वे सामंती परिवारों की तरह ज़्यादातर बाहर की दुनिया में व्यस्त रहते थे। घर की चारदीवारी में माँ थी, हम सब भाई थे, नौकर-चाकर थे, लगातार घटती ज़मीनों और बढ़ते हुये कर्ज़ की अनन्त चिन्ताएँ थीं।

गाँव की चिन्ताओं में शहर शामिल नहीं हैं, शहर के अकेले और भयावह संघर्ष भी दूर-दूर तक नहीं हैं लेकिन शहर की चकाचौंध है। फिर ऐसा क्या है जो मेरे जैसे युवकों को शहर में झोंकता है? गाँव के अभाव और अँधेरों से मुक्ति पाने की छटपटाहट और उन्नत शिक्षा व्यवस्था शहर के प्रति युवकों के मन में आकर्षण का प्रमुख कारण रही है। उन्नीसवीं शताब्दी के उत्तरार्ध्द और बीसवीं शताब्दी के पूर्वार्ध्द में शिक्षा के प्रति जागरूकता के कारण शहरों में जातिगत आधार पर छात्रावास और शिक्षण संस्थानों की नींव रखी गयी थी। यह समय हिन्दी पट्टी में नवजागरण का था। अलीगढ़ में छोटी से लेकर बड़ी जातियों के अपने-अपने शिक्षण संस्थान और छात्रावास हैं। पश्चिमी उत्तर प्रदेश में वह आर्यसमाज का दौर था, जो सामाजिक और धार्मिक रूढ़ियों को तोड़कर तार्किक समाज बनाने पर जोर दे रहा था। लेकिन यह तार्किक दृष्टिकोण अभी ब्रज क्षेत्र के दूर-दराज़ के गाँवों तक नहीं पहुँचा था,

वहाँ धर्म और उसकी रूढ़ियाँ अखंड रूप में विद्यमान थीं। मेरे अपने गाँव में धर्म सांप्रदायिकता में तो नहीं बदला था लेकिन उसकी उपस्थिति सार्वकालिक थी। धर्म के विरोध में या धर्म की तार्किक व्याख्या करने का न किसी में साहस था और न गाँव इसकी अनुमति ही देता था। शहर भी इससे अछूते नहीं थे लेकिन गाँव से गये युवाओं के लिये शहर का मतलब वह लक्ष्य था, जिसे पाने के लिये वह वहाँ गया था। अलीगढ़ में शिक्षण संस्थानों के साथ मन्दिर भी थे, साम्प्रदायिकता भी थी, परस्पर नफ़रत भी थी लेकिन संयोगवश मुझे अलीगढ़ मुस्लिम विश्वविद्यालय में पढ़ने का अवसर मिला इसलिए मैं इन सबसे दूर ही रहा। यदि मैं पुराने शहर के किसी महाविद्यालय में पढ़ा होता तो सम्भव है कि मैं भी धर्मध्वजा लेकर घूम रहा होता। बी.ए. ऑनर्स करने के बाद मेरी आँखें खुलीं तो मैंने एएमयू में प्रगतिशील और उदार वातावरण को देखा, जो मेरे गाँव और अलीगढ़ के पुराने शहर की मानसिकता से एकदम अलग और खुला-खुला था। यह महज संयोग नहीं है कि उस समय एएमयू के शिक्षक संघ, कर्मचारी संघ और अन्य सम्बन्धित संगठनों पर प्रगतिशील विचारधारा का प्रभाव था। मेरे शोध निर्देशक प्रो. कुंवरपाल सिंह और उनके सारे मित्रगण प्रगतिशील थे। प्रगतिशीलता उनके लिये केवल विचार तक सीमित नहीं थी बल्कि उनके आचरण में भी समाहित थी। मेरे लिये यह वातावरण गाँव से नितान्त भिन्न था। कहना न होगा कि गाँव और उसके पास के इंटर कॉलेज में जहाँ मैं पढ़ा था, वहाँ शिक्षा की बहुत अच्छी व्यवस्था नहीं थी, न अच्छे अध्यापक थे और न कोई पुस्तकालय था। मेरा गाँव आबादी के हिसाब से बड़ा है लेकिन विडम्बना यह कि गाँव और उसके आसपास कोई पुस्तकालय नहीं था। शिक्षा व्यवस्था को स्थानीयता ने बहुत बड़ा नुकसान पहुँचाया है, हर अध्यापक यह चाहता है कि वह अपने गाँव के पास ही रहे ताकि खेती भी करता रहे और नौकरी भी करता रहे। उसकी प्राथमिकता खेती है, शिक्षक की नौकरी को तो वह अतिरिक्त आय का साधन मात्र समझता है। इंटर कॉलेज तक मुझे जिन शिक्षकों ने पढ़ाया, वे सब आसपास के गाँवों के थे और खेती किसानी करते थे। पढ़ने के प्रति न उनके मन में ललक थी और न वे अपने विद्यार्थियों में पढ़ने और आगे बढ़ने के लिये कोई इच्छा शक्ति उत्पन्न कर सके।

एएमयू ने मुझे प्रगतिशील विचारधारा और अध्ययन के बड़े तथा चौड़े रास्ते दिखाये, उन पर चलना सिखाया और उन पर निर्बाध आगे बढ़ने के लिये प्रेरित किया। मेरे लिये वह नयी और अनूठी दुनिया थी, बड़ा पुस्तकालय और नामचीन प्राध्यापक थे, जिनसे पढ़ने और विचार-विमर्श करने की सलाहियत मिली। शोध

करने के बाद मैं झुंझुनू, नवलगढ़ होते हुये जोधपुर गया लेकिन जिस विचारधारा ने मुझे खुली और बड़ी दुनिया को समझने की दृष्टि दी, वह हमेशा मेरे साथ रही। इसलिए मुझे अपने अध्यापन काल में ऐसे लोग मिले जिनसे मेरा मन मिला और हम एक ऐसी उदार दुनिया बनाने की कोशिश करते रहे, जहाँ धर्म, जाति और प्रांत की संकीर्णताएँ नहीं थीं। ये संस्मरण मेरी इसी दुनिया के हैं, जिनमें मेरे खट्टे मीठे अनुभव जाग्रत हैं। इन संस्मरणों को लिखते हुये मुझे बार-बार लगता रहा कि गाँव से आये अकेले और अपनी पीढ़ी के पहले शिक्षित युवाओं के लिये यह दुनिया अनवरत संघर्षों के ज़रिये ही खुलती है। मुझे अब तक के जीवन में ऐसा कोई सुलभ रास्ता नहीं दिखा, जो निर्बाध ऊँचाइयों की ओर ले जाता हो। मैंने कोशिश की है कि कटु और खारे अनुभवों से बचा जाये लेकिन वास्तविकता यह है कि उन्होंने मुझे प्रभावित किया है, मेरे मार्ग में अवरोध बने हैं इसलिए प्रकारांतर से वे आये हैं, उनसे बचकर निकल पाना मेरे लिये सम्भव नहीं है।

ये संस्मरण महाजनों की बहियों के खाते नहीं हैं इसलिए इनमें लेन-देन के हिसाब भी नहीं हैं। जीवन ऐसे हिसाबों से चलता भी नहीं है, जीवन की अपनी गति है जो कभी सम पर रहती है तो कभी ऊपर नीचे ले जाती है, मैं इस गति का एक जीवित पात्र रहा हूँ। इन संस्मरणों में पिता हैं तो माँ भी है, परिवार है तो भाई-बहन भी हैं। पत्नी डॉ. शोभा पालीवाल और बेटी सलोनी पर अलग से कोई संस्मरण नहीं है पर प्रकारांतर से वे पूरी पुस्तक में उपस्थित हैं। कई बार मन में विचार तो आये पर लगा घर को संजोने और घर का अनुकूल वातावरण बनाये रखने में जिन्होंने अपनी सुविधाओं की कभी चिन्ता नहीं की, उन पर 'थोड़ा कहूँ तो झूठ' ही होगा। यह कहते हुये गर्व का अनुभव होता है कि मुझे प्रो. कुंवरपाल सिंह और डॉ. नमिता सिंह के कम्यून का अपरिहार्य और आत्मीय सदस्य बनने का अवसर मिला, जो मेरी बड़ी उपलब्धि है।

वाणी प्रकाशन के सुहृद श्री अरुण माहेश्वरी और प्रिय अदिति को विशेष आभार कि उन्होंने मेरे लिखे को साकार और स्थायित्व प्रदान किया।

बुद्ध पूर्णिमा, 2024

सूरज पालीवाल

अनुक्रम

लोग मेरे गाँव के

मेरा गाँव बरौठ, मथुरा–नौहझील सड़क मार्ग से लगभग दो किमी अन्दर की तरफ़ है। कई वर्ष पहले मथुरा के लिये पिथौरा से बसें पकड़नी पड़ती थीं लेकिन अब गाँव तक सम्पर्क सड़क और नाले पर पुल बन जाने के कारण 'बरौठ की प्याऊ' से बसें मिल जाती हैं। गाँव बड़ा है और उसमें सातों जातियों के लोग रहते हैं। गाँव मुहल्लों में विभाजित है, जिसे गाँव के लोग अपनी पहचान बताते हैं। पंचायतों में मुहल्ले के हिसाब से राजनीति होती है और उसी हिसाब से तर्क भी रखे जाते हैं। हमारा मुहल्ला मनु कहलाता है, क्यों कहलाता है इसके बारे में गाँव के किसी बुजुर्ग को भी मालूम नहीं है। मनु, बीझेला, गिधा, पट्टी, बाज़ार और पायसा इत्यादि मुहल्लों में बंटे इस गाँव में दो हरिजन मुहल्ले हैं, जिनके कोई नाम नहीं हैं, इनमें से एक पूर्व में और दूसरा पश्चिम में गाँव से बाहर बसे हुये हैं। नाइयों के भी दो मुहल्ले हैं जो जिजमानी के हिसाब से दो हिस्सों में बंटे हुये हैं। हमारे मुहल्ले में आने वाले नाई पूर्व दिशा में रहते हैं। हरिजन, जाटव, नाई, धोबी, कहार, तेली, भड़भूजा, कुम्हार और मुसलमानों के पास ज़मीनें नहीं हैं। बनियों ने बाद में कुछ ज़मीनें अपनी तरकीबों से ख़रीद ली थीं लेकिन उनका मुख्य काम व्यापार ही है। गाँव की सबसे बड़ी विशेषता यह है कि छोटी-मोटी लड़ाइयों के अलावा केवल एक बार लगभग 60 वर्ष पहले मिडिल स्कूल के आधिपत्य को लेकर झगड़ा हुआ था, जिसमें एक व्यक्ति के सिर में अनायास लाठी लगने से जान चली गयी थी। यह अपवाद है, किसी की जान लेने के इरादे से झगड़ा हुआ भी नहीं था, इसलिए जिला न्यायालय ने भी इसे गैर इरादतन घटना ही माना था। डकैती भी व्यक्तिगत कारणों से दो बार पड़ीं एक बार हमारे घर पर और दूसरी बार रम्मी बनिया के घर पर। हमारे यहाँ डकैती मेरे जन्म से पहले पड़ी थी, जिसमें कहा जाता है कि गाँव के ही कुछ लोग फटे बांस को पत्थर पर फटकारते हुये आये थे, जिन्होंने दूसरे ही दिन अपने भूखे होने की बात बताकर माफी मांग ली थी। दूसरी डकैती रम्मी बनिया के घर हरद्वारी जाटव ने डाली थी,

जो व्यक्तिगत दुश्मनी के कारण सम्भव हुई थी। हरद्वारी जाटव कुछ दिन पहले कहीं से किसी औरत को ले आया था, जिसे वह अपनी पत्नी बताता था, गाँव में वह अकेली ऐसी पत्नी थी जो पति के साथ डकैत कहलाती थी और अपने पास हमेशा दुनाली बन्दूक रखती थी। रम्मी बनिया को सुरक्षा के लिये पुलिस के दो सिपाही दिये गये थे, जो पूरे दिन रम्मी के घर खाना खाते, चाय पीते और मेहमान की तरह पड़े रहते। फिर भी हरद्वारी मौका पाकर रम्मी को डराकर चला जाता था, जिसे सुनकर लोग चिंतित न होकर हँसते थे। हरद्वारी रम्मी के अलावा शेष गाँव का सम्मान करता था इसलिए गाँव में उसका भय नहीं था। लगभग बारह हज़ार से अधिक की आबादी का गाँव बरौठ विकास खंड तथा थाना नौहझील से 5 किमी, तहसील मुख्यालय मांट से 20 किमी, जिला मुख्यालय मथुरा से 50 किमी और वृंदावन से 24 किमी की दूरी पर यमुना की मुख्य धारा से 4 किमी और उसके खादर से 2 किमी की दूरी पर स्थित है। गाँव में तब एक प्राथमिक विद्यालय था, जो पंचायत घर में चलता था। हमारी पीढ़ी जिस मिडिल स्कूल में पढ़कर निकली थी, वह बहुत साल पहले बन्द हो गया। अब कई वर्ष पहले एक हाई स्कूल निजी उद्यम से खुला है, जिस पर एक जाति विशेष का कब्जा है। गाँव में अभी भी न कोई चिकित्सक है और न प्राथमिक उपचार केन्द्र। बीमार होने पर लोग ब्लॉक मुख्यालय ही जाते हैं, लेकिन वहाँ भी कोई विशेष सुविधासम्पन्न चिकित्सालय नहीं है।

पिछले दशक में हमारे पुरोहित पं. कमलदत्त शर्मा के सुपुत्र घनश्याम शर्मा और उनके बच्चों ने विकास खंड मुख्यालय नौहझील में एक डिग्री कॉलेज खोला है, जो उनकी निजी सम्पत्ति है। घनश्याम प्राथमिक विद्यालय में अध्यापक थे, जो विद्यालय जाने और पढ़ाने से अधिक पण्डिताई अधिक करते थे, उनके किसी बेटे ने कॉलेज का मुँह नहीं देखा लेकिन इलाके के ब्राह्मण विधायक से सम्बन्धों का लाभ उठाकर उन्होंने धन कमाने के लिये निजी महाविद्यालय खोल लिया, जिसके लिये अध्यापकों की नियुक्तियों में उनकी योग्यता से अधिक ये प्रश्न पूछे जाते हैं कि कितना वेतन लोगे और अपने गाँव से कितने विद्यार्थी लाओगे। जब से सरकार ने शिक्षा का निजीकरण किया है, तब से इस प्रकार की दुकानें खुलना आम हो गयी हैं। पं. कमलदत्त शर्मा जिन्हें गाँव में कमला पण्डित जी कहा जाता था हँसमुख व्यक्ति थे। वे होठों के ऊपर आयी ज़रा-सी मूँछों को देखकर युवकों का हाथ पकड़कर कहते कि 'अब मंगलम भगवान विष्णु' हो जाना चाहिये। युवक शरमा जाते और पण्डित जी खुलकर हँसते रहते। पण्डित जी दुबले-पतले थे, वे एक लोटा पानी से 'ओम जय गंगे, जय-जय गंगे' बोलते हुए नहा लिया करते थे। सर्दियों के दिनों में वे एक के ऊपर एक कुर्ता पहना करते थे, वे कुर्ते सर्दी जाने के बाद ही धुला करते थे।

उनके पास एक छोटी-सी मरियल घोड़ी थी, जो फुरसत के दिनों में उनके घर से अधिक दूसरों के खेतों की मेड़ों पर चरती हुई देखी जाती थी। उनकी पुरोहिताई हमारे गाँव में कम आसपास के गाँव पारखेड़ा और रामनगरा में अधिक थी। उनके दो चाचा टीका और बुद्धा की शादी नहीं हुई थी इसलिए पण्डित जी के पास बँटवारे के अभाव में अधिक ज़मीन थी। उनके दोनों चाचा घर पर रहकर नौकरों की तरह खेतों में काम करते रहते और पण्डित जी अपनी पण्डिताई। गाँव में इस प्रकार के चाचा हर घर में विद्यमान थे, एक पिता के चार बेटे हैं तो एक या दो की ही शादियाँ होती थीं बाकी तो उनके घर में नाममात्र के मुखिया होकर काम करते थे। ऐसे अनब्याहे लोगों को सम्मान देने के लिये घर के लोग मुखिया कहकर पुकारा करते थे। ऐसे मुखिया या तो खेतों में काम करते थे या जमुना के खादरों में पशु चराया करते थे। लेकिन पड़ौसियों से झगड़े और उधार के लेन-देन का सारा जिम्मा मुखिया के ऊपर ही हुआ करता था, जिससे उसे लगता था कि घर का असल मुखिया वही है। कमला पण्डितजी का घर पायसे मुहल्ले में था, जिसमें अधिकांश आबादी ब्राह्मणों की थी बाकी में एक घर छिद्दा नाई का था। कमला पण्डित जी के घर के पास रामनारायण पण्डित जी का घर था। कमला पण्डित जी के कुआँ और घेर का रास्ता रामनारायण पण्डित जी के घर और नौहरे के बीच से जाता था इसलिए उनमें अक्सर झगड़ा होता रहता था। लेकिन वह झगड़ा इसलिए देखने योग्य होता था कि कमला पण्डित जी से अधिक उनके अविवाहित चाचा लड़ते थे और जब रामनारायण पण्डित जी हारने लगते तो धोती खोलकर 'ले लो ले लो' कहकर घर में घुस जाते तब पण्डित जी के साथ दर्शक भी हँसते हुये अपने-अपने घरों की ओर लौट जाते।

कमला पण्डित जी के एक ही बेटा घनश्याम था, जो इतना दुबला-पतला था कि मुश्किल से 40 कि. वजन का रहा होगा, उसकी माँ ने उसके अनेक नाम रख रखे थे। जब कभी उन्हें प्राथमिक विद्यालय से लौटने में देर हो जाती तो वे रास्ते में खड़ी होकर सब बच्चों से पूछतीं कि 'हमारा घनश्याम, हमारा विट्ठल, हमारा कुंवरपाल कहाँ है? घनश्याम ने बड़े होकर इतनी बड़ी मूँछें रख ली थीं कि उनका चेहरा कम मूँछे ही अधिक दिखाई देती थीं। पण्डिताई से आय बहुत तो नहीं होती थी लेकिन फिर भी सम्मान, दावतें और कपड़े, बर्तन इत्यादि को देखें तो घाटे का सौदा भी नहीं था। गाँव की पण्डिताई के लिये सब्र की जरूरत होती है एक दिन पण्डित जी स्वयं बता रहे थे कि पास के गाँव पारखेड़ा में एक चौधरी के बेटे का नाम धरने गये तो मालूम हुआ चौधरानी खेत पर चारा काटने गयी है और चौधरी हल चलाने गये हैं। वे अपनी घोड़ी लेकर खेत पर ही पहुँच गये तो देखा कि नवजात रेत में पड़ा है और चौधराइन चारा काट रही हैं। पण्डित जी ने आवाज़ लगाई तो

उन्होंने कहा कि 'चलो पण्डितजी, घर पहुँचो मैं आयी।' चौधरानी सिर पर चारा और गोदी में नवजात बच्चे को लेकर आयीं तो आधे घंटे में खीर पूरी बनाकर पूजा करने बैठ गयीं। इस प्रकार की घटनाएँ गाँव में आम हैं इसलिए शहरी औरतों के लिये ये अविश्वसनीय किस्से हो सकते हैं लेकिन गाँव की सच्चाई यही है। यहाँ औरतों के लिये आराम करने के लिये समय कहाँ हैं, घर का सारा काम करके वे खेतों पर जाती हैं और पुरुषों से अधिक काम कर सिर पर चारा रखकर घर लौटती हैं। खेती-किसानी से जुड़े लोग पूजा इत्यादि के लिये बहुत आडम्बर नहीं करते इसलिए हमारे गाँव के मन्दिर में बहुत कम किसान कीर्तन करने या दर्शन करने आते हैं, वे नीचे से ही हाथ जोड़कर चले जाते हैं। उनके यहाँ तीज-त्योहार होने का मतलब केवल खीर पूरी खाना भर होता है, दीपावली पर घरों को सजाना या अधिक दीये जलाकर अपने वैभव का प्रदर्शन करना उनके स्वभाव में नहीं है। ब्रज में होली अधिकांशत: कीचड़ से ही होती है, इसलिए उस दिन आसपास की सारी नालियाँ साफ़ हो जाती हैं। हमारे घर में उस दिन कुछ उम्रदराज बनिये और ब्राह्मण बाल्टियों में रंग घोलकर आते और एक दूसरे से रंग की होली खेलते। उस दिन मेरे पिता जी नाई को बुलाकर भांग घुटवाकर बाल्टियों में भर लेते और लोटे से सबको पिलाते, उस दिन हमें भी थोड़ी-सी भांग पिलाई जाती थी। गाँव में उस समय बहुत कम लोग धनाढ्य थे इसलिए शादियों इत्यादि में भी किसी प्रकार का प्रदर्शन नहीं होता था। लड़कियों की शादियों में चाहे वे किसी भी जाति की हों रात में नाई घर-घर घूमकर कन्यादान के पैसे ले जाता। लड़कियों की शादियों में कन्यादान के माध्यम से अपना योगदान देने और गाँव की बेटी मानकर उसका कन्यादान करने की परम्परा आम थी, जो कि गाँव की सामूहिक ज़िन्दगी का एक शुभ लक्षण थी। तब दहेज में जिसे साइकिल और रेडियो मिलते थे, उसकी शादी अच्छी मानी जाती थी। अधिकतर बारातें पंचायत घर या मन्दिर के चबूतरे पर ठहराई जाती थीं। रात-भर बाराती एक दूसरे से श्लील-अश्लील हरकतें करके अपना मनोरंजन किया करते थे लेकिन गाँव उन सबसे अलग ही रहता था। कोई युवक या युवती शिकायत भी करती तो घर के बुजुर्ग 'बारात है, वे सब यह नहीं करेंगे तो कौन करेगा?' कहकर बच्चों को समझाते और घर में रहने की हिदायत देकर मामले को शान्त कर दिया करते थे। हमारा गाँव जाट बहुल है। जाटों की लड़कियाँ भरतपुर के आसपास के गाँवों में ब्याही जातीं और जब कोई दामाद के बारे में पूछता तो कहते कि 'भरतपुर के राजा बच्चू सिंह के महलों में काम करता है।' और उनके लड़के तहसील मुख्यालय मांट के आसपास के गाँवों में ब्याहे जाते थे। ब्राह्मणों की लड़कियाँ गाँव से पश्चिम की ओर ब्याही जाती थीं। तब-तक लड़कियों को पढ़ाने का आम रिवाज़ नहीं था इसलिए अपने होने

वाले पति को देखने की उत्सुकता या सजने-संवरने की लालसा भी उनके अन्दर नहीं होती थी। जिस घर में पिता या बड़ा भाई रिश्ता कर देते, उस घर में वे सारा जीवन गुज़ार देती थीं।

हमारे पड़ौसी कन्नी चौधरी लम्बे और दुबले थे, उन्हें झूठ बोलने की आदत थी, पूरे गाँव की ताजा ख़बरें उनके पास होती थीं। वे जहाँ भी बैठते सारी ख़बरों का खुलासा करते थे। सामने वाला पूछता कि कौन कह रहा था तो वे कहते कि 'पता नहीं कौन कह रहा था', यह उनका तकियाकलाम था इसलिए उनका नाम ही 'पता नहीं कौन कह रहा था' पड़ गया था। भंवरी मुखिया जी अपने चबूतरे पर हुक्का पीते रहते थे, उनकी सफ़ेद मूँछें बहुत बड़ी-बड़ी थीं। उनका घर रास्ते में था इसलिए कोई दो बार भी 'राम राम' कर लेता तो वे कहते कि 'जेल से छूटकर आया है क्या?' उनकी पोतियाँ चबूतरे पर शाम के समय छुपम-छुपायी खेलतीं तो भंवरी मुखिया जी उन्हें डांटकर चुप कराने की अपेक्षा कहते 'आज कोई नहीं मिला क्या?' इस तरह बोलना उनकी आदत में शुमार था इसलिए कोई बुरा भी नहीं मानता था बल्कि लड़के जानबूझकर उनसे बार-बार राम राम करते और लड़कियाँ उनके आसपास ही हल्ला मचाकर खेलती रहतीं। एक बार एक थानेदार आया था जो सक्सेना था, गाँव के भड़भूजा स्वयं को सक्सेना मानते थे और कहते थे कि जो पढ़ गया वह सक्सेना हो गया और जो अनपढ़ रह गया वह भाड़ भूजने लगा। थानेदार की जात सक्सेना सुनकर प्यारे भड़भूजा अपने पीतल के हुक्के को धो-मांजकर चिलम भरकर ले गया और थानेदार के सामने रख दिया। थानेदार ने पूछा कौन जात तो प्यारे ने जवाब दिया 'जो तुम सो हम।' थानेदार को गुस्सा आते देख भंवरी मुखिया ने कहा 'हुजूर भड़भूजा है।' थानेदार को इतना क्रोध आया कि उसने एक लात हुक्के को मारी तो दूसरी प्यारे भड़भूजा को। प्यारे सुनकर खिसियाते हुये कहता कि 'भाई थानेदार था इसलिए साला सक्सेना हो गया लेकिन था तो हमारी ही जाति का।' बहुत बाद तक गाँव के लड़के प्यारे भड़भूजा का मज़ाक उड़ाते हुये कहते 'तुम सो हम' और प्यारे खिसियाया-सा होकर चुप रह जाता।

गाँव में शादी-शुदा लड़कियाँ तीज-त्योहारों पर ही आती थीं तब झगड़कर पिता के घर रहने की परम्परा नहीं थीं। अकेले सौदान जाट की लड़की अपने पति को छोड़कर गाँव में रह रही थी और सौदान के बेटे की तरह रात-दिन खेतों में काम करती थी। सौदान की रुचि खेती किसानी में नहीं थी, वह गाँव का प्रधान बनना चाहता था पर बन नहीं पाया। बाद में ट्यूबैल का पट्टा टूटने से उसकी एक आँख फूट गयी थी इसलिए गाँव में उसकी पहचान 'सौदान कनेटा' हो गयी थी। गाँव में पहचान के लिये या तो उसके पिता का नाम लिया जाता या उसकी जाति का या

उसके अंग-भंग होने का। गाँव में पढ़ाई के प्रति कोई उत्साह नहीं था, इसका कारण आसपास बड़े विद्यालय का अभाव और ग़रीबी थी। तब गाँव में कम पढ़े या अनपढ़ युवा फरीदाबाद, वल्लभगढ़ या आसपास के शहरों में नौकरी करने चले जाते थे और जो हाई स्कूल फेल थे वे फौज में चले जाते थे। फौज की नौकरी अच्छी मानी जाती थी। ब्राह्मणों में से चार-हुकमा, कुंवरपाल, माधो और दीपचन्द के अलावा जाटों में अकेले मंगीसिंह सरकारी प्राथमिक विद्यालय में अध्यापक थे, ये सब मथुरा से इंटर फेल होकर गाँव लौटे थे। इनमें से किसी ने कॉलेज का मुँह नहीं देखा था। गाँव में अधिकांश पढ़ाई या तो फौज की नौकरी के लिये कराई जाती थी या शादी के लिये। पुलिस में अकेला पन्ना था, जिसके पिता सुजान उसे हवलदार कहकर बुलाया करते थे। गाँव के मध्य में स्थित नाइयों के कई घर थे, जिनमें से कुछ बम्बई चले गयें थे, उसमें मेरे साथ मिडिल स्कूल में पढ़ने वाला मोहरपाल भी था। जो कभी गाँव आता तो तरह-तरह के साबुन और ताश के पत्ते लाया करता था। मैंने पीयर्स जैसा पारदर्शी साबुन पहली बार उसके पास ही देखा था, एक दिन वह हमें नाले पर ले गया और उस साबुन से नहलाया जिसमें अलग प्रकार की सुगंध थी। तब-तक गाँव में केवल शादी-ब्याहों में ही साबुन से नहाने की परम्परा थी बाकी के दिनों में तो कुंये पर खड़े होकर बाल्टी भरकर अपने शरीर को गीला करने को ही नहाना माना जाता था। दांतों में ब्रश करने तथा शरीर पर साबुन लगाने की परम्परा रोजमर्रा के जीवन में शामिल नहीं थी। कपड़ा धोने के लिये सनलाइट साबुन आता था। मुझसे कुछ वर्ष बड़े और हाई स्कूल की परीक्षाओं में पाँच बार अनुत्तीर्ण हो चुके रघुवीर पण्डित सनलाइट से बालों को साफ़ किया करते थे जिससे उनके बाल जल्दी उड़ भी गये थे और सफ़ेद भी हो गये थे। औरतें मुल्तानी मिट्टी से अपने बाल धोया करती थीं लेकिन किसी आदमी या बच्चे को अपने बाल धोने के लिये कुछ लगाते हुये मैंने गाँव में नहीं देखा था। पूर्व दिशा की तरफ़ बसे पप्पू नाई का अकेला परिवार था, जिनके 6 बेटे थे वे सब लम्बे और परिश्रमी थे। उनमें से तूरी हमारे यहाँ खेती का काम करता था, कुद्दू फौज में चला गया था, टेढ़ा बाल काटने और शादी ब्याहों में टहलुआ का काम करता था और बाकी गाँव घर के छोटे-छोटे काम करके अपना जीवनयापन करते थे। टेढ़ा नाई पीली चिट्ठी बगैरह लेकर कई-कई कोस पैदल चला जाता था। भरतपुर के आसपास लड़कियों के स्वास्थ्य की पहचान के लिये नाई को घी पिलाया जाता था। एक बार टेढ़ा को भी खाने में ख़ूब घी पिलाया गया, यह देखने के लिये कि यह घी को पचा पाता है या नहीं। रात ताश खेलते ही बीत गयी तो सुबह उन लोगों ने कहा 'नाई ठाकुर जंगल वगैरह हो आओ, नाश्ता तैयार है।' टेढ़ा ने कहा 'अब नाश्ता करके ही जंगल जाऊँगा।' गाँव वालों ने

अन्दाज़ लगा लिया कि जब नाई ठाकुर इतना घी हजम कर गये तो उस गाँव की लड़कियाँ भी स्वस्थ ही होंगी।

हमारे साथ पढ़ने वाले नंगा पण्डित सौ मालपुये एक दावत में आराम से खा जाते थे। जब मैं अलीगढ़ में पढ़ता था तब एक बार वे मेरे पास आये और कहा कि चलो ससुराल चलते हैं। उनकी ससुराल अलीगढ़ के पास ही थी। हम दोनों एक ही साइकिल पर उनकी ससुराल गये। उनके ससुर नंगा की अतृप्त भूख से परिचित थे इसलिए उन्होंने खाने से पहले खेतों की ओर घूमने के लिये भेज दिया, जिससे कि हम दोनों गन्ने का रस पीकर अपना पेट भर लें। नंगा उनसे अधिक चतुर थे, उन्होंने एक बाल्टी भरकर गन्ने का ताजा रस पिया और चार चक्कर खेतों के लगाकर घर आ गये। मैंने देखा कि उनके लिये जो पूड़ियाँ ठंडी की गयी थीं वे बड़ी परात में थीं और खीर बाल्टी में। नंगा ऐसे जमे कि बड़ी मुश्किल से उठने का नाम लिया। कहते हैं कि उनके घर में मुश्किल से ही कोई लड़की वाला अपनी बेटी की शादी करने के लिये तैयार होता था।

गाँव की सामासिक ज़िन्दगी में जातियों का बोलवाला था, लेकिन कुछ ऐसे संधिस्थल थे जहाँ सब एक हो जाते थे। पश्चिमी टोले में बसे हरिजन करुआ की बेटी सौमोती गाँव में ही रहती थी इसलिए उसके पति ज्ञानू घर जमाई थे। ज्ञानू गाँव में मुनादी करने का काम भी करते थे। वे गाँव के दामाद थे इसलिए मुनादी के समय हँसी-मज़ाक के लिये कुछ अपनी ओर से भी जोड़ दिया करते थे। जैसे यह कि गाँव में हर मंगलवार को लगने वाली पेंठ की बोली लगेगी यानी गाँव पंचायत बोली लगाकर दुकानों की जगह निर्धारित करती थी तो ज्ञानू ने उसमें यह भी जोड़ दिया कि 'पेंठ में हर आदमी को एक भेली गुड़ और जलेबी मुफ्त मिलेंगी।' गाँव में आम आदमी के लिये गुड़ का इतना महत्त्व था कि शहर से आया कोई युवक उस समय की प्रधानमन्त्री इंदिरा गांधी के वैभव के बारे में बता रहा था तो पास बैठे एक बुजुर्ग ने पूछा कि 'फिर तो वो गुड़ से रोटी खाती होगी।' कई लोग पेंठ या हाट में चखने के बहाने पूरे सप्ताह का गुड़ खा लेते थे, उनकी इन आदतों को दुकानदार जानता था फिर भी वह एक डली गुड़ खाने को दे दिया करता था। गाँव में होली और फूलडोल के अलावा रामलीला सामूहिक उत्सव की तरह होती थी। यह समय ज्वार बाजरे की कटाई के बाद खेतों को जोतकर खुला छोड़ने का होता था इसलिए लोग फुरसत में भी रहते थे। रामलीला में पूरे गाँव की सक्रिय भागीदारी होती थी, सामान रामलीला के भण्डार में था ही इसलिए न ख़र्च की चिन्ता थी और न किसी तरह की कोई जल्दबाजी। तब रामलीला धार्मिक आयोजन न होकर सांस्कृतिक

आयोजन हुआ करती थी इसलिए उसमें हिन्दू और मुसलमान दोनों की समान हिस्सेदारी भी होती थी।

गाँव की पुरानी पीढ़ी में केवल रामसिंह बाबू जी अंग्रेज़ी पढ़े-लिखे थे, वे अन्धे थे इसलिए लाठी टेककर चलते थे। वे भर सर्दी नहाते नहीं थे इसलिए उनके कपड़ों में जुएँ पड़ जाते थे, जिसकी वजह से वे लगातार खुजाते रहते थे। खाना खाते समय वे एक ग्रास को तीस बार चबाते थे इसलिए किसी सामूहिक भोज में या तो जाते नहीं थे और कोई पकड़कर ले भी आता था तो उन्हें अलग बैठाया जाता था। 1964-65 में गाँव में चकबन्दी हुई, चकबन्दी अधिकारी त्यागी जी थे जिनके बारे में तरह-तरह की चर्चा गाँव में होती रहती थीं। रामसिंह बाबू जी का चक उन्होंने पंचायत घर के पास वाले पोखर में काट दिया था। जैसे ही पैमाइश हुई और उन्हें मालूम हुआ तो उन्होंने शिकायत की लेकिन किसी ने उनकी बात को नहीं सुना। वे मथुरा गये और उन्होंने अपनी शिकायत में लिखकर दिया कि 'यह दो अन्धों का मामला है'। उच्च अधिकारी ने उनसे पूछा कि दूसरा अन्धा कौन है तो उन्होंने कहा 'चकबन्दी अधिकारी' जिन्होंने आँखें होते हुये भी अन्धों जैसा काम किया है। रामसिंह बाबू जी के बाद की पीढ़ी में मनु शर्मा पढ़े-लिखे थे, वे फौज में मेजर थे। फौज के नियमानुसार उनकी तरक्की होती गयी लेकिन गाँव में उन्हें मेजर साब ही कहा करते थे। मथुरा में जब भी फौज में भरती होती तो गाँव के लोग बच्चों को लेकर उनकी कोठी पर सिफारिश लगवाने के लिये पहुँच जाते। गाँव में यह माना जाता है कि फौज में या तो रिश्वत से भरती होती है या सिफारिश से। यह आम मान्यता थी इसलिए कुछ रिटायर फौजी दलाली का काम किया करते थे, जिस लड़के की नौकरी लग गयी उसके पैसे पक्के उनके हो जाते थे और जिसकी नहीं लगती उसके कुछ पैसे बहुत कहने-सुनने के बाद वे लौटा दिया करते थे।

1970 तक गाँव के नाले, जिसे लोग ढहर कहते थे पर पुल नहीं बना था। बरसात के दिनों में ढहर में हाथी डुबान पानी होता था इसलिए ब्लॉक, थाना, तहसील और ज़िले का सम्बन्ध गाँव से कट जाता था। ढहर के आसपास की खेती के लिये वह सिंचाई का साधन होता था और पशुओं के लिये पानी पीने का सहारा। लेकिन बरसात में वह मुसीबत का कारण बन जाता था। इसलिए जब भी चुनाव आते गाँव के लोगों की एक ही मांग होती कि ढहर पर पुल बनवाया जाये। उस समय ज़्यादातर कांग्रेस ही जीतती थी। आचार्य लक्ष्मीरमण मांट से विधायक चुने जाते जो कई बार मन्त्री भी बने। वे गाँव के लोगों को समझाते कि 'उन्हें सपने में भी अपने मांट क्षेत्र का विकास ही दिखाई देता है।' तब विकास आज की तरह बिकाऊ और जुमले में नहीं बदला था इसलिए लोग अपने विधायक पर भरोसा भी करते थे। गाँव

प्रधान को उस समय तक विकास के लिये आजकल की तरह अनाप-शनाप धन नहीं मिलता था। कभी-कभी कुछ धन आता तो गलियों में खड़ंजा और हेंड पंप लगवा लिये जाते। विधान सभा और लोकसभा के चुनावों में ब्राह्मण, बनिया, दलित और मुसलमान कांग्रेस को वोट देते और जाट इत्यादि बीच की कौम कभी सोशलिस्ट तो कभी निर्दलीय को जाति के आधार पर वोट दे आतीं। केवल एक बार सोशलिस्ट पार्टी से राधेश्याम शर्मा चुनाव जीते थे जबकि गाँव और इलाके में सोशलिस्टों का कोई आधार नहीं था। आधार तो कांग्रेस का भी नहीं था पर उनका जातिगत आधार मजबूत था। उस समय कांग्रेस में चार आने के सदस्य बनाये जाते थे जो घर बैठकर बना दिये जाते थे। बाद में पचेहरे के पं. लोकमणि शर्मा के बेटे श्यामसुन्दर शर्मा ने विधान सभा का चुनाव लड़ना शुरू किया तो वे लगभग स्थायी विधायक बन गये, जब भी चुनाव होते वे जरूर प्रत्याशी होते, जाट उनका विरोध करते लेकिन वे जैसे-तैसे करके चुनावों में विजयी हो जाते। वे कई बार मन्त्री भी बने पर गाँव में कुछ दलालों के घर भरने के अलावा किसी की नौकरी या और कोई सहायता उन्होंने की हो, याद नहीं आता है।

1980 के आसपास गाँव के रामरूप चौधरी जो बचपन में ही गाँव छोड़कर बम्बई चले गये थे, अचानक गाँव आने लगे। वे अपनी ग़रीबी में गाँव छोड़कर बम्बई गये थे लेकिन वहाँ उन्होंने कुछ गुंडों के बल पर आइसक्रीम के ठेले लगाने और कमीशन पर औरों से लगवाने शुरू किये, जिससे उन्होंने इतना धन कमाया कि बाद में ख़ुद आइसक्रीम बनाने लगे। वे जब गाँव आये तो उनका धनाढ्य रूप भी गाँव आया। वे गाँव के कुछ युवाओं को अपने साथ आइसक्रीम कारखाने में काम कराने या ठेले लगवाने के लिये बम्बई भी ले गये। वे जब गाँव आते तो नंगा पण्डित उन्हें घोड़ी पर बैठाकर खेतों पर घुमाने ले जाते थे, जो गाँव वालों को पसन्द नहीं आता था। बाद में उन्होंने कई बीघा ज़मीन खरीदी, उसमें बाग लगवाया और अपने कच्चे घर को तोड़कर उसकी जगह पक्की हवेली बनवाई। इस वैभव प्रदर्शन के साथ ही वे गाँव की राजनीति में भी हिस्सा लेने लगे जिसकी परिणति में एक दिन शाम के धुँधलके में उनका अपहरण हो गया। अपहरण करने वाले का नाम सबको मालूम था लेकिन किसी ने अपनी जुबान नहीं खोली। कुछ महीने बाद अपहरण करने वाले व्यक्ति के पिता की मृत्यु हुई तो उसने आसपास के बारह गाँवों को मृत्यु भोज में आमन्त्रित किया और दो बातें साफ-साफ़ कहीं कि यह पैसा रामरूप की फिरौती का है और दूसरा, जो दावत में नहीं आयेगा उसे गोलियों से भून दिया जायेगा। मृत्यु भोज के दिन वह दुनाली बन्दूक लेकर गाँव के लोगों की गिनती कर रहा था इसलिए सब लोग दावत खाने गये। जिस समय रामरूप का अपहरण हुआ था, उस समय

वे हवेली में अन्दर रजाई में बैठे थे और बाहर उनका छोटा भाई बैठकर आग ताप रहा था पर उसने अपहरणकर्ता को न तो अन्दर आने से रोका और न उनके भाई का अपहरण करके जाते समय कुछ कहा। रामरूप अपने स्तर पर फिरौती देकर छूटे तो सीधे बम्बई चले गये और फिर कभी गाँव नहीं आये। अब उनके बाग इत्यादि पर उनके छोटे भाई का कब्जा है इसलिए गाँव में अब रामरूप की कोई चर्चा भी नहीं करता। गाँव की नयी पीढ़ी के लिये रामरूप की हवेली और उनका अपहरण एक किस्से की तरह हो गये हैं।

अब गाँव में जहाँ हमारे खेत थे वहाँ से दिल्ली आगरा सुपरहाईवे निकला है इसलिए रात-दिन बड़ी और चमकदार गाड़ियाँ दौड़ती रहती हैं लेकिन गाँव को उसका कोई प्रत्यक्ष लाभ नहीं हुआ। ज़मीनों का जो मुआवजा मिला वह शादी, मृत्युभोज और तमाम तरह के बाहरी आडंबरों में ख़र्च हो गया इसलिए गाँव की आर्थिक स्थिति भी बहुत नहीं सुधर पायी है। गाँव में जो प्राथमिक विद्यालय था, वह अब भी है पर उसके साथ एक निजी विद्यालय और खुल गया है, पंचायत घर जीर्णशीर्ण हो गया है, गाँव प्रधान को विकास के नाम पर अब इतना धन मिलने लगा है कि उसके चुनाव में लोगों की आत्मा तृप्त हो जाती है। पहले फौजियों के अवकाश पर आने के बाद कुछ लोगों को शराब मिलती थी लेकिन अब गाँव के पास ही ठेका खुल गया है, अब भी गाँव में अपने बच्चों को पढ़ने के लिये शहर भेजने का ख़र्च उठाने को कम ही लोग तैयार होते हैं इसलिए स्नातक और स्नातकोत्तर युवकों की संख्या बहुत कम है, लड़कियों को पढ़ाने के लिये बाहर भेजने की परम्परा अब भी नहीं हैं, अब भी गाँव में सरकारी नौकरी में बहुत कम युवा हैं। प्राथमिक विद्यालयों से अवकाशप्राप्त अध्यापकों की शिक्षा के प्रसार-प्रचार में कोई भूमिका नहीं हैं, वे सरकार से पेंशन लेकर या तो मन्दिर पर कीर्तन करते हैं या गाँव की राजनीति में इधर-उधर की करते रहते हैं। सुपरहाईवे के नीचे बसे गाँवों में अँधेरा और अधिक फैल रहा है, तमाम तरह की सुविधाओं से वंचित गाँव इस अँधेरे में भाग्य भरोसे साँसें गिन रहे हैं। केवल पक्के घर, खड़ंजे, हेंड पम्प और मोटर साइकिलों से विकास नहीं होता, यह बात समझाने वाला गाँव में कोई नहीं है। ब्रज के कुँओं में खारा पानी है इसलिए हमारे गाँव में पोखर के किनारे वाले कुँए में मीठा पानी था, जिससे सारा गाँव अपनी प्यास बुझाता था। पश्चिमी हिस्से में रहने वाले दलितों के घर भी पोखर के पास थे इसलिए उनके कुँए में भी मीठा पानी था पर अब पोखर पर ताकतवर लोगों ने घर बना लिये हैं इसलिए जो पोखर गाँव के पशुओं को साल भर तक पानी पिलाती थी, अब उसका अस्तित्व ही ख़त्म हो गया

है और मीठे पानी के दोनों कुँए सूख गये हैं। मेरे घर के पास एक पोखरा था, उस पर भी अब घर बन गये हैं, उसके पास बने कुँए का अब कोई अस्तित्व नहीं है।

गाँव की राजनीति केवल गाँव प्रधान या थाने तक सीमित रहती है, उस पर ऐसे युवाओं का कब्जा है जो नकल करके हाई स्कूल पास कर गये या नकल न मिलने के कारण अनुत्तीर्ण होकर दलाली में आ गये हैं। मेरे बचपन के मित्र मंगीसिंह मास्टर जी से कभी-कभी बातें होती हैं तो वे बताते हैं कि 'गाँव में आनन्द हैं।' मैं पूछता हूँ कि किस तरह के आनन्द हैं तो वे बताते हैं कि 'मौज़ आ रही हैं'। यह किस तरह की मौज़ है जो शिक्षा, चिकित्सा और बाहरी दुनिया से कटकर मंगीसिंह जैसे प्राथमिक विद्यालय से अवकाश प्राप्त अध्यापकों को देवालय की शरण में सन्तुष्टि प्रदान कर रही है?

मेरे अध्यापक-1

कहा जाता है कि घर में माँ और बाहर विद्यालय छोटे बच्चों का भविष्य तय करते हैं। मेरी माँ उस ज़माने में भी साक्षर थीं, वे हम चारों भाइयों को सोने से पहले ऐसी कहानियाँ सुनाती थीं, जो व्यावहारिक बुद्धि के विकास के लिये ज़रूरी थीं। ये कहानियाँ उन्होंने कहाँ से सुनीं, यह पूछने की हिम्मत कभी नहीं हुई। उनमें से कई कहानियाँ मुझे आज भी याद हैं। वे जयपुर के पास छोटे-से गाँव मूंडिया रामसर की थीं, जहाँ उस समय यातायात से लेकर अन्य तमाम तरह की सुविधाओं का अभाव था। कई पीढ़ियों के बाद उस परिवार में कन्या के जन्म ने उन्हें और अधिक लाड़-प्यार दिया था इसलिए वे हमारे नाना जी की मुँहलगी बेटी थीं। वे पक्की हवेली में पलकर बड़ी हुई थीं लेकिन उन्होंने पहली बार हमारे यहाँ कच्चे मकान देखे थे। ज़ाहिर है कि कच्चे मकान देखकर उन्हें आश्चर्य होता था इसलिए ताई बताती थीं कि छत पर चलते हुये वे किसी अन्य महिला का सहारा लेती थीं क्योंकि उन्हें यह डर रहता था कि कच्ची छत टूट जायेगी। घर में वे अक्सर शान्त रहकर काम में लगी रहती थीं, आज उनके बारे में यह सोचकर दुख होता है कि पूरे घर को अकेली कैसे सँभालती थीं? पिता जी गाँव प्रधान थे और कांग्रेस के सक्रिय कार्यकर्ता इसलिए वे अपना अधिकांश समय राजनीति और लोगों से मिलने-जुलने में ही लगाते थे। घर से बैठक दूर थी, तब औरतें घरों में रहती थीं और आदमी बैठक में। खाना तैयार होने पर पिता जी को जोर से आवाज़ लगाकर बुलाया जाता था, तब वे आते थे। मैंने माँ और पिता जी को कभी घर, परिवार, रिश्तेदार या अन्य विषयों पर विचार-विमर्श करते नहीं सुना। कभी बातें होतीं तो हम भाइयों के भविष्य और कम उम्र में शादी कर दी गयी हमारी बहन को लेकर ही होती थी। मेरी माँ धनाढ्य परिवार से ऐसे परिवार में आयी थीं जो अपने वैभव पर इठलाकर धीरे-धीरे ढलान पर उतर रहा था। मेरे जन्म के साथ ज़मींदारी चली गयी थी लेकिन बहुत दिनों तक उसकी धमक बरकरार रही जिसे मैंने अपने बचपन में देखा, सुना और जिया है।

माँ सच्चे अर्थों में अध्यापक थीं, उन्होंने हम चारों भाइयों से कभी यह नहीं कहा कि बहुत पैसे वाले बनना बल्कि हमेशा कहा कि ख़ूब पढ़ना और ईमानदार रहना।

हमारी सबसे पहली पाठशाला गाँव का प्राथमिक विद्यालय था, जो हमारे घर के दक्षिण पश्चिम में था। उसमें एक हॉल और एक छोटा-सा कमरा बना हुआ था तथा उन दोनों को जोड़ता हुआ बाहर बड़ा चबूतरा था। छोटे कमरे में पाँचवीं कक्षा की पढ़ाई होती थी और बाकी की कक्षाओं की पढ़ाई हॉल में ही होती थीं। आज की दृष्टि से देखें तो यह कल्पनातीत लगता है कि एक साथ चार कक्षाएँ कैसे चलती होंगी और कैसे अध्यापक पढ़ाते होंगे? पर तब पढ़ाई सामूहिक थी, इसलिए अध्यापक हर कक्षा को पढ़ाते नहीं थे बल्कि विद्यार्थियों को अपनी-अपनी पट्टियों पर लिखने के लिये दे देते थे और शुरू में तो हम अ ब स ही लिखते रहते थे, जिन्हें अध्यापकों को बार-बार दिखाने जाते थे और अध्यापक सुधारते कम, पीटते ज़्यादा थे। उस समय पढ़ाई का मतलब पिटाई ही थी इसलिए हर अध्यापक के पास डंडा होता था जिसका प्रयोग वे अनवरत् करते रहते थे। शाम को छुट्टी से पहले छोटी कक्षाओं के विद्यार्थी कतार में खड़े होकर पहाड़े सुनाते थे। इधर जंगल में चरकर गाय भेंसे अपने घरों को लौट रही होतीं थीं और जानवरों के खुरों से उड़ती हुई धूल में हम लोग खड़े होकर 'पचम पच्चीस' गा रहे होते थे। ज़रा-सी गल्ती होने या ध्यान भटकने पर अध्यापक का डंडा तैयार रहता था। मुझे कक्षा चार तक की अपनी पढ़ाई और अध्यापकों के बारे में कुछ भी याद नहीं है। लेकिन पाँचवीं में मेरे गाँव के पास सुहागपुर के पण्डित खचेरमल की याद है, वे गर्मियों में खादी आश्रम की टोपी और सर्दियों में सफ़ेद कपड़े का साफा बाँधे रहते थे। वे उस समय साइकिल पर आते थे जब साइकिलें लड़कों को दहेज में मिलना बड़ी बात मानी जाती थी। वे बहुत सामान्य परिवार से थे और भारतीय जाति व्यवस्था में भी वे कमतर ही थे लेकिन विद्यार्थियों से लेकर गाँव के सभी लोग उन्हें पण्डित जी ही कहते थे। वे कक्षा में जिस जगह बैठते थे उस जगह पर उन्होंने एक तख्त डलवा रखा था जिस पर उनकी कुर्सी होती थी। इसलिए उनकी पहुँच कक्षा के हर विद्यार्थी तक होती थी। वे तुकबन्दी किया करते थे और गाँव के लोग मानते थे कि उनसे किसी भी विषय पर बात की जा सकती है। किसी ने होली के अवसर पर ब्रज के गाँवों में लगने वाले फूलडोल के बारे में पूछा तो उन्होंने कहा 'फूल्यो फूल्यो डोल'। उस समय गाँव में दीपचन्द बढ़ई भी कविताएँ लिखते थे इसलिए गाँव के लोग उन्हें पीठ पीछे दीपा बढ़ई और सामाने महाशय जी कहा करते थे। गाँव में दो दीपचन्द थे, दूसरे दीपचन्द प्राथमिक विद्यालय में अध्यापक थे, जिनके सर के बाल बचपन में ही सफ़ेद हो गये थे, मज़ाक में कहा जाता था कि जन्म के समय से ही उनके सफ़ेद बाल थे। उन्हें लोग डीसीएम

के नाम से पुकारते थे यानी-दीप चन्द मास्टर। यह अलगाव दोनों की पहचान को अलगाने के लिये किया गया होगा। कवि दीपचन्द सहज भाषा में कविताएँ लिखा करते थे। हमारे विधानसभा क्षेत्र मांट से कांग्रेस के आचार्य लक्ष्मीरमण चुनाव लड़ा करते थे, वे राज्य के वरिष्ठ कांग्रेसी नेता और मन्त्री थे। एक बार नौ प्रत्याशी चुनाव लड़ रहे थे तब उन्होंने आचार्य जी की विजय पर कविता बनाई 'नौ सत्ता की लार, गये सब एमएलए पद हार, जीत गयो आचारी।' गाँव प्रधान के चुनाव में मेरे पिता जी का चुनाव चिह्न लेंप था तो उन्होंने कविता बनाई 'भैया गाइ लेउ अपनौ राग बैठि कें लंप उजारे में।'

पं. खचेरमल का बेटा महावीर और भतीजा जयराम हमारे साथ ही पढ़ा करते थे। पण्डित जी इतने न्यायप्रिय थे कि उन दोनों से भी उसी तरह प्रश्न पूछते थे जैसे दूसरे विद्यार्थियों से और जवाब न देने पर दोनों को अपने तरीके से पीटते थे। अपने भतीजे जयराम के जवाब न देने पर वे उसके पास जाते और उसका सिर पकड़कर गुस्से में कहते 'जयराम दरिया खाओगे, दरिया तो ढाई सेर खाओगे पर एक छोटे-से प्रश्न का जवाब नहीं दोगे।' वे जयराम का सिर दीवार में इतनी जोर से मारते कि उसकी आवाज़ से कमरा गूँज जाता, पूरी कक्षा में भय व्याप्त हो जाता। कई विद्यार्थी तो डर के मारे पोखरे की तरफ़ भाग जाते और जो बचे रहते वे चुपचाप बैठे रहते। पण्डित जी का पढ़ाने का तरीका अलग था उन्होंने पंजाब के नामकरण के बारे में बताया 'सतलज, झेलम, ब्यास है, राबी और चिनाब, पाँच नदी सींचेहि ते पड़्यो नाम पंजाब'। इसे वे तब तक रटाते रहते जब तक कि सारे विद्यार्थियों को याद नहीं हो जाता। उन्होंने अंग्रेज़ी महीने कितने दिनों के होते हैं इसके लिये हाथ की उंगलियों की ठेकों की गिनती कर सिखाया कि जो ठेक पर आता है वह 31 का और जो गढ्डे में आता है वह 30 का केवल फरवरी इसका अपवाद है। यह उनके समझाने का सरल तरीका था। वे किसी भी प्रश्न का उत्तर मुँह खोलकर सुनना चाहते थे, सिर हिलाने पर वे कहते 'पाँच सेर का सिर तो हिला रहा है पर छटांक भर की जीभ नहीं हिलाई जाती।' गणेश चतुर्थी के दिन प्राथमिक विद्यालय के अध्यापकगण साफ-सुथरे और धुले हुये कपड़े पहनकर आते और सारे विद्यार्थियों को लेकर उन घरों में विशेषरूप से जाते, जिन घरों में पाँच वर्ष या उससे ऊपर के ऐसे बच्चे होते जिन्हें स्कूल नहीं भेजा गया था। बच्चों के हाथों में छोटे-छोटे डंडे होते, जैसे गुजरात में गरबा खेलते हुये स्त्री-पुरुषों के पास होते हैं। हम उन डंडों को बजाते हुये घर के सामने खड़े होकर उस बच्चे का नाम लेकर गाते–'निकल निकल बच्चू की मां, भीतर से तू बाहर आ, बच्चों को गुड़धानी ला, पण्डित जी को सीदा ला।' उस बच्चे की माँ दरवाजे पर आती पण्डित जी को टीका लगाती और गुड़धानी, आटा इत्यादि देकर

अपने बच्चे को पण्डित जी को सोंप देती। उस दिन हर घर में भाड़ में भुने गेहुँओं को गुड़ की चासनी में मिलाकर गुड़धानी बना करती थी, जिसे हम लोग कई दिनों तक खाते रहते थे। पूरे गाँव की नयी पीढ़ी को साक्षर करने का यह नायाब तरीका था, जिसका महत्त्व उस समय हम लोगों को दिखाई नहीं पड़ता था, उस समय तो हम लोग उत्सव या मेले की तरह उस भीड़ में शामिल होते थे। पण्डित जी ने लम्बी उम्र पायी थी इसलिए बहुत बाद तक मैंने उन्हें तीज-त्योहारों पर विशेषरूप से होली के फूलडोल में हमारे गाँव आते देखा है, तब भी वे उसी परिधान में रहते थे और मुझसे इस बात से विशेषरूप से ख़ुश रहते कि मैंने अपनी पढ़ाई आगे जारी रखी थी। उनका बेटा महावोर खेती करता था और जयराम ने सुबह-सुबह घरों से भीख मांगनी शुरू कर दी थी। कई बार ऐसा हुआ कि मैं अलीगढ़ से छुट्टियों में अपने गाँव गया तो कटोरा भर आटा मैंने उसकी झोली में डाला पर न तो उसने मुझसे कभी कुछ पूछा और न मैंने ही उससे कुछ कहा।

मिडिल स्कूल गाँव के दक्षिण पूर्व में स्थित था। गाँव ऊँचे पर बसा हुआ है इसलिए मथुरा से आने वाले लोगों को थोड़ा-सा ऊँचा चढ़ना पड़ता था, उस जगह को गाँव में कांकर कहा जाता था। गाँव में आते हुये बायें हाथ पर हनुमान जी का मन्दिर था और उसके बराबर में स्कूल। उस ऊँची जगह पर कई वर्ष पहले दीवाली के पूर्व घरों को लीपने-पोतने के लिये मिट्टी खोदते हुये कई लड़कियाँ मिट्टी में दबकर मर गयी थीं। इसलिए रात में वहाँ से गुज़रते हुये डर भी लगा करता था। स्कूल के पीछे थोड़ी दूर पर नाला था जो अक्षयस्त्रोत था, उसमें हर समय पानी बहा करता था लेकिन बरसात में उसका पानी स्कूल तक आ जाता था। यह नाला गाँव, सड़क और यमुना की दूरी को तीन भागों में बाँटता था, जितनी दूर गाँव से नाला था उतनी दूर नाले से सड़क थी और उतनी ही दूर सड़क से यमुना बहती थी। गाँव के कथावाचक पं. लक्ष्मीनारायण उस नाले को सरयू कहते थे, वे अक्सर कथा बाँचने के लिये बाहर ही रहते पर जब भी आते तब उसी नाले में नहाते थे। रम्मी बनिया के अलावा वे गाँव के दूसरे व्यक्ति थे जो हमेशा कलफ लगा मलमल का कुर्ता पहनते थे, वे गौर वर्ण थे और लाल रंग का त्रिपुंड उनके माथे पर हमेशा चमकता रहता था। शाम के समय वे गांजा पीते थे इसलिए गांजे के पुराने शौकीन या नये सीखतर उनके कमरे में गांजे का इंतजार करते हुये घंटों गुजार देते थे लेकिन जो उनके कमरे में जाता उसकी चर्चा पूरे गाँव में होती थी। ब्रज की औरतों में गोपियों का आत्मबल जीवित है इसलिए कई बार वे नाराज़ होकर अपने बच्चों को वहाँ से जबरन उठा ले जातीं। एक बार प्राइमरी के अध्यापक मंगीसिंह भी पहुँच गये, इसकी ख़बर डीसीएम ने उनकी माँ को दे दी तो वे गालियाँ देती हुई आयीं और मंगीसिंह को हाथ पकड़कर

ले गयीं। उन्होंने पण्डित जी को भी कम नहीं सुनाया था। पण्डित जी के आठ भाई थे, जिसमें से एक जगदीश जिसे सब लोग झग्गी कहते थे वह हमारे साथ पढ़ता था। अनुत्तीर्ण होने को पण्डित जी नापास कहते थे और हम लोग मज़ाक में उनके भाइयों के परीक्षा परिणामों के बारे में पूछते रहते थे, उस समय गाँव के अधिकांश बच्चे नापास ही होते थे इसलिए पास होने की बहुत ख़ुशी नहीं मनाई जाती थी और अनुत्तीर्ण होने का दुख भी बहुत दिनों तक तारी नहीं रहता था। मेरा ताऊजाद भाई दसवीं में अनुत्तीर्ण हुआ तो आराम से खाट पर बैठकर गा रहा था 'ठंडी लै गयौ रेड़ बजा के हरमुनिया।' मुझे आज तक यह समझ नहीं आया कि अनुत्तीर्ण होने पर भी वह ख़ुश होकर क्यों गा रहा था?

झग्गी बाद में पागल हो गया था इसलिए उसे जंजीरों में क़ैद करके रखा जाता था, जिसे देखकर बच्चे उससे दूर भागते थे। प्राथमिक विद्यालय का नाम गाँव के सिद्ध पुरुष ब्रह्मचारी बाबा ने 'श्रीशारदा क्रीड़ा स्थली' रखा था, नामकरण तो अच्छा था पर पता नहीं उसे क्या नज़र लगी वह आगे नहीं बढ़ पाया और बहुत बाद में बन्द भी हो गया। उस विद्यालय में हमारे ही गाँव के सोहनलाल पण्डित जी और उनके रिश्तेदार पं. निरंजन लाल पढ़ाते थे। निरंजन लाल दूर गाँव के थे पर पीटने में आगे रहते थे। एक बार प्रार्थना के समय मेरे साथी हँसराज उर्फ हँसो को हँसी आ गयी तो पं. सोहनलाल ने उन्हें इतना पीटा कि हँसो का गौरवर्ण एकदम लाल हो गया था और डंडे के निशान उसके शरीर पर उभर आये थे। हँसो के पिता पतरोल थे, पतरोल नहर कटवाकर किसानों को अवैध रूप से पानी देकर धन वसूलता है इसलिए उन्हें गाँव में पैसे वाला माना जाता था लेकिन विद्यालय के दंड विधान में सब विद्यार्थी समान थे इसलिए पीटते समय किसी प्रकार का भेदभाव नहीं किया जाता था। एक और अध्यापक रामसहाय थे, जो बाहर किसी गाँव के थे, वे खड़िया की डली या चौक उठाकर फेंकते थे, वह चौक किसी के माथे और किसी के मुँह पर कंकड़ी की तरह लगता था पर वे अपनी कुर्सी पर बैठे-बैठे चौक मारकर प्रश्न पूछने के आदी थे, उनका दायाँ हाथ हमेशा ऊपर-नीचे होता रहता था। वे जोरावर खटीक के लड़के से इसलिए नाराज़ रहते थे कि किसी खटीक ने उनकी पत्नी का जेवर कभी चुरा लिया था। वे स्कूल में ही रहते थे और स्वपाकी थे। विद्यालय के मुख्याध्यापक पं. निरंजन लाल भी स्कूल में ही रहते थे पर कहाँ रहते थे उनकी चारपायी या कपड़े हम लोगों को कभी दिखाई नहीं दिये। जिस साल मैं कक्षा 8 में था उसी साल ईदा तेली का छोटा भाई छंगा जो दिल्ली में तांगा चलाया करता था, वह किसी मीना नाम की औरत को ले आया था। हमारे गाँव में अक्सर औरतों के नाम गंगादेई, बादामी, अशरफी, केला, चंपा या कस्तूरी होते थे इसलिए गाँव के लिये यह नाम अजीब और

नया था। नाम का मतलब न समझने के कारण गाँव में उसे पीना कहते, व्यंग्य या कटाक्ष में नहीं बल्कि अभिधा में। मीना कितनी सुन्दर थी यह तो नहीं मालूम क्योंकि उस समय तक मेरे मन में सौन्दर्य के प्रतिमानों का न तो निर्माण हुआ था और न उनकी आवश्यकता ही अनुभव की गयी थी। लेकिन गाँव के अधिकांश लोग उसे देखने को लालायित रहते थे। जब वह स्कूल और हनुमानजी के मन्दिर के बीच की पगडंडी से खेतों से बथुआ तोड़ने जाती थी तब हमारे स्कूल के दो अध्यापक हमारी कक्षाएँ छोड़कर उसे देखने जाते थे और जब-तक वह खेतों में ओझल नहीं हो जाती थी, तब-तक खड़े होकर देखते रहते थे। हम लोग चुप होकर अपने अध्यापकों के इशारे और कक्षा छोड़कर भागने को देखते तो थे लेकिन आज के विद्यार्थियों की तरह उसके अन्य मायने नहीं निकालते थे। तीज-त्योहारों पर मीना अन्य औरतों के साथ गीत गाती निकलती थी 'फिरंगी नल मत लगवावे, नल कौ पानी बहुत बुरो मेरी तबियत घबराबे।' उस समय तो औरतों द्वारा गाये जाने वाले अन्य गीतों की तरह ही हम उसे सुनते थे पर बाद में मालूम हुआ कि यह लोकगीत अंग्रेज़ों द्वारा कुओं की सामूहिक ज़िन्दगी की उपेक्षा करके व्यक्तिगत रूप से घरों में लगाये जाने वाले हेंडपम्पों के विरोध में था। हेंडपम्प में चमड़े का बाशर होता था सम्भवत: गीत में उसका भी विरोध था। कहना न होगा कि कारतूसों में चमड़े के प्रयोग की एक वज़ह 1857 का पहला स्वाधीनता आन्दोलन था।

कक्षा आठ की परीक्षाएँ बोर्ड की होती थीं इसलिए हमारा परीक्षा केन्द्र मांट पड़ा, जो हमारी तहसील भी थी। परीक्षाओं से पहले विद्यालय में चौबीस घंटों का अखंड कीर्तन होता था, जिसमें परीक्षा देने वाले विद्यार्थी तन्मय होकर मजीरे बजाते हुये जोर-जोर से गाते थे। हो सकता है उनके मन में यह भावना हो कि जो जितना कीर्तन करेगा वह उतने ही अच्छे अंकों से पास होगा। उन दिनों अंग्रेज़ी का ज्ञान छठी कक्षा से दिया जाता था। सबसे पहले ए बी सी डी का ज्ञान कराया जाता था, जिसे लेकर हम लोग बहुत उत्साहित रहते थे इसलिए घर में जहाँ भी खाली जगह मिलती खड़िया से ए बी सी डी लिखते रहते पर घर में किसी ने कभी टोका नहीं क्योंकि उस समय दीवारें या दरवाजे साफ़ रखने का रिवाज़ आज की तरह नहीं था। गाँव को यह विश्वास था कि विद्यालय के अध्यापक अच्छी तरह अंग्रेज़ी नहीं सिखाते इसलिए गाँव के ही अन्धे रामसिंह बाबू जी को अंग्रेज़ी सिखाने के लिये उपयुक्त माना जाता था। बाबू जी अपनी तारीफ करते बताते कि उन्होंने गाँव में किस-किस को अंग्रेज़ी सिखाई है पर यह कभी नहीं बताते कि उनके अंग्रेज़ी सीखने से किसको कितना लाभ हुआ? बाबू जी को मैंने बहुत साफ-सुथरा कभी नहीं देखा, उनके शरीर पर जुयें रेंगती रहतीं थी और वे अपने शरीर को हमेशा खुजाते रहते थे। उन्हें लाठी

पकड़कर लाया जाता था, वे चारपायी पर बैठते नहीं थे बल्कि आते ही लोट जाते और थोड़ी ही देर में खर्राटे भरने लगते थे। उन्हें समय का ज्ञान नहीं होता था इसलिए जैसे ही जगते कहते 'व्हेयर इज माई टोमाको'। वे हर विद्यार्थी से अपने हुक्के के लिये तम्बाकू मांगा करते थे। उनके पढ़ाने का ढंग अज़ीब था वे सिखाते हुये कहा करते थे 'आई गो, दे गो, ही गोज'। कई महीनों तो क्या साल भर पढ़ लेने के बाद कोई विद्यार्थी उनसे अंग्रेज़ी में एक भी वाक्य बनाना नहीं सीख पाता था। दरअसल, वे अध्यापक कभी नहीं रहे इसलिए उन्हें सिखाने का तरीका भी नहीं मालूम था। गाँव में वे अकेले अंग्रेज़ी जानने वाले व्यक्ति थे इसलिए कहा जाता है कि आज़ादी से पहले गाँव के खादर में कोई हेलीकॉप्टर गिर गया था, उसमें दो-तीन अंग्रेज़ थे जो सकुशल थे उन्होंने अंग्रेज़ी में पूछा 'व्हेयर इज मुटरा?' गाँव के लोग उन्हें अज़ीब तरह से बोलते हुये देखकर हँस रहे थे तब कोई समझदार आदमी अन्धे बाबू जी को लेकर गया और उनसे बात करवाई-वे मथुरा के बारे में पूछ रहे थे, उन्हें मथुरा जाना था। अंग्रेज़ लोग मथुरा को मुटरा ही कहा करते थे जिसका प्रमाण अलीगढ़ के सासनी गेट पर बहुत दिनों तक लगा बोर्ड था, जिस पर मथुरा की ओर तीर बनाकर लिखा था मुटरा 38 मील।

आठवीं उत्तीर्ण करके मैं अपने अन्य साथियों के साथ मोरकी इंटर कॉलेज गया, जिसके बारे में कहा जाता है कि एक बार भगवान कृष्ण हमारे गाँव की तरफ़ आते हुये मोरकी से ही मुड़े थे इसलिए उस स्थान को मोड़की कहा गया होगा जिसे ब्रज में मोरकी कहा जाने लगा। ब्रज में ड़ का प्रयोग कम होता है इसलिए लड़की को भी लरकी ही कहा जाता है। ब्रजवासियों का उच्चारण अपनी तरह का है वे गणेश नहीं कह पाते हमेशा गड़ेश ही कहते हैं लेकिन सामने वाले से उम्मीद करते हैं कि गणेश ही समझे। हमारे गाँव से लेकर मोरकी और उससे आगे तक 112 गाँव जाटों के हैं यह इंटर कॉलेज भी आसपास के जाटों ने ही बनवाया था इसलिए प्राचार्य से लेकर अधिकांश अध्यापक जाट ही थे। कॉलेज के प्राचार्य देवीलाल पास के गाँव जरैलिया के रहने वाले थे, वे हमेशा कुर्ता, पाजामा और टोपी पहनते थे, शारीरिक रूप से जितना कमजोर थे उतने ही पढ़ने में भी थे। कहते हैं कि हाई स्कूल में तीन बार अनुत्तीर्ण हुये थे तब जाकर अंग्रेज़ों ने कृपोत्तीर्ण कर दिया था। उनकी नज़र कॉलेज से अधिक अपने खेतों और विशेषरूप से सर्दियों के दिनों में ईख पर होती कि कोई विद्यार्थी उनके खेत में घुसकर गन्ने तो नहीं तोड रहा है। इसलिए वे अपने कार्यालय में कम बैठते थे। वे हिन्दी के अध्यापक थे पर हिन्दी पढ़ाते हुये उन्हें किसी ने नहीं देखा। गाँव में हाई स्कूल में पढ़ने वाले विद्यार्थियों की उम्र 18 से 22 साल तक होती थी, यह इस बात पर भी निर्भर करता था कि वह कितनी बार अनुत्तीर्ण हुआ है।

गाँव में यह शादी की उम्र होती है इसलिए लड़की वाले सबसे पहले कॉलेज आते और देवीसिंह जी से पूछते। देवीसिंह इस मामले में कुशल हो गये थे इसलिए चाहे लड़के को जाने या न जाने पर वे उसकी तारीफ करते हुये कहते-अच्छा लड़का है, भला है, पढ़ने में बहुत होशियार है, उसकी नौकरी हाई स्कूल करते ही पक्की समझो।' लड़की वाले यह सुनकर ख़ुश हो जाते और रिश्ता पक्का हो जाता था।

विद्यार्थी आसपास के गाँवों से आते थे इसलिए उनका जोर पढ़ाई पर कम ही रहता था, केवल खेत में काम करने से बचने के लिये वे कॉलेज में नाम लिखवा लेते थे इसलिए कॉलेज का परीक्षा परिणाम उत्तर प्रदेश में सबसे कम रहता था। हमारे हिन्दी के अध्यापक हरीसिंह थे जो पास के गाँव के रहने वाले थे, वे बहुत दुबले थे इसलिए उनके गाल दांतों से चिपक गये थे। वे कभी हँसते नहीं थे, हमेशा ऐसी भाव-भंगिमा में रहते कि पता नहीं क्या कर डालेंगे। कहते हैं वे इलाहाबाद से बीटीसी करके आये थे इसलिए पूरे कॉलेज में उन्हें हरीसिंह की जगह इलाहाबादी अमरूद कहकर बुलाया जाता था। कक्षा में वे क्या पढ़ाते थे, यह तो किसी को नहीं मालूम पर वे जब भी आते दो-चार को डंडे मारकर चले जाते। एक बार मैं डरते हुये उनके पास स्टाफ रूम में गया तो वे कुर्सी पर अधलेटे होकर कोई अश्लील रसिया गा रहे थे। मुझे बहुत देर तक उनके पास खड़े रहते देख, उनके बराबर बैठे अध्यापक ने कुहनी से उन्हें इशारा किया। मुझे देखकर उनके सूखे छुआरे जैसे चेहरे पर क्रोध उभर आया। वे जोर से बोले–'कहो क्या बात है।' मैंने कहा 'मास्साब महावीर प्रसाद द्विवेदी और हजारी प्रसाद द्विवेदी में अन्तर कैसे करें दोनों एक जैसे ही लगते हैं।' मास्साब का चेहरा देखने योग्य था लेकिन मैं आकर फंस गया था, इसलिए उन्हें इस हालत में देखकर भाग भी नहीं सकता था। उन्होंने मुझे बुरी तरह घूरकर देखा और बोले-दोनों तुम्हारे मामा हैं क्या जो नाम याद रखना ज़रूरी है? देखो जो मिलना है वह तो मामा के यहाँ से ही मिलेगा, ये दोनों तुम्हें क्या दे देंगे?' मैं चुप रहा लेकिन पास बैठे अध्यापक जोर से हँसे और मेरी तरफ़ इशारा करते हुये कहा-आयी समझ में अब फूटो।' मैं चला आया। गाँव लौटते हुये मैंने अपने सहपाठियों को यह किस्सा बताया तो वे जोर से हँसे और कहा खैर मनाओ पिटे नहीं। हरीसिंह जी को पुलिस से बड़ी चिढ़ थी इसलिए कक्षा में कहा करते थे कि मेरा कोई विद्यार्थी पुलिस की नौकरी में नहीं जायेगा। एक दिन जब मैं अलीगढ़ जा रहा था तब गाँव के बस स्टेंड पर हमारा सहपाठी नेतराम मिला, जो पुलिस में सिपाही हो गया था। हमने एक दूसरे को पहचान लिया था संयोग से साइकिल की दुकान पर हरीसिंह मास्साब अपनी साइकिल की चैन ठीक करा रहे थे, तब मैंने नेतराम को संकेतों में कहा तो उसने कहा चल मिल लेते हैं। हम दोनों मास्साब के पास गये, बड़े सम्मान से राम-राम की।

नेतराम पुलिस की बर्दी में था उसे देखते ही हरीसिंह मास्साब का पारा चढ़ गया, बोले-भिन्चो कमीन कहूँ और जाके मरि। मेरे सामने से हट जा गुंडे।' नेतराम हँस रहा था और मैं कभी मास्साब की ओर तो कभी नेतराम की ओर देख रहा था। नेतराम उनकी गालियों और आक्रामक मुद्रा को बहुत सहजता में ले रहा था, हो सकता है इससे पहले भी कभी इस प्रकार की घटना घटी हो।

कक्षा नौ में हमें अंग्रेज़ी जलेसिंह मास्साब पढ़ाते थे। वे छोटे कद के सांवले-से आदमी थे, जो सर पर जीरो कट बाल रखते थे। अंग्रेज़ी का अभ्यास हमें बहुत नहीं था इसलिए हम अंग्रेजी की कक्षा में अनिवार्यतः जाते। मास्साब किताब को हाथ ही नहीं लगाते थे, इसलिए निर्धारित पाठ्यक्रम को छोड़कर वे अंग्रेज़ी के शब्दों की स्पेलिंग पूछते रहते और पीटते रहते। मेरे गाँव का सरदार सिंह बहुत पिटता था, उसकी अंग्रेज़ी मुझसे भी बुरी थी। वह मेहनत तो बहुत करता था, स्पेलिंग रटता भी बहुत था पर उसकी समझ में कुछ नहीं आता था। वह रास्ते में हम लोगों से कहता भी था कि 'अगर मेरी पढ़ाई छूटी तो जलेसिंह के कारण ही छूटेगी।' एक दिन चुपचाप उसने बड़े-बड़े कांटों को गत्ते पर लगाकर टोपी के नीचे इस तरह फिट कर लिया कि कांटे दूर से तो क्या पास से भी दिखाई नहीं देते थे। उस दिन वह हमारे साथ कॉलेज नहीं आया था, पता नहीं कब चुपचाप आकर कक्षा में पीछे बैठ गया। जलेसिंह ने उससे पूछा तो वह रोजाना की तरह स्पेलिंग नहीं बता पाया। जलेसिंह ने उसके सिर में हाथ का पंजा मारा और जोर से चिल्लाये। सरदार सिंह उठकर भाग गया था। मास्साब का पूरा हाथ कांटों से छिद गया था। उसके बाद सरदार सिंह कभी कॉलेज नहीं गया। कई सालों के बाद वह मुझे सड़क और गाँव के बीच के रास्ते पर घास काटते हुये मिला। उसने मुझे रोका और अपने पास बैठाया। वह दुखी होकर बोला 'भैया पढ़ तो हम भी जाते पर जलेसिंह ही दुश्मन हो गया।' मैंने उसकी ओर देखा उसने बीड़ी सुलगा ली थी। उसका गेहुँआ रंग काला पड़ गया था और बालों में सफ़ेदी उतर आयी थी, वह न पढ़ पाने के कारण अब भी दुखी था।

11-12वीं कक्षाओं को पढ़ाने वाले अध्यापक स्वयं को वरिष्ठ समझते थे इसलिए वे हम लोगों से बात भी नहीं करते थे और हम सब इस बात से प्रसन्न थे कि यदि उन्होंने कक्षा छोड़कर बाहर बैठे हमें देख भी लिया तब भी वे कुछ नहीं कहेंगे। वरिष्ठ अध्यापकों में भगवान सहाय तिवारी नागरिक शास्त्र पढ़ाया करते थे, वे अलीगढ़ से पढ़कर आये थे। मथुरा और अलीगढ़ में फर्क था, मेरे ही ताऊ जी के दो लड़के यानी मेरे बड़े भाई मथुरा पढ़ने गये थे लेकिन वे कई वर्षों तक रबड़ी खाकर सोते ही रहे इसलिए हाई स्कूल फेल होकर आ गये। मेरे गाँव के ऐसे कई लड़के थे, जो मथुरा पढ़ने गये लेकिन पढ़ नहीं पाये। इसलिए अलीगढ़ को पढ़ने के

हिसाब से उत्तम माना जाता था। तिवारी जी अलीगढ़ के किसी कॉलेज से पढ़कर आये थे। वे मोटे थे, पेट बाहर निकला हुआ था, उस समय गाँव में बहुत कम लोगों के पेट बाहर निकले हुये होते थे। मेरे गाँव में मेरे पिता जी, रम्मी बनिया और लच्छी पण्डित के अलावा और किसी का पेट बाहर नहीं निकला था। कहते हैं कि जब तिवारी जी अलीगढ़ से सर्दियों के दिनों में नयी साइकिल पर सवाल होकर गाँव आ रहे थे तब उनके पिता जी और भाई खेत में पानी लगा रहे थे। बड़ी नहर से निकलने वाले बम्बे को किनारे से काटकर पानी लगाने की परम्परा गाँव में आम थी। इससे खेत जल्दी भर जाते थे लेकिन यह नियमविरुद्ध था, इसलिए पतरोल का डर हमेशा बना रहता था। उनके पिता जी ने देखा कि साइकिल पर कोट पहने कोई आदमी आ रहा है तो उन्होंने उन्हें पतरोल समझा इसलिए वे और उनके बड़े भाई फावड़े को कंधे पर रखकर गाँव की ओर दौड़ लिये। तिवारी जी ने देखा तो वे चिल्लाये 'व्हाई आर यू रनिंग आयी एम भगवान सहाय तिवारी'। उन्होंने समझा कि पतरोल रुकने के लिये कह रहा है इसलिए वे और तेज गति से दौड़े। गाँव पहुँचकर उन्होंने चैन की सांस ली ही थी कि साइकिल की घंटी बजाते हुये तिवारी जी पहुँच गये। उन्होंने बंबा खुला छोड़कर अचानक भागने का कारण पूछा तो पिता जी ने सारा किस्सा बताया। गाँव में बहुत दिनों तक तिवारी जी के अंग्रेज़ी बोलने की चर्चा होती रही, जो धीरे-धीरे विस्तार पाकर कॉलेज तक पहुँच गयी थी। कॉलेज में ऐसी घटनाओं की जानकारी अपने आप पीढ़ी दर पीढ़ी चलती रहती है।

मुझे आज तक यह समझ नहीं आया कि मैंने हाई स्कूल में कॉमर्स क्यों ली थी? सम्भव है गाँव के सभी साथियों ने ली तो मैंने भी ले ली। हमें कॉमर्स मनोहरलाल पढ़ाते थे। पूरे कॉलेज में वे अकेले थे जिनकी मूँछें नहीं थीं इसलिए विद्यार्थी उन्हें 'वृंदावन की बाईजी' कहा करते थे। वे सहज-सीधे आदमी थे, बहुत कम बोलते थे, उनके दांत होंठों से बाहर निकले रहते थे इसलिए वे बार-बार उन पर जीभ फिराते रहते थे। कॉमर्स में मेरे साथ मेरे ही गाँव का मुर्रा बनिया, हरिचरण और पन्ना थे। मुर्रा की परचूने की दुकान थी, उसके लिये कहा जाता था कि सामान का दुगुना पैसा लगाता है-दो पैसे का बूरा और बूरे के दो पैसे हो गये न चार पैसे। पता नहीं लोग मज़ाक में कहते थे या यह सही था लेकिन इतना तो तय था कि कॉमर्स में हम अपने रजिस्टर उसकी नकल करके ही भरते थे। कॉमर्स कितनी समझ में आती थी नहीं कह सकते पर मास्साब मेहनत में कोई कसर नहीं छोड़ते थे। गाँव से मोरकी इंटर कॉलेज दो कोस दूर था बीच में नाला भी पड़ता था जो बरसात के दिनों में उफनकर बहता था। इसलिए बरसात के दिनों में हम लोग अक्सर नाले से ही लौटकर चले आते और लौटकर ऐसा बहाना बना देते कि घर वालों को मानना

पड़ता। मानने के पीछे एक कारण यह भी था कि मोरकी के आसपास के गाँवों से हमारे गाँव का कोई सम्बन्ध नहीं था। हमारे साथ जाने वालों में इंटर में पढ़ने वाला नंगा उर्फ जगदीश भी था। नंगा का घर कॉलेज के रास्ते में ही पड़ता था इसलिए हम उसके नौहरे में बैठकर उसका इंतजार करते और फिर साथ लेकर जाते। एक दिन मैंने उसकी माँ से उसके नाम के बारे में पूछा तो उन्होंने कहा–'हम जैसों के यहाँ तो नंगा ही पैदा होंगे।' बाद में मालूम हुआ कि जिसके बच्चे जीते नहीं हैं वे अपने बच्चों के ऐसे ही नाम रखते हैं। नंगा हमसे उम्र में तो बड़ा था ही लम्बाई में भी बड़ा था। वह पूरे रास्ते आल्हा गाता चलता था, आल्हा उसे कंठस्थ थी। पन्ना लम्बी कूद खेलता था इसलिए उसका मन पढ़ाई में कम लगता था। खेल की वजह से ही वह हाई स्कूल पास नहीं कर पाया लेकिन पुलिस में सिपाही लग गया था। एक दिन नौशैरपुर गाँव से आगे बनी झोपड़ी में, जिसमें उसी गाँव के महात्मा जी रहते थे, ने हम लोगों को रोका और कहा कि 'सिद्ध महात्मा आये हैं सब अपना-अपना हाथ दिखाकर भविष्य जान लो।' तब-तक हम लोगों को भविष्य की कोई चिन्ता नहीं थी पर कोतूहलवश सब रुक गये। महात्मा जी ने सबसे पहले मुन्ना का हाथ देखा और कहा 'तू तो चोर बनेगा।' सरदारसिंह ने मुन्ना की गति देखकर अपना हाथ पीछे खींच लिया। पन्ना से कहा 'जल्दी ही नौकरी लग जायेगी।' नंगा का हाथ लम्बा था, वे उसे लेकर बहुत देर तक सोचते रहे और बोले 'अच्छा भविष्य है।' मुझसे कहा 'जवाहरलाल नेहरू जैसी उंगलियाँ हैं, हाथ में हमेशा कलम रहेगी' पर मैं तो खेती करना चाहता था इसलिए मुझे उनकी बातों पर विश्वास नहीं हुआ पर दोस्त लोग 'नेहरू जी जैसी उंगलियाँ' कहकर ख़ूब मज़ाक उड़ाया करते थे। संयोग से हाई स्कूल परीक्षा का केन्द्र फिर मांट पड़ा था इस बार कई दिन रहना था इसलिए पिता जी ने अपने परिचित पटवारी जी से कहकर एक कमरे में मुझे और पन्ना को रख दिया था। पन्ना रात भर अपने लोहे के बक्से के सहारे बैठकर पढ़ता रहता था, उसे मैंने बहुत कम सोते देखा। मुन्ना और कई विद्यार्थी पास में बहती जमुना में रोज नहाने जाते थे लेकिन अपनी बदमाशी में भी कम नहीं थे। पूर्णिमा की चाँदनी रात में उन्होंने मांट के टीले पर खड़े होकर रसिया गा दिया 'कीचक कूदि पड्यो मेहलन में सुनि सुनि बिछुअन की झनकार'। इतना सुनते ही आसपास के लोग घरों से निकल आये और झगड़ने लगे। लगा कि अब सबकी पिटाई होगी पर एक दयालु महिला ने हमें बचा लिया। उसने कहा ये बच्चे तो रोजाना जमुना नहाने जाते हैं, टीका लगाते हैं इनके मन में कोई कलुषित भाव नहीं है।' इसलिए हम सब उस रात पिटने से बच गये। हमारे गाँव में इसे होली पर सामूहिक रूप से गाया जाता था इसलिए यह किसी ने नहीं सोचा कि इसका कोई गलत अर्थ भी हो सकता है।

मोरकी के इंटर कॉलेज में पढ़ने वाले अधिकांश विद्यार्थी हाई स्कूल में ही लुढ़क लेते थे। हमारे ही गाँव के रघुवीर पण्डित जी जो मुझसे कई वर्ष बड़े थे, पाँच बार हाई स्कूल में अनुत्तीर्ण हुये। फिर पता नहीं क्या हुआ कि छठे वर्ष में उनके पिता जी ने पढ़ने के लिये कहा तो उन्होंने ऐसा उत्तर दिया जिसका कोई जवाब किसी के पास नहीं था। रघुवीर ने कहा 'बोर्ड से चिट्ठी आ गयी है कि हम रघुवीर से हार गये हैं।' रघुवीर के पिता छिद्दा पण्डित जी इतने सीधे थे कि जब भी उनसे कोई पूछता तो वे आश्चर्य की मुद्रा बनाकर कहते कि 'भैया बोर्ड बहुत कमजोर है जो हमारे रघुवीर से हार गया वरना एक साल और पढ़ लेता तो सम्भव है पास ही हो जाता।' पता नहीं क्यों उन्हें यह पश्चाताप ज़िन्दगीभर रहा कि बोर्ड ने रघुवीर का जीवन खराब कर दिया वरना हाई स्कूल पास करके और नहीं तो प्राइमरी में अध्यापक तो हो ही जाता। नेमा अपने लड़के को सुबह जगाते तो कहते 'उठ सुबह हो गयी पढ़ लो, हो सकता है जज ही बन जाओ।' गाँव में केवल रघुवीर ही नहीं उन जैसे कई ऐसे महारथी थे, जिन्होंने बोर्ड को पराजित कर दिया था। मोरकी हम सबकी मजबूरी का भी नाम था क्योंकि आसपास और कोई इंटर कॉलेज नहीं था इसलिए आठवीं पास करने के बाद सभी को मोरकी जाना ही पड़ता था।

हमारा गाँव बड़ा है लेकिन दुर्भाग्य से अपने इलाके के एकमात्र मिडिल स्कूल को भी नहीं चला पाया इसलिए श्रीशारदा क्रीड़ा स्थली धीरे-धीरे समाप्त हो गयी और अब तो निजीकरण का दौर है इसलिए शिक्षा के नाम पर कई ऐसी दुकानें खुल गयी हैं, जो शिक्षा का बेशर्मी से व्यापार कर रही हैं। मोरकी में तब व्यापार नहीं होता था, लेकिन अकादमिक माहौल भी नहीं था इसलिए केवल मुझे ही नहीं बल्कि हमारी कई पीढ़ियों को ऐसे अध्यापक नहीं मिले, जो हमारे अन्दर पढ़ाई के प्रति ललक उत्पन्न करते।

मेरे अध्यापक-2

मैं हाई स्कूल करके अलीगढ़ चला गया था। ज़मींदारी मेरे जन्म के साथ ही समाप्त हो गयी थी लेकिन बाहरी तौर पर उसका आवरण बना हुआ था। मेरे बाबा तीन भाई थे, तीनों की मृत्यु ज़मींदारी उन्मूलन के छः महीने के भीतर हो गयी थी। उस समय गाँव में सूचना संचार के साधन बिल्कुल भी नहीं थे इसलिए उन्हें पता ही नहीं चला कि ज़मींदारी जाने वाली है। कोई कहता तो अकड़ में जवाब देते 'अंग्रेज़ चले जायेंगे लेकिन ज़मीनों को अपने सिर पर तो रखकर ले नहीं जायेंगे!' कहने वाला चुप हो जाता लेकिन यह सच है कि आज़ादी के बाद जो होना था इसकी कल्पना बाबा लोगों को नहीं थी। वे मानते थे कि आज़ादी के बाद अंग्रेज़ चले जायेंगे लेकिन ज़मीनों के मालिक तो हम लोग ही रहेंगे। इसलिए ज़मींदारी उन्मूलन से ठीक पहले उन्होंने पास के एक गाँव की ज़मीनें खरीदी थीं उसके लिये वे रब्बा में चाँदी के सिक्के भर कर ले गये थे। कुछ दिन बाद ज़मींदारी उन्मूलन हुआ और वे लोग उसके दुख को झेल नहीं पाये । हाई स्कूल पास करते ही मुझे यह अहसास हो गया था कि अन्दर से सब कुछ सामान्य नहीं चल रहा है हालाँकि बातें सामने नहीं आयें इसलिए छुपाया जाता था–कुछ मेरी माँ से और बहुत कुछ मुझसे। मैं घर का सबसे बड़ा बेटा था, मुझसे बड़ी मेरी बहन थीं, जिनका विवाह बहुत पहले कर दिया गया था। मैं जब अलीगढ़ जाने लगा तो मेरी माँ बहुत रोईं, वे यह तो चाहती थीं कि उनका बेटा पढ़ जाये क्योंकि गाँव में एक समय के बाद गुजारे का कोई आधार नहीं बचेगा लेकिन उनका ममत्व मुझे दूर भेजने के लिये तैयार नहीं था। हमारे गाँव से अलीगढ़ और मथुरा समान दूरी पर हैं लेकिन उस समय आवागमन के साधनों की इतनी कमी थी कि अलीगढ़ पहुँचने में लगभग पूरा दिन ही लग जाता था जबकि अब एक घंटे में अलीगढ़ पहुँचा जा सकता है। मैं अलीगढ़ चला गया लेकिन मेरा मन वहाँ नहीं लगता था इसका प्रमुख कारण तो माँ की याद आती थी। बड़ी बहन के चौदह वर्ष बाद मेरा जन्म तमाम तरह की मन्नतें और टोने-टोटकों के बाद हुआ था इसलिए

मैं माँ की आँखों का तारा था। गाँव और अलीगढ़ आते-जाते मैंने इंटर कर लिया। इंटर के बाद बी.ए. करने के लिये धर्म समाज कॉलेज ही एक विकल्प था, लेकिन अख़बारों से मालूम होता था कि उसकी हालत अच्छी नहीं है, गुंडागिर्दी और मारपीट की ख़बरें अक्सर पढ़ने में आती थीं। संयोग से उस समय अलीगढ़ में उप-चुनाव हुये और मैं पिता जी के दिये गये संस्कारों के कारण कांग्रेस के प्रत्याशी के चुनाव प्रचार में लग गया। चुनावों में मेरी कोई महत्त्वपूर्ण भूमिका नहीं थी लेकिन मैं हमेशा ख्वाजा हलीम के साथ रहता था, जो उस समय युवक कांग्रेस के पदाधिकारी थे। चुनाव संपन्न हुये और कांग्रेस विजयी हुई। कांग्रेस के विजयी विधायक से मेरा कोई विशेष परिचय नहीं था इसलिए मैं ख्वाजा साहब को ही मुबारकबाद देने गया । सुबह का समय था वे बड़े दरवाजे के अन्दर घुसते ही अपने अब्बा के साथ मूढ़ों पर बैठे थे। मुझे देखते ही वे ख़ुश हुये और पास में ही खाली पड़े मूढ़े पर बैठने के लिये कहा। उन्होंने अपने अब्बा से मेरा परिचय बड़ी गर्मजोशी के साथ कराया। फिर उन्होंने पहली बार मेरे बारे में पूछा। मैंने बताया तो उन्होंने कहा 'अलीगढ़ मुस्लिम यूनीवर्सिटी में पढ़ना चाहेंगे।' उस समय तक अलीगढ़ मुस्लिम विश्वविद्यालय के बारे में मैं कुछ विशेष नहीं जानता था। लेकिन ख्वाजा साहब के व्यवहार ने मेरे मन में एक विश्वास पनपा दिया, जिसके कारण मैंने हाँ कह दी। उन्होंने 10 बजे के करीब आने के लिये कहा। वे मुझे अपनी जीप में बैठाकर सर सैयद हॉल ले गये, तब रजिस्ट्रार ऑफिस वहीं चलता था। उन्होंने किसी के हाथ एक फॉर्म भिजवाया, जिसे मैंने भरकर उन्हीं साहब को वापस दे दिया। बहरहाल मेरा प्रवेश तो बी.ए. ऑनर्स में अलीगढ़ मुस्लिम यूनीवर्सिटी में हो गया लेकिन मेरे चाचा यह सुनकर गाँव गये और मेरी माँ से कह आये कि 'उसने मुसलमानों की यूनीवर्सिटी में एडमीशन ले लिया है, हो सकता है किसी दिन मुसलमान उसे मार दें।' यह सुनकर मेरी माँ अन्दर से कांप गयीं। उन्होंने पिता जी से कहकर मुझे जल्दी गाँव आने के लिये पत्र लिखवाया। मैं गाँव गया तो उन्होंने रोते हुये अपनी तकलीफ सुनाई पर मैंने अपनी तरह से उन्हें समझाया तो वे मेरे भविष्य की वजह से मेरा कहना मान तो गयीं लेकिन अन्दर से बहुत कमजोर हो गयी थीं। हमारी दोनों ताई भी उन्हें समझाने की अपेक्षा मुझे वापस बुलाने पर ही अधिक जोर देती थीं, उनके बेटे मथुरा से हाई स्कूल में कई बार फेल होने के कारण लौट आये थे।

बी.ए. ऑनर्स में इतिहास, राजनीति विज्ञान और हिन्दी मेरे विषय थे इनके साथ उर्दू और अंग्रेज़ी अनिवार्य विषय के रूप में पढ़ाये जाते थे। उर्दू मेरे लिये एकदम नया विषय था लेकिन डॉ. कोकब क़दर इस तरह ब्लेक बोर्ड पर लिखकर पढ़ाते थे कि मैं जल्दी ही उर्दू लिखना सीख गया। दीपावली पर गाँव गया था तो मैंने अपनी

माँ से उर्दू के बारे में बताया। वे उर्दू नहीं जानती थीं पर मेरे पिता जी जानते थे इसलिए उन्होंने ख़ुश होकर उनसे कहा और मुझसे लिखकर दिखाने के लिये कहा। मैं जब लिख रहा था तब वे बहुत ख़ुश होकर कभी मुझे और कभी मेरे पिता जी को देख रही थीं। पिता जी से हमारा संवाद बहुत कम होता था इसलिए वे ख़ुश तो बहुत हुये पर कहा कुछ नहीं। लेकिन माँ इतनी ख़ुश थीं कि उनके सारे गले-शिकवे जैसे दूर हो गये हों। राजनीति विज्ञान महमूद साब पढ़ाते थे, वे छोटे कद के सांवले व्यक्ति थे, जो पुस्तकालय को अपने घर की तरह ही मानते थे। इसलिए वे अपना अधिकांश समय पुस्तकालय में किताबों के बीच ही गुजारते थे। वे कहा करते थे कि 'लोग मुझसे पूछते हैं कि शादी क्यों नहीं करते तो मैं जवाब देता हूँ मेरी शादी तो किताबों से पहले ही हो रखी है।' वे लहक-लहककर बोलते थे और गर्दन झुकाकर चलते थे। कहा जाता था कि उनकी वजह से लाइब्रेरी समय पर खुलती थी, वे घड़ी मिलाकर सुबह लाइब्रेरी पहुँच जाते। हमें हिन्दी डॉ. नरेन्द्र कुमार शर्मा, डॉ. बुद्धसेन नीहार और कई अन्य अध्यापक पढ़ाते थे पर नरेन्द्र शर्मा जी बनावटी अधिक थे और नीहार जी या तो फ्रॉयड पर बातें करते थे या अपनी कविताओं पर। नीहार जी यह मानते थे कि यदि उनकी कविताओं का अनुवाद अंग्रेज़ी में हो जाये तो उन्हें 'नोबल प्राइज' निश्चित ही मिल जायेगा इसलिए वे बल्देव मिर्ज़ा जो अलीगढ़ से 'स्काईलार्क' पत्रिका निकालते थे, से अपनी दोस्ती बढ़ाते रहते थे जिससे वे उनकी कविताओं का अंग्रेज़ी में अनुवाद कर दें। नरेन्द्र शर्मा क्रीम कलर की शेरवानी और अलीगढ़ कट पाजामा पहनते थे तथा सिर पर खादी आश्रम की सफ़ेद टोपी लगाते थे। उनके हाथ में हमेशा छतरी रहती थी, जिसे वे दिन में तानकर चलते थे और शाम को बेंत की तरह उसका प्रयोग करते थे। वे हमेशा कहा करते थे कि वे योगी हैं इसलिए भोजन नहीं करते। वे जिस मकान में रहते थे वह अब्दुल्ला कॉलेज के बराबर वाली सड़क पर था। नीचे मकान मालिक की कोयले की दुकान थी और ऊपर एक कमरे में शर्मा जी रहते थे। मैं जब पहली बार उनके घर गया तो वे अपने शरीर पर मिट्टी लपेटकर ज़मीन में लेटे हुये थे। घर में न कोई कुर्सी थी और न मूढ़ा इसलिए मैं ज़मीन पर ही बैठ गया। उन्होंने लेटे-लेटे ही बताया कि वे एक योगी की तरह का त्यागपूर्ण जीवन जीते हैं। मैं उन्हें देखकर बहुत अभिभूत हुआ, मुझे हमारे गाँव के ब्रह्मचारी बाबा की याद आयी जो जंगल में बहुत छोटे-से कमरे में रहते थे, उन्होंने अपनी भौतिक सुविधाओं को बहुत कम कर लिया था पर शर्मा जी तो उनसे भी आगे निकले। वे अक्सर अपनी जेब में इलायची रखा करते थे इसलिए पढ़ाने से अधिक इलायची देने और अपने त्यागपूर्ण जीवन के किस्से सुनाने में उनकी अधिक रुचि थी। जयशंकर प्रसाद का 'आँसू' पढ़ाते हुये उन्होंने बताया कि 'तुम सुमन नोंचते जाते, करते जानी-अनजानी'

तथा 'जीवन की गोधूली में कौतूहल से तुम आये' में कोई लड़की नहीं है बल्कि एक लड़का है जिससे प्रसाद जी प्रेम करते थे। बाबर के लिये कहा जाता है कि वह कई बेगमों के रहते एक लोंडे से इश्क करता था। वे इसी प्रकार की व्याख्याओं को अपनी मौलिक देन मानते थे और कहा करते थे कि हर अध्यापक को अपनी कक्षा में रटी-रटायी चीजें नहीं बल्कि मौलिक उद्‌भावनाएँ देनी चाहिये। मैं तो हाई स्कूल में हरीसिंह मास्साब से हिन्दी पढ़कर आया था इसलिए मेरे लिये इस प्रकार की मौलिक व्याख्याओं का खास मतलब होता था। नरेन्द्र शर्मा जी हमें एम.ए. में भी पढ़ाते थे, वे उस समय भी अपने ज्ञान से कम अपने उच्चारण और साफगोई से अधिक चमत्कृत करते थे। एक दिन हमारी सहपाठी फातिमा ने अलीगढ़ में 'ढ़' के नीचे बिन्दी न लगाकर 'ढं' के ऊपर लगा दी तो शर्मा जी ने उसे भरी कक्षा में अपने पास बुलाया और कहा कि अलीगढ़ लिखकर बताओ। तब उसने शुद्ध लिख दिया लेकिन शर्मा जी ने उसे उसके टर्म पेपर पर लिखा अलीगढ़ पढ़ाया तो उसने लजाते हुये अपनी गलती मानी। शर्मा जी ने टेढ़े होकर अश्लील-सी मुद्रा में अपने पिछवाड़े उंगली रखकर कहा कि 'माथे की बिन्दी यहाँ पर लगा दी जाये तो'। हम सब लोग हतप्रभ और बेचारी फातिमा शर्मिंदगी के कारण गर्दन नीचे कर चुपचाप खड़ी रही, पूरी कक्षा में कुछ देर के लिये सन्नाटा छा गया था । कुछ ही दिनों में हमें यह मालूम पड़ गया था कि वे पढ़ते-लिखते नहीं है। कुछ दिनों के बाद वे श्रीनगर-गढ़वाल में नयी खुली यूनिवर्सिटी में प्रोफेसर होकर चले गये। बाद में मालूम हुआ कि उन्होंने शादी भी कर ली और देहरादून में बहुत बड़ा मकान भी खरीद लिया था।

बी.ए. की कक्षाओं को बहुत वरिष्ठ प्राध्यापक नहीं पढ़ाते थे लेकिन एम.ए. हिन्दी में विभाग के सभी प्राध्यापक पढ़ाते थे इसलिए हिन्दी विभाग और उसके प्राध्यापकों से असली परिचय एम.ए. में जाकर ही हुआ था। संयोग से हमारे साथ विभाग के ही रीडर डॉ. शिवशंकर शर्मा 'राकेश' का छोटा बेटा राजशेखर पढ़ता था। कुछ दिनों बाद मालूम हुआ कि गत वर्ष प्रो. गोवर्धननाथ शुक्ल की बेटी प्रतिभा के कारण राजशेखर ने बी.एड. में प्रवेश ले लिया था। राजशेखर और उसके पिता जी यह मानते थे कि गोल्ड मेडल उनके बेटे को ही मिलना चाहिये। विभाग में कई वर्षों से इस परम्परा का निर्वाह अलिखित नियम की तरह होता आ रहा था। इस परम्परा से नुकसान यह हुआ कि राकेश जी मुझसे नाराज़ रहने लगे और जहाँ भी अवसर मिलता अपने व्यंग्यों से आहत करते। मैं तो गाँव से गया था, अलीगढ़ में मेरी कोई जान-पहचान भी नहीं थी और विभाग के अध्यापकों से तो बिल्कुल भी नहीं। लेकिन बी.ए. में मेरे सहपाठी राजा राजकिशोर उपाध्याय निडर व्यक्ति थे, उनके पिता जिलाधीश कार्यालय में निजी सहायक थे, जिसका लाभ अक्सर राजा

उठाया करते थे। मैंने अपनी समस्या उन्हें बताई तो उन्होंने राजशेखर से बात न कर सीधे राकेश जी से ही बात की और अपने अन्दाज़ में की। राजा एम.ए. संस्कृत के छात्र थे, संस्कृत विभाग हिन्दी विभाग के ऊपर ही था जिसकी सीढ़ियाँ हिन्दी विभाग से ही जाती थीं। तब विभाग के अध्यक्ष पं. हरवंशलाल शर्मा थे जो नगर कांग्रेस के अध्यक्ष भी थे। वे चूढ़ीदार पाजामा, शेरवानी और सफ़ेद टोपी पहनते थे। उनका शरीर बहुत दुर्बल था लेकिन विश्वविद्यालय और बाहर बड़े-बड़े लोगों से उनका सघन परिचय था इसलिए अधिकांश समय वे बाहर ही रहते थे। विभाग में उनकी उपस्थिति बहुत कम रहती थी और कक्षाओं में तो और भी कम। वे हमेशा पान खाये रहते थे इसलिए बोलते हुये अन्दर से उनका लाल मुँह दिखाई देता था। वे कक्षा में कुर्सी पर न बैठकर मेज का सहारा लेकर खड़े होकर पढ़ाते थे। 'सूरदास और उनका काव्य' उनकी चर्चित कृति थी, जो महाकवि सूरदास को समझने के लिये आज भी प्रामाणिक कृति मानी जाती है। हम एम.ए. के प्रथम वर्ष में ही थे कि प्रो. हरवंशलाल शर्मा तकनीकी निदेशालय में निदेशक होकर नयी दिल्ली चले गये और विभाग प्रमुख का दायित्व विभाग के वरिष्ठ रीडर डॉ. गोवर्धननाथ शुक्ल ने सँभाला। शुक्ल जी गम्भीर किस्म के प्राध्यापक थे। वे कक्षा में नियमित आते और पढ़ाकर चले जाते। किसी विद्यार्थी को अपने कमरे में बुलाकर या रास्ते में खड़े होकर बात करना उनके स्वभाव में नहीं था। गर्मियों में वे पेंट शर्ट और सर्दियों में बन्द गले का कोट पहनकर आते थे। वे पुराने शहर में रहते थे जो हिन्दी विभाग से बहुत दूर था इसलिए अपनी बेटी प्रतिभा के साथ रिक्शे में बैठकर आते थे जो उन दिनों एम.ए. हिन्दी अन्तिम वर्ष की छात्रा थीं। शुक्ल जी रीतिकालीन कवि देव के परम प्रशंसक थे। हिन्दी में देव और बिहारी का विवाद नया नहीं था इसलिए शुक्ल जी देव की तुलना में बिहारी को बड़ा कवि नहीं मानते थे। निर्धारित पाठ्यक्रम में बिहारी भी उन्हें ही पढ़ाना था लेकिन उन्होंने यह कहकर नहीं पढ़ाया कि 'मैं उस गुंडे को नहीं पढ़ाऊँगा।' किसी कवि का अच्छा लगना या न लगना व्यक्तिगत रुचि हो सकती है लेकिन कक्षा में निर्धारित पाठ्यक्रम तो पढ़ाना ही पड़ता है पर शुक्ल जी उस प्रकार के अध्यापक नहीं थे। वे अपने व्यवहार में जितने छात्र वत्सल थे, उतने ही अपने आदर्शों के प्रति कठोर भी थे। विभाग में ही उनके छोटे भाई डॉ. विश्वनाथ शुक्ल भी थे, जो बड़े शुक्ल जी से सम्भवत: लम्बे थे या छरहरी काया के कारण लम्बे लगते थे। उनकी गर्दन लम्बी थी, वे चित्रकला और संगीत में भी निष्णात थे। वे विभाग से घर पहुँचने के बाद दोपहर में संगीत यंत्र पर रियाज किया करते थे, जिसके कारण भारती नगर के अधिकांश आरामतलबी प्राध्यापक उनसे नाराज़ रहा करते थे।

डॉ. रवीन्द्र भ्रमर नवगीतकार थे और अच्छे गले से गाते भी थे। वे समकालीन कविता के बहुत अच्छे अध्यापकों में से एक थे। जिस दिन उनका मन पढ़ाने में लगता था उस दिन वे समय या घंटे की परवाह नहीं करते थे। वे बनारस के आसपास के रहने वाले थे इसलिए उनका उच्चारण भिन्न प्रकार का था। उन्होंने बाद में हमारी सहपाठी नीलम पर, जो उनकी शोधछात्रा भी थीं, एक गीत लिखा था- 'जोग साधोगे जोगी तो क्या पाओगे, ऐसी नीलम परी को छोड़कर स्वर्ण की अप्सरा लाओगे'। इस गीत को वे स्वर साधकर सुनाते थे। भ्रमर जी को लेकर छात्राओं में अक्सर कानाफूंसी होती रहती थी, वे उन्हें अध्यापक तो अच्छा मानती थीं पर व्यक्ति के रूप में उनकी तुलना विभाग के ही दूसरे अध्यापक डॉ. शैलेष ज़ैदी से करती थीं। ज़ैदी साहब उस समय लम्बे बाल, लम्बी कॉलर वाली छींटदार शर्ट और वेलबॉटम पहनते थे। वे अक्सर सिगरेट पीते रहते थे। बाद में उन्होंने प्रेमचन्द पर एक किताब लिखी, जिसमें उन्होंने अन्य बातों के अलावा उनके विवाहेतर सम्बन्धों का जिक्र किया था। ज़ैदी साब से हमारे गुरु डॉ. कुंवरपाल सिंह के सम्बन्ध अच्छे नहीं थे। बाद में किन्हीं मोहतरमा ने ज़ैदी साब को केस में फंसाकर जेल भिजवा दिया था और तमाम तरह की तकलीफों के कारण उनकी जल्दी ही मौत भी हो गयी। वे अच्छे अध्येता और लगभग ठीक-ठाक अध्यापक थे लेकिन नयी उद्‌भावनाओं और ख़ुद को बड़ा मानने के चक्कर में विभाग में उनकी कोई छवि नहीं बन पायी थी। वे हमेशा स्वयं को युवा मानते थे इसलिए हम लोगों को सिगरेट पिलाया करते थे जबकि विभाग के अन्य अध्यापकों के सामने सिगरेट पीने की हमारी हिम्मत नहीं होती थी। वे खाली समय में विद्यार्थियों को अपने चेम्बर में बुलाकर चाय भी पिलाते थे जिसमें अधिकांश लड़कियाँ होती थीं। पास में अहसन साब का चेम्बर था इसलिए उन्होंने विभागाध्यक्ष से उनकी शिकायत की, विभागाध्यक्ष प्रो. शर्मा ने उन्हें बुलाया तो उन्होंने कहा कि 'कल लड़के आयेंगे तब उनसे भी शिकायत होगी, अब आप बताइये अध्यापकों के पास लड़के और लड़कियाँ नहीं आयेंगे तो कौन आयेगा?' प्रो. शर्मा उनका उत्तर सुनकर चुप हो गये थे और धीरे-से उन्हें जाने के लिये कहा। हमारे गुरु कुंवरपाल सिंह उदार अध्यापक थे। सांवले रंग के कुंवरपाल जी बहुत दिनों तक साइकिल से विभाग आते थे, कक्षा और समय के प्रति वे बहुत अनुशासित थे इसलिए कई बार सर्दियों में जब चाय पीने को मन होता और दुआएँ मांगी जातीं कि आज कुंवरपाल जी नहीं आयें तो वे उसी समय साइकिल स्टेंड पर दिखाई पड़ते और हम सब बेमन से कक्षा के अन्दर घुस जाते। उन दिनों वे विश्वविद्यालय की ई.सी. इत्यादि के सदस्य थे, प्रो. इरफान हबीब, प्रो. सतीश चन्द्र एवं प्रो. नूरुल हसन साब के वे खास थे इसलिए विश्वविद्यालय में उनका दबदबा

था। एम.ए. करने के बाद जब मैं उनके साथ शोध करने लगा तो देखा कि शाम को उनके घर महफिलें जुटती थीं, जिसमें विश्वविद्यालय के तमाम विभागों के प्राध्यापक अपने-अपने कामों के सिलसिले में उनके पास आते थे। उनका घर एक प्रकार का 'कम्यून' था, जहाँ शोधार्थियों से लेकर सी.पी.एम. के सक्रिय कार्यकर्ता, सम्पादक और लेखक जुटे रहते थे। उनके यहाँ कई सारी पत्रिकाएँ आती थीं, जिनमें वे और उनकी पत्नी नमिता सिंह न केवल लिखते थे अपितु आर्थिक सहायता भी करते थे। वे अकेले प्राध्यापक थे जो अपने छात्रों को पत्रिकाएँ पढ़ने के लिये दिया करते थे। यही नहीं वे अपने छात्रों के बीमार होने पर अस्पताल से लेकर अन्य सभी तरह की सहायता करने में सुख का अनुभव करते थे। उनकी लोकप्रियता का आलम यह था कि उनके साथ शोध करने के लिये इंतज़ार करना पड़ता था। यही कारण था कि विभाग में बाद में आये प्रो. प्रेमस्वरूप गुप्ता उनसे चिढ़ते थे, जिसका परिणाम कई बार मुझे और हमारे साथियों को भुगतना पड़ता था। प्रेमस्वरूप गुप्ता काव्यशास्त्र के प्राध्यापक थे, रस पर उनका शोध कार्य था पर उनके जीवन में रस की एक बूँद भी नहीं थी। वे न केवल प्राध्यापकों और विद्यार्थियों तक से नाराज़ रहते थे अपितु कर्मचारीगण भी उनसे ख़ुश नहीं रहते थे। वे विभाग में स्कूटर से आते थे और गले में मोटा पट्टा बाँधे रहते थे, तब-तक हमें स्पोंडिलाइट जैसी गले की बीमारी के बारे में कुछ पता नहीं था इसलिए ज़्यादातर विद्यार्थी उसे कुत्ते वाला पट्टा कहा करते थे।

विभाग में भाषा विज्ञान के गहरे अध्येता डॉ. अंबाप्रसाद सुमन थे, जिन्होंने ब्रज और पश्चिमी हिन्दी पर कई किताबें लिखीं थीं। कहा जाता था कि वे खड़े होकर लिखते हैं और कई-कई घंटे तक लिखते रहते हैं। प्रो. हरवंशलाल शर्मा से उनके सम्बन्ध अच्छे नहीं थे इसलिए वे अपने मौलिक कार्य के बावजूद रीडर भी नहीं बन पाये थे। सुमन जी अभिनय के साथ डूबकर पढ़ाते थे। उन्होंने हमें प्रसाद की कविता 'बीती विभावरी जाग री, अंबर पनघट में डुबो रही तारा घट उषा नागरी' अभिनय के साथ पढाई। उन्होंने अपने रूमाल से घूँघट निकाला और घड़े के रूप में डस्टर सिर पर रखकर पूरी कक्षा में मटकते हुये चलकर कविता का अर्थ बताया। एक दिन वे बताने लगे कि सृजन शब्द गलत है और शुद्ध सर्जन है तो हमारी सहपाठी चन्द्रावती ने कहा 'और किसी ने नम्बर काट लिये तो' यह सुनते ही सुनन जी का चेहरा लाल हो गया, वे ब्रज भाषा में बोले 'काटना मज़ाक है, दारीके की छाती पे चढ़ि के ख़ून पी जइयो।' चन्द्रावती वाचाल और उम्रदराज थी वह इतना बोलती थी कि डॉ. गेदालाल शर्मा को तो पढ़ाने ही नहीं देती थी। गेंदालाल जी भेंस पालते थे इसलिए वह उनसे कहती कि 'सर पढ़ाना छोड़ो आप तो भेंस के दूध की खीर खिला दो बस।' गेंदालाल जी हँसकर कहते कि 'हाँ क्यों नहीं।' गेंदालाल जी स्वयं को

भाषा विज्ञान का अधिकारी विद्धान मानते थे पर पढ़ाने की शैली बिल्कुल भी अच्छी नहीं थी इसलिए उनसे कोई पढ़ना नहीं चाहता था। अलीगढ़ में रहकर भी उनकी भाषा में नफासत नहीं आ पायी थी, वे खड़ी बोली को ब्रजभाषा के उच्चारण में बोलते थे, जिसे सुनकर विद्यार्थी उनकी मज़ाक उड़ाया करते थे। विभाग के ही डॉ. फूलबिहारी शर्मा हमें पाश्चात्य काव्यशास्त्र पढ़ाया करते थे। वे बहुत धीमे बोलते और उतने ही धीमे चलते थे। कहा जाता था कि यदि सुबह उनके सिर पर कोई घास का एक तिनका भी रख दे तो शाम तक वह वैसे ही रखा रहेगा। वे हिलते डुलते नहीं थे। हँसते भी तो बहुत धीरे से और खैर कहकर शान्त हो जाते। बहुत बाद में जब मैं जोधपुर में प्राध्यापक हो गया था तब कुंवरपाल जी ने 'भक्तिकाल' पर एक संगोष्ठी कराई थी, जिसमें मैं भी शामिल हुआ था, तब फूलबिहारी जी से मुलाकात हुई, वे मुझसे मिलकर बहुत प्रसन्न हुये पर कहा कि 'देखो, कुंवरपाल ने सारे सिंहों को बुला लिया है, यह इनका मार्क्सवाद है।' मैं उनकी बात सुनकर थोड़ी देर चुप रहा और सोचा कि व्यक्ति की ईर्ष्या कितने रूपों में प्रगट होती है, इसका उदाहरण यह एक वाक्य है। मैंने कई ऐसे नाम बताये जो सिंह नहीं थे पर वे इस बात को मानने को तैयार ही नहीं थे। फूलबिहारी जी पुराने शहर में आगरा रोड पर खिरनीगेट के अन्दर पुराने से बड़े मकान में रहते थे। जो बाहर से बहुत उजड़ा और बेनूर लगता था। वे विभाग में अपनी उपेक्षा से दुखी रहते थे पर अपने दुख को भी बहुत गोपन तरीके से प्रकट करते थे। एक अज़ीब-सा ठंडापन उनके चलने, बैठने और पढ़ाने में था, जिसे देखकर उत्साह स्वयं पलायन कर जाता था। डॉ. गिरिधारीलाल शास्त्री हमें एम.ए. में आ. रामचन्द्र शुक्ल की 'चिन्तामणि' पढ़ाते थे लेकिन पूरे साल वे शुक्ल जी पर बोलते रहे पर उन्होंने एक भी निबंध विधिवत् नहीं पढ़ाया। वे कचहरी से सीधे कक्षा में आते थे और वहाँ से सीधे कचहरी चले जाते थे। लगभग काले रंग के मोटे-तगड़े शास्त्री जी अलीगढ़ के पास अंडला गाँव के रहने वाले थे। गाँव में इंटर कॉलेज के प्रबन्धक थे इसलिए सारा समय उनका वहीं गुज़रता था। सुनते थे कि अपने अध्ययनकाल में वे मेधावी छात्र रहे थे लेकिन धन के मोह ने उन्हें फंसा लिया था।

मैं 1981 में अलीगढ़ छोड़कर राजस्थान आ गया था। कुंवरपाल जी चाहते थे कि मैं वहीं रहकर नौकरी के लिये कोशिश करता रहूँ लेकिन मैंने गाँव के पास नौकरी करने के दुष्परिणाम के रूप में डॉ. गिरिधारीलाल शास्त्री को देखा था, इसलिए मैं वहाँ नहीं रहना चाहता था। अपने अध्ययन के दौरान मैंने प्रो. इरफान हबीब और उनके इतिहास विभाग को बहुत निकट से देखा था, वह अकेला विभाग था जो रात-दिन खुला रहता था, जिसकी प्रेरणा से मैंने और मेरे सहपाठी हरिहरप्रसाद दीक्षित ने रात को विभागीय पुस्तकालय में पढ़ना शुरू किया था। तब परिसर में भय

नहीं था, हम दोनों को जब भी चाय पीने की इच्छा होती तो इतिहास विभाग चले जाते और चाय पीकर आ जाते। उन दिनों ख्यात अफसानानिगार क़ाज़ी अब्दुल सत्तार साब से ख़ूब मुलाकातें होतीं, यद्यपि मैं उनका विद्यार्थी कभी नहीं रहा लेकिन वे स्वभावत: गुरु थे इसलिए जहाँ भी मिलते बड़े प्यार और आत्मीयता से मिलते। वे अक्सर डॉ. कुंवरपाल जी के घर पर आते थे और हम उनके आने के समय और उनकी बातों से जल्दी ही समझ जाया करते थे कि वे इस समय मूड में हैं या किसी से झगड़कर आये हैं। जब वे मूड में होते तब उन्हें सुनना जीवंत इतिहास और अदब को सुनना होता था, वे किस्सों की खान थे। काज़ी साब मुझे हमेशा प्राध्यापक और अफसानानिगार से अधिक मछरेटा के तालुकेदार लगे, उनका बात करने का तरीका, सामने वाले को तोलकर उस पर सवारी करना और यह मानना कि तालुकेदारी चली गयी तो क्या वे किसी के बाप का नहीं खाते इसलिए किसी से डरे भी क्यों'? यह सब काज़ी साब को अन्य लोगों से अलग और विशिष्ट बनाता था। तब शहरयार साब से कुंवरपाल जी के सम्बन्ध बनने शुरू ही हुये थे जो बाद में इतने परवान चढ़े कि 1992 में बाबरी मस्जिद तोड़े जाने पर जो तनाव अलीगढ़ में व्याप्त हुआ था तब शहरयार साब कुंवरपाल जी की सुरक्षा की दृष्टि से उनके मेडिकल कॉलोनी स्थित घर पर सोते थे। शहरयार साब के साथ और भी कई मुस्लिम प्राध्यापक थे जो कुंवरपाल जी को कुछ दिनों के लिये घर छोड़कर जाने के लिये कहते रहे पर उन्होंने इसे कभी स्वीकार नहीं किया। उन्होंने कहा 'मैं यहीं पला और बढ़ा हुआ हूँ यदि मरना भी है तो यहीं मरूँगा लेकिन साम्प्रदायिक शक्तियों से डरकर छुपता नहीं फिरूँगा।' काज़ी साब और शहरयार साब एक ही विभाग में थे इसलिए दोनों के सम्बन्ध कभी मधुर नहीं रहे। काज़ी साब कहा करते थे कि शहरयार की पीआरशिप बहुत तगड़ी है, आज ग़ालिब भी होते तब भी सारे इनामात शहरयार को ही मिलते। और शहरयार साब उन्हें 'मछरेटा के ताल्लुकेदार' कहकर हँसते और चुप रह जाते।

अलीगढ़ मेरे साथ ख़ुद अध्यापक या मेंटर के रूप में हमेशा खड़ा रहा। अलीगढ़ मुस्लिम यूनिवर्सिटी के हिन्दी विभाग को आज की दृष्टि से देखें तो लगता है उस समय वह अपने शिखर पर था। यह सही है कि वहाँ आ. रामचन्द्र शुक्ल और आ. हजारीप्रसाद द्विवेदी जैसे विद्वान अध्यापक नहीं थे और न प्रो. इरफान हबीब, प्रो. क़ाज़ी अब्दुल सत्तार या प्रो. शहरयार थे। मैं आज इस मुकाम पर आकर सोचता हूँ कि अलीगढ़ ने मुझे क्या दिया तो मैं अन्दर तक अत्यन्त समृद्ध अनुभव करता हूँ कि अलीगढ़ ने मुझे पढ़ना-लिखना सिखाया, अलीगढ़ ने मुझे लोकतन्त्र और धर्मनिरपेक्षता का पाठ पढ़ाया, अलीगढ़ ने अपना पक्ष निडर होकर रखने का मन्त्र दिया, अलीगढ़ ने इतनी बड़ी दुनिया दी कि मुझे यह बताते हुये गर्व होता है

कि मैं एएमयू में पढ़ा हूँ, जिसके लिये उसके तराने में कहा गया है 'ज़र्रात का बोसा लेने को, सौ बार झुका आकाश यहाँ'। मुझे आज भी लगता है कि यदि मैं एएमयू की जगह धर्म समाज कॉलेज में पढ़ा होता तो सम्भवतः वह नहीं होता, जो आज हूँ। एएमयू का वृहद पुस्तकालय और खुलापन धर्म समाज कॉलेज में नहीं था और न ऐसे अध्यापक ही थे जिनसे मिलकर आगे बढ़ने के रास्ते खुलते थे। एएमयू केवल कक्षाओं तक सीमित नहीं है वरन् वह अपनी विशाल उपस्थिति में ज्ञान और धर्मनिरपेक्षता का हिमालय है, मुझे गर्व है कि उसका एक हिस्सा मेरे वजूद में इस तरह मौजूद है कि मैं सारी ज़िन्दगी उससे गौरवान्वित और चमत्कृत होता रहा हूँ।

मेरा गुरुकुल मेरा कम्यून

अलीगढ़ मुस्लिम विश्वविद्यालय, अलीगढ़ से 1974 ई. में बी.ए. ऑनर्स करने के बाद मैंने हिन्दी विभाग में एम.ए. में प्रवेश लिया था। एम.ए. में पढ़ते हुये सही अर्थों में मैंने हिन्दी विभाग को जाना और समझा था। बी.ए. ऑनर्स हिन्दी में कर रहा था लेकिन विभाग के कुछ ही अध्यापकों से परिचय हुआ था पर एम.ए. में प्रवेश लेने के कुछ ही दिनों में विभाग और उसके अध्यापकों के बारे जो जानकारियाँ मिलीं, वे उत्साहवर्धक थीं। मैं पढ़ाई में ठीकठाक था और उसी ठीक गति से आगे भी पढ़ रहा था। अध्यापक अच्छे विद्यार्थियों पर नज़र रखते हैं, यह मैंने उसी समय जाना और बाद में अपने प्राध्यापकीय जीवन में उसका निर्वाह भी किया। एम.ए. में पढ़ते हुये मैंने यह भी जाना कि विभागीय प्राध्यापकों का किसी प्रकार का आतंक नहीं है, वे सहज होकर सबसे मिलते थे। केवल शिवशंकर शर्मा राकेश थे, जो विद्यार्थियों से ख़ुश नहीं रहते थे और मुझसे तो विशेषकर चिढ़ते थे। इसका कारण उनका छोटा बेटा राजशेखर था, जो हमारा सहपाठी था। वे गोल्ड मेडल की जिस उम्मीद में उसे लाये थे, वह उम्मीद उन्हें धूमिल होती नज़र आ रही थी। वैसे भी राकेश जी की भाव-भंगिमा सहृदय अध्यापकों जैसी नहीं थी। वे गम्भीर और विद्वान दिखने की कोशिश में हास्यास्पद हो गये थे।

एम.ए. में अध्ययन के दौरान विद्यार्थियों का अध्यापकों के घर जाना प्राय: नहीं होता था। अध्यापकगण विभाग में तो बहुत अच्छी तरह मिलते थे पर घर आने का संकेत न तो उनकी तरफ़ से मिलता था और न विद्यार्थियों में यह साहस होता था कि वे अपने प्रिय अध्यापक के घर जा सकें। लेकिन एम.ए. करने के बाद जब शोध के लिये अपने-अपने शोध निर्देशकों को चुनने और उनकी स्वीकृत ने का समय आता था, तब अध्यापकों के घर जाना ज़रूरी हो जाता था। मैंने 1976 में एम.ए. किया था और उसी दौरान मैंने यह निश्चय कर लिया था कि शोध डॉ. कुंवरपाल सिंह के निर्देशन में ही करूँगा। मैंने एक बार उनसे इस बावत अनुरोध भी किया

लेकिन उन्होंने कहा कि एक वर्ष प्रतीक्षा करनी होगी। उस समय उनके निर्देशन में निर्धारित सीटें भरी हुई थीं। एक सीट रिक्त थी, जिसके लिये मुझसे पहले वे मेरे ही सहपाठी हरिहर प्रसाद दीक्षित को वचन दे चुके थे। हरिहर प्रसाद दीक्षित उम्रदराज़ थे, अलीगढ़ के पास भुजपुरा गाँव में रहते थे और अलीगढ़ की कलक्ट्रेट में कर्मचारी थे। एम.फिल. करने के बाद वे अपने काम और परिवार में इतने लिप्त हुये कि पी-एच.डी. नहीं कर पाये। बाद में वे ब्रह्मकुमार बन गये थे। यद्यपि अपने अध्ययन काल में भी वे गले में तुलसी कंठी पहने रहते थे, लेकिन साम्प्रदायिक नहीं थे। उनसे खुलकर बात की जा सकती थी और हर विषय में की जा सकती थी। मेरे लिये एक वर्ष तक इंतज़ार करना मुश्किल था लेकिन मैं इस बात से आश्वस्त था कि एक वर्ष के बाद वे मुझे अपने निर्देशन में शोध कराने में पीछे नहीं हटेंगे। एक वर्ष का इंतज़ार इसलिए भी बहुत था कि मेरे सारे सहपाठी शोध के लिये पंजीकरण कराकर अपने-अपने शोध निर्देशकों के साथ जुड़ गये थे। लेकिन मेरे साथ यह सुविधा थी कि मैं एक वर्ष तक शोधार्थी के रूप में ही डॉ. साहब से मिलता रहा, विभाग और पुस्तकालय भी जाता रहा। इसी बीच वरिष्ठ शोधार्थियों से अच्छे सम्बन्ध बन गये थे, जिनकी वजह से विभाग और पुस्तकालय में किसी प्रकार की परेशानी नहीं होती थी। बगैर पंजीकरण के मैं स्वयं को विभाग का सदस्य मानता था और विभाग भी मुझे उसी नज़रिये से देखता था।

डॉ. कुंवरपाल सिंह के निर्देशन में शोध कर रहे मेरे वरिष्ठ साथी गोपाल कृष्ण शर्मा और ब्रजमोहन शर्मा से मेरे अच्छे सम्बन्ध हो गये थे, वे मुझे अलीगढ़ की परम्परा के अनुसार अपना भाई ही मानते थे। ब्रजमोहन शर्मा तो कासिमपुर पावर हाउस में नौकरी करते थे और वहाँ ट्रेड यूनियन के नेता भी थे। गोपाल कृष्ण शर्मा अपने पिता जयकिशन शर्मा की तरह कॉमरेड थे। गोपाल जी भले आदमी थे, वे विभाग में रोजाना आते थे और शाम को बस स्टेंड के सामने किशोर होटल पर मिला करते थे। हमारे सहपाठी रामवीर सिंह ने हिन्दी की जगह राजनीति विज्ञान में प्रवेश ले लिया था, उनका विचार था कि राजनीति शास्त्र में एम.ए. करने के बाद वे प्रतियोगी परीक्षाओं के माध्यम से प्रशासनिक सेवा में जायेंगे। वे अनुसूचित जाति से थे इसलिए उन्हें आरक्षण से मिली सुविधाओं पर अधिक भरोसा था लेकिन वे असफल हुये और दूसरे वर्ष एम.ए. हिन्दी में प्रवेश ले लिया। हम लोग गोपाल जी से कम्युनिस्ट पार्टी, रूस और चीन तथा उसकी पारिभाषिक शब्दावली के बारे में पूछा करते थे। एक दिन उन्होंने बुर्जुआ शब्द के बारे में बताया, जिसे रामवीर हमेशा बरजुआ कहा करते थे। डॉ. साहब से हम लोग इस प्रकार की बातें नहीं करते थे, लेकिन उनके घर का माहौल इस प्रकार का था कि हम जिन बातों को पढ़कर नहीं

जान पाये, उन्हें उनके आचरण और शब्दों के व्यवहार से जाना। उन दिनों उनके दोनों बच्चे सोनू और रानी बहुत छोटे थे। नमिता जी कहानियाँ लिखती थीं और लगभग सारी पत्रिकाओं में प्रकाशित होती थीं। उन दिनों दूरदर्शन नहीं था केवल आकाशवाणी केन्द्र था, जो मथुरा में था। एकाध बार मैं भी उनके साथ मथुरा के आकाशवाणी केन्द्र में गया। उन दिनों मैं भी कहानियाँ लिखने लगा था इसलिए कई बार मैं अकेले कहानी पाठ के लिये मथुरा आकाशवाणी केन्द्र गया। मथुरा मेरा गृह जनपद है लेकिन आज भी उतना ही अनजान है। मैं अलीगढ़ में पढ़ने आ गया था इसलिए मथुरा में रहने और जाने के अवसर नहीं मिले।

डॉ. साहब उन दिनों मैरिस रोड से ज़रा-सा हटकर बैंक कॉलोनी के एक घर के प्रथम तल पर रहा करते थे। घर कौने का था जिसके दोनों ओर सड़क थी। यद्यपि वह घर बहुत छोटा था, उसमें दो कमरे थे–एक ड्रॉइंग रूम और दूसरा बेड रूम। एक लम्बा लेकिन कम चौड़ा स्टोर रूम जैसा कमरा था, जिसे उन्होंने डाइनिंग हॉल बना रखा था। सीढ़ियों के ठीक सामने बड़ी छत थी, बड़ी यानी जितने में दो कमरे थे, उससे अधिक जगह में छत थी। छत पर किचन और ड्रांइग रूम के बीच में हेंड पंप लगा हुआ था। पानी भरना डॉ. साहब का शग़ल था, वे जब भी फुरसत में होते हेंड पंप से पानी भरकर छत पर फैला देते। इससे निश्चय ही छत ठंडी रहती थी। उनके पानी मोह को मैंने जोधपुर में भी देखा और अनुभव किया था। 1984 में मैं जोधपुर विश्वविद्यालय में आ गया था। 1986 में वे विश्वविद्यालय के अकादमिक कार्य से जोधपुर आये, तब जोधपुर में पानी की बहुत किल्लत थी। पानी रेल के कंटेनरों से आता था और उसे साफ़ करके नलों के माध्यम से घरों में पहुँचाया जाता था। मैं जिस घर में किराये पर रहता था, वहाँ कई और परिवार रहते थे। बहुत देर तक खड़े रहकर जैसे-तैसे मुझे एक बाल्टी पानी मिला, उस बाल्टी को मैंने बाथरूम में रख दिया। डॉ. साहब बाथरूम गये और हाथ पैर धोने में एक बाल्टी पूरी खाली करके आ गये। उन्हें मारवाड़ में पानी के अभाव के बारे में पूरी जानकारी नहीं थी। ग़लती मेरी थी, मुझे बताना चाहिए था।

डॉ. कुंवरपाल सिंह को विश्वविद्यालय में केपी के नाम से जाना जाता था। वे बहुत लोकप्रिय अध्यापकों में से एक थे। विभाग के अधिकांश अध्यापक घर से विभाग और विभाग से घर तक सीमित थे लेकिन डॉ. साहब का दायरा विस्तृत था, उनका अपना चेम्बर कभी खाली नहीं रहता था। वे जब पढ़ाने के लिये कक्षा में होते तब भी दो-चार आदमी उनका इंतज़ार करते हुये उनके कमरे में बैठे रहते। वे तकनीकी कर्मचारी संघ के अध्यक्ष थे और विश्वविद्यालय की सर्वोच्च गवर्निंग बोडी कार्यकारी परिषद के सदस्य थे। इतिहास विभाग के अध्यापकों और विशेषरूप से

प्रो. इरफान हबीब से उनके निकट के सम्बन्ध थे। उर्दू विभाग में प्रो. क़ाज़ी अब्दुल सत्तार और शहरयार साहब से उनकी दोस्ती थी। विश्वविद्यालय के शिक्षक संघ में वे कभी पदाधिकारी तो नहीं रहे लेकिन पदाधिकारी बनवाने में उनकी महत्त्वपूर्ण भूमिका रहती थी। प्रो. नूरुल हसन और प्रो. सतीश चन्द्रा से उनके पारिवारिक सम्बन्ध थे इसलिए बहुत सारे लोग अपने निजी कामों के सिलसिले में उनके घर आते रहते थे। शाम के समय उनकी छत गुलज़ार रहा करती थी और सारा मुहल्ला अचरजभरी नज़रों से देखा करता था कि एक प्रोफेसर से इतने लोग मिलने क्यों आते हैं? यह सब नज़ारा देखकर मुझे आश्चर्य भी होता था कि इस पूरी व्यस्तता में नमिता जी कब कहानियाँ लिख लेती हैं? वे उस समय टीकाराम कन्या महाविद्यालय में पढ़ाती थीं और बाद में प्राचार्य पद से सेवानिवृत हुईं। वे रसायन शास्त्र की अध्यापिका थीं लेकिन हम लोग साहित्य पर उनसे उसी प्रकार बातें करते थे, जितनी डॉ. साहब से। नमिता जी के पिता गिरीशचन्द्र पंत छायावाद के चार स्तम्भों में से एक कविवर सुमित्रानन्दन पंत के भतीजे थे। ज़ाहिर है कि मैंने उन्हें उनके बुढ़ापे में देखा था। बुढ़ापे में निर्मल मन व्यक्ति का चेहरा दिव्य हो जाता है। गांधी जी के युवाकाल के चेहरे और बुढ़ापे के चेहरे से इस अन्तर को आसानी से समझा जा सकता है। नमिता जी के अम्मा और बाबू जी भी बिल्कुल सन्त की तरह अत्यन्त संवेदनशील और सहज-सरल थे। बाबू जी कविता लिखते थे, अपने समय में उनकी कविताएँ पत्र-पत्रिकाओं में प्रकाशित हुई थी। बाद में एक कविता संग्रह भी प्रकाशित हुआ। वे महाप्राण निराला जी के प्रिय थे इसलिए उनकी कविताएँ प्रकाशित होने पर निराला जी गर्व से उनका परिचय कराया करते थे। सुमित्रानन्दन पंत डॉ. साहब के परिवार को बहुत मानते थे। इस बात का अहसास तब हुआ जब हमारी सहपाठी कमलेश गोयल एम.फिल. करने के दौरान पंत जी से मिलने इलाहाबाद गयीं तो पंत जी ने पूछा 'नमिता से मिलकर आयी हो?' उसने अलीगढ़ लौटकर हम सबको बताया तो ज़ाहिर है कि हमारी नज़र में नमिता जी का महत्त्व और अधिक बढ़ गया था।

नमिता जी डॉ. साहब के घर की धुरी थीं। एक पत्नी के अधिकार से अधिक उनका विश्वास कम्यून के रूप में घर को संचालित करने का था। डॉ. साहब वामपंथ की छात्र राजनीति से आये थे इसलिए वे बहुत सामाजिक और खुले हुये थे। अधिकांश अध्यापक अपने शोध छात्रों का परिचय देते हुये कहते हैं कि यह मेरे अंडर में काम कर रहा है लेकिन डॉ. साहब हमेशा कहते कि ये मेरे साथ काम कर रहे हैं। यह बराबरी का व्यवहार था, जिसे उनके दैनन्दिन आचरण में देखा जाता था। बैंक कॉलोनी वाले छोटे-से घर में अक्सर लोग आते रहते थे और कई-कई

दिन ठहरते भी थे। उन दिनों मौखिकी या अन्य अकादमिक कार्यों से आने वाले अध्यापक लोग घरों में ही ठहरा करते थे इसलिए मैंने कई वरिष्ठ अध्यापकों को उनके घर पर ठहरते हुये देखा है। असगर वजाहत, प्रदीप मांडव, सव्यसाची के अलावा दिल्ली से कई कॉमरेड आते और घर पर ही ठहरा करते थे। खाना बनाने वाली एक महिला आती थी लेकिन देर-सबेर आने वालों के लिये नमिता जी ही खाना बनाती थीं। चाय के तो कहने ही क्या, जब भी कोई आया चाय तो बननी ही थी और नमिता जी को बनानी भी थी। लेकिन इस सबमें नमिता जी को किसी प्रकार का आलस्य नहीं था, वे गर्मागर्म बहस में हिस्सा भी लेतीं और किचन भी सँभालती थीं। राजेन्द्र यादव और कमलेश्वर को मैंने पहली बार उन्हीं के घर पर देखा था मराठी के बड़े कवि नारायण सुर्वे से पहली और आत्मीय भेंट वहीं हुई थी। धर्मवीर भारती की पहली पत्नी कांता पंत भी उन्हीं के घर मिली थीं। आपात्काल के तुरन्त बाद सूर्यबाला लाल का कहानी पाठ उनकी छत पर ही हुआ था, जिसमें शहर के बहुत सारे लेखक मौजूद थे। सूर्यबाला लाल के पति लाल साहब उन दिनों अलीगढ़ में ग्लेक्सो में थे।

यह कहना अधिक उचित होगा कि डॉ. साहब और नमिता जी की जोड़ी कहने से अधिक करने में विश्वास करती थी। पारिवारिक समरसता का यह परिवार आदर्श उदाहरण था। कभी कोई वितंडावाद नहीं, कभी थोथी घोषणाएँ नहीं, सब कुछ जैसे मित्रों और विद्यार्थियों के लिये खुला-खुला था। एक बार ब्रजमोहन शर्मा लखनऊ से सुबह-सुबह लौटे तो सीधे बैंक कॉलोनी वाले घर पर आ गये। ज़ाहिर है कि घर में एक ड्राइंग रूम ही था, जहाँ बैठा जा सकता था। बेडरूम के बाथरूम में नल नहीं था इसलिए डॉ. साहब पानी की बाल्टियाँ ड्राइंग रूम से ही लेकर जा रहे थे। ब्रजमोहन शर्मा शोधार्थी कम और कॉमरेड ज़्यादा थे इसलिए उन्होंने वहीं बैठे-बैठे बीड़ी सुलगा ली। जब भी डॉ. साहब वहाँ से गुज़रें तो बीड़ी को छुपा लें और उनके जाते ही फिर से कश लगा लें। बीड़ी चाय तो है नहीं, उसकी गंध से पूरा ड्राइंग रूम भर गया। बीड़ी पीते ही ब्रजमोहन जी जूते उतारकर सोफे पर ही लेट गये। इधर बच्चे स्कूल जाने की तैयारियाँ कर रहे थे और उधर ब्रजमोहन जी ड्राइंग रूम में पसरे हुये थे। रात के जगे थे इसलिए उन्हें नींद भी आ गयी। यह ऐसा अवसर था, जिसमें उनसे कहा भी जा सकता था पर यह सोचकर कि रात का जगा होगा, सोने दो। इसलिए वे आराम से सोते रहे और घर में सुबह-सुबह की सारी तैयारियाँ होती रहीं। ब्रजमोहन जी कासिमपुर पावर हाउस के पास गाँव साथा के रहने वाले थे इसलिए उनकी दुनिया साथा से कासिमपुर पावर हाउस तक ही सिमटी हुई थी। कॉमरेड होने के नाते वे यह मानते थे कि दुनिया में कैसे भी रहा जा सकता है, दुनियादारी को वे

दिखावा और ढकोसला मानते थे। पी-एच.डी. करने के दौरान उन्हें और गोपाल जी को तीन महीने के लिये विभाग में अध्यापक की नौकरी मिल गयी थी। ब्रजमोहन जी के पास अलीगढ़ की भयंकर सर्दी से बचने के लिये कोट नहीं था। इसलिए वे गोपाल जी के साथ रेलवे रोड गये और तिब्बतियों से सस्ता-सा कोट खरीद लाये। गोपाल जी दुनियादार आदमी थे, वे अपनी तरह से रहते थे लेकिन ब्रजमोहन जी में नागर शैली का अभाव था। दूसरे दिन ब्रजमोहन जी उसी कोट को पहनकर विभाग आये तो कई लोगों ने टोका और कई लोग मुस्कुराये लेकिन डॉ. साहब ने अपनी तरह से उन्हें समझाया। उन्हीं तीन महीनों की नौकरी में एक दिन गोपाल जी ने डॉ. साहब के घर पर विभाग से फ़ोन किया, वे घर पर नहीं थे इसलिए फ़ोन नमिता जी ने उठाया। उन्होंने नमिता जी से पूछा 'मैं डॉ. जी.के. शर्मा बोल रहा हूँ डॉ. साहब घर पर हैं?' नमिता जी ने अपने भोलेपन में या कहानी लिखने की मन:स्थिति में फ़ोन को सहजता में लिया। कुछ देर बाद जब डॉ. साहब घर आये तो उन्होंने सहज सूचना दी कि विभाग से डॉ. जी.के. शर्मा का फ़ोन आया था। डॉ. साहब सुनकर तुरन्त समझ गये 'अरे गोपाल होगा।' शाम को गोपाल जी घर आये तो डॉ. साहब ने हँसते हुये दोपहर में किये फ़ोन के बारे में पूछा। गोपाल जी क्या जवाब देते, चुप ही रहे। डॉ. साहब अपने विद्यार्थियों से कभी व्यंग्य में बात नहीं करते थे बाकी और कोई अध्यापक होता तो अपने परिवार के सामने उन्हें 'आइये डॉ. जी.के. शर्मा' या और कुछ और व्यंग्यात्मक बात कहकर शर्मिंदा करता।

बैंक कॉलोनी वाले घर पर ही एक मिल में काम करने वाले कॉमरेड गोकुलदास आते थे। मिल रॉयल टाकीज के आगे और पालीवाल इंटर कॉलेज के पीछे प्रीमियर नगर में थी, जिसे मजदूर हड़ताल से धोखा देकर मालिक ने बन्द कर दिया था। कॉमरेड रामघाट रोड वाले रेलवे फाटक के दाहिनी तरफ़ विष्णुपुरी में एक मकान के पहले वाले तले पर रहते थे, वह छोटा-सा कमरा पार्टी ऑफिस भी था। वे बीड़ियाँ ख़ूब पीते थे। पार्टी की नीति के अनुसार डॉ. साहब उन्हें पार्टी का काम करने और जीविकोपार्जन के लिये कुछ रुपये प्रतिमाह दिया करते थे। कॉमरेड गोकुलदास दुबले-पतले सांवले रंग के सहज व्यक्ति थे, वे ज़्यादातर चुप रहते थे और कोई विशेष बात हुई तो मुस्कुरा दिया करते थे। उनसे मिलकर अच्छा लगता था। मैं अक्सर पार्टी ऑफिस में पत्र-पत्रिकाएँ लेने-देने और उनके साथ चाय पीने जाया करता था। वे जब डॉ. साहब के घर पर मिलते तो उन्हें पार्टी ऑफिस छोड़ने का काम मेरा होता था। मैं उन्हें साइकिल के अगले डंडे पर बैठाकर ले जाया करता था। उनके व्यक्तित्व में ऐसा कुछ नहीं था, जिससे प्रभावित होकर कुछ अतिरिक्त कहा जा सके लेकिन उनकी मंद मुस्कान और सहज चुप्पी मुझे अच्छी लगती थी।

मुझे लगता था कि इस आधुनिक ज़माने में भी इस तरह रहा जा सकता है। मथुरा में सव्यसाची भी इसी तरह एक कमरे के मकान से 'उत्तरार्द्ध' जैसी पत्रिका निकालते थे। वही उनका आवास था और वही सम्पादकीय कार्यालय भी। वे छोटी-छोटी पुस्तिकाएँ लिखकर छपवाया करते थे। उन दिनों मज़ाक में उनसे कहा जाता था कि 'सव्यसाची की किताबें सामान्य आदमी ही नहीं डकैत भी पढ़ते हैं।' उनकी किताबों के नाम होते थे–रास्ता इधर से है, इंदिरा गांधी से एक सवाल तथा वामपंथ ही क्यों? इत्यादि। सव्यसाची साधारण कुर्ता पाजामा पहना करते थे और बाहर जाते समय एक कुर्ता पाजामा थेले में रख लेते थे। वे अपने कपड़ों पर प्रेस नहीं कराते थे। उनके पैरों में हमेशा चप्पलें हुआ करती थीं। उन दिनों एसएफआई के साथियों के लिये स्टडी क्लासेस चला करती थीं, जिसमें दिल्ली के कई साथियों के अलावा सव्यसाची तो आते ही थे और पूरे दिन हमारे साथ रहकर वामपंथ और उसकी विचारधारा के बारे में सहज होकर बताया करते थे। उनके उदाहरण आम जीवन को छूकर निकलते थे, इसलिए वे ग्राह्य थे। वे सबसे इस तरह मिलते थे कि लगता था जैसे वे हमारे ही परिवार के सदस्य हैं। मथुरा जैसी धार्मिक नगरी में वामपंथ को जीवित रखना उन्हीं के बस की बात थी। मथुरा में वे मास्टर जी के सम्बोधन से विख्यात थे।

1977-78 में एक वर्ष के लिये एक कॉलेज में मेरी नियुक्ति अध्यापक पद पर हो गयी थी। उसी दौरान एकदिन मैं विभाग गया। डॉ. साहब के चेम्बर में चाय के दौर तो चलते रहते थे लेकिन अलीगढ़ की परम्परा के अनुसार बड़े ही पैसे दिया करते थे। ज़ाहिर है कि हम सबमें डॉ. साहब ही बड़े थे इसलिए चाय के पैसे भी उन्हें ही देने थे। चाय पीकर डॉ. साहब क्लास लेने चले गये और जब कर्मचारी कप उठाने आया तो मैंने चाय के पैसे देने की कोशिश की तो गोपाल शर्मा ने हँसते हुये कहा 'पी-एच.डी. नाय करनी?' मैं समझ गया कि मैं अनजाने या अपनी नौकरी की धमक में अलीगढ़ की परम्परा को तोड़ रहा हूँ। मैंने शर्मिंदा होकर पैसे जेब में रख लिये। तब एक-दूसरे के बारे में भिड़ाने की परम्परा नहीं थी और डॉ. साहब के यहाँ तो बिल्कुल भी नहीं थी इसलिए न तो गोपाल जी ने उनसे कुछ कहा और न उन्होंने कभी मुझसे पूछा। डॉ. साहब और नमिता जी की यह विशेषता थी कि वे हम लोगों से विभाग की बात कभी नहीं करते थे और न कभी किसी अध्यापक से मिलने और न मिलने के निर्देश ही देते थे। विभाग के बारे में बहुत सारी बातें हम अन्य अध्यापकों और विद्यार्थियों से ही जान पाते थे। गोपाल जी ज़ैदी साहब के कमरे में उनके साथ सिगरेट पीने अक्सर जाया करते थे और यह बात सभी को मालूम थी कि डॉ. साहब और ज़ैदी साहब के सम्बन्ध अच्छे नहीं है लेकिन डॉ. साहब ने गोपाल जी को ज़ैदी साहब से मिलने के बावत कभी मना नहीं किया। घर में भी देश

और विश्व की राजनीति, साहित्य और साहित्यकार, पत्र-पत्रिकाओं में छपी सामग्री और नयी किताबों पर ख़ूब बातें होती थीं लेकिन उनके सम्बन्ध किससे अच्छे हैं या किससे नहीं, इसके बारे में कभी कोई चर्चा नहीं करते थे।

उन दिनों दो लोग अपनी-अपनी तरह से प्रभावित करते थे, एक, नरेन्द्र तिवारी और दूसरे, राजेन्द्र जनवादी। नरेन्द्र तिवारी सरकार के नेहरू युवा केन्द्र में समन्वयक के पद पर थे। उनकी साहित्य में रुचि थी, वे कविताएँ लिखते थे। इसलिए अक्सर डॉ. साहब के घर पर आया करते थे। वे आगे से पीछे की ओर बाल काढ़ा करते थे और ज़्यादातर हँसते-मुस्कुराते रहते थे। साहित्यिक बहस में वे बहुत कम हिस्सा लेते थे लेकिन लखनऊ के किस्से ख़ूब सुनाया करते थे। रामघाट रोड से जाते हुये मैं और गोपाल शर्मा अक्सर उनके दफ्तर जाया करते थे। हम लोगों से वे बहुत विनम्र आत्मीयता से मिलते थे। राजेन्द्र जनवादी फक्कड़ युवा थे। मुझसे उम्र में छोटे ही थे। उनके अन्दर ग़ज़ब का साहस था। 1979 में अलीगढ़ में भयंकर दंगे हुये थे। पुराने शहर में कर्फ्यू लगा हुआ था। इसी बीच डॉ. साहब को कोई सामग्री मामू भांजा मुहल्ले में पहुँचानी थी, कहना न होगा कि मामू भांजा गांधी पार्क और रेलवे रोड के बीच में व्यस्त जगहों में से एक है। वहाँ तक जाने के लिये रेलवे पुल पार करना ज़रूरी था और रेलवे पुल से उतरते ही पुराना अलीगढ़ शुरू हो जाता है जो भयंकर दंगों की चपेट था। कर्फ्यू के दौरान चप्पे-चप्पे पर पुलिस खड़ी रहती है और उस समय उसका डंडा राज अपने चरम पर होता है लेकिन राजेन्द्र जनवादी तुरन्त तैयार हुये और भर कर्फ्यू में पुलिस के डंडे खाकर सामग्री पहुँचाकर आ गये। उनका पूरा नाम राजेन्द्र शर्मा था इसलिए श्राद्ध पक्ष में हँसते हुये कहा करते थे कि 'ब्राह्मणों को ही भोजन कराना है तो जनवादी ब्राह्मणों को कराना चाहिये क्योंकि उनसे पवित्र और कोई नहीं होता।' मेरी जानकारी में उन्हें कभी किसी ने श्राद्ध खाने के लिये निमन्त्रित नहीं किया। राजेन्द्र जनवादी बाद में कहाँ गये, पता नहीं लेकिन इतना याद है कि उनके मन में किसी के प्रति कोई विकार नहीं था। डॉ. साहब के प्रति बेहद ईमानदार और हम लोगों के सहज साथी और मित्र थे। उन्हें नाराज़ होते या किसी के बारे में कोई अपशब्द कहते हुये मैंने कभी नहीं सुना। उनके पास एक पुरानी-सी साइकिल थी और बहुत ही साधारण-से कपड़े लेकिन अपनी ज़रूरतों के बारे में उन्होंने कभी कुछ नहीं कहा। अलीगढ़ में ऐसे कई विद्यार्थी थे, जो पूरे विभाग में डॉ. साहब का ही लिहाज़ करते थे और उन्हीं से डरते भी थे। उमेश कुमार सिंह, अजय दत्त स्वतन्त्र, राजा राज किशोर उपाध्याय और राम सिंह ऐसे छात्र थे, जो डॉ. साहब के साथ न तो शोध कार्य कर रहे थे और न उनका विषय ही कथा साहित्य था। राजा राजकिशोर तो एम.ए. संस्कृत करने के बाद नौकरी करने लगे थे लेकिन वे अक्सर कहा करते

थे कि 'मैं पूरी यूनिवर्सिटी में केवल डॉ. साहब का लिहाज़ करता हूँ।' मैंने ख़ुद देखा था कि वे अधिकांश अध्यापकों के साथ सिगरेट पिया करते थे, शराब पीने का उन दिनों ज़्यादा शौक नहीं था वरना वे अध्यापकों के साथ बैठकर शराब भी पी सकते थे। विभाग के ही एक अध्यापक डॉ. बुद्धसेन नीहार के यहाँ वे अक्सर जाया करते थे। उन दिनों उनकी पत्नी कोयले की अंगीठी पर खाना बनाया करती थीं और राजा राजकिशोर आराम से आग तापते हुये उनके यहाँ खाना खाते थे। हमारे साथ शुभा भी पढ़ती थीं, उनके पिता डॉ. परमानन्द शास्त्री संस्कृत विभाग में थे। परमानन्द जी का घर मैरिस रोड पर डॉ. रवीन्द्र भ्रमर के घर के पास था। बाद में वहीं पर डॉ. गेंदालाल शर्मा ने भी अपना घर बनवा लिया था। शुभा की बड़ी बहन सुषमा ने हमसे पहले एम.ए. हिन्दी किया था, वे काशी हिन्दी विश्वविद्यालय के दिग्गज प्रो. विजयपाल सिंह के दामाद गोविंदपाल सिंह के साथ पढ़ती थीं। विजयपाल सिंह जी हिन्दी विभाग के अध्यक्ष प्रो. हरवंश लाल शर्मा के मित्र थे और विभाग के ही रीडर डॉ. नज़ीर मुहम्मद के गाँव के थे। इसलिए उस सत्र में विजयपाल सिंह जी के दामाद गोविंद पाल सिंह को गोल्ड मेडल मिलना तय था, जो मिला भी। इसके दूसरे वर्ष विभाग के ही वरिष्ठ रीडर डॉ. गोवर्धनलाल शुक्ल की बेटी प्रतिभा शुक्ल को गोल्ड मेडल मिला। लेकिन जिस राजशेखर को उनके पिता विभाग में रीडर डॉ. शिवशंकर शर्मा राकेश ने प्रतिभा शुक्ल के कारण बी.एड. कराने भेज दिया था, उसका दुर्भाग्य था कि उसे गोल्ड मेडल नहीं मिल सका।

उमेश कुमार सिंह बलिया के राजपूत थे। मैरिस रोड पर उनका तेल का कारखाना था, जिसे उनके पिता और चाचा चलाते थे। उमेश कुमार सिंह अपने पिता के बड़े बेटे थे और उनके चाचा के बेटे गंगा शरण सिंह थे, जो हमारे उदार दोस्तों में से एक थे। उमेश कुमार सिंह डॉ. गिरिधारीलाल शास्त्री के निर्देशन में 'नयी कविता और जीवन मूल्य' विषय पर शोध कार्य कर रहे थे। एक बार मौखिकी के सिलसिले में अमृतसर से प्रो. रमेश कुंतल मेघ को अलीगढ़ आना था। जैसे ही उमेश जी को यह सूचना मिली तो उन्होंने डॉ. साहब से अनुरोध किया कि वे अपने शोध कार्य के सिलसिले में मेघ जी से मिलना चाहते हैं। डॉ. साहब को इस बात से क्या परेशानी हो सकती थी, वैसे भी वे छात्र वत्सल थे इसलिए उन्होंने हाँ कह दी। मेघ जी डॉ. साहब के घर पर ही ठहरे हुये थे। शाम को मैं, गोपालजी और उमेश जी डॉ. साहब के घर गये। डॉ. साहब ने उमेशजी का परिचय मेघ जी से कराया और उनकी समस्या भी बताई। मेघ जी ने उमेश जी से पूछा 'मूल्य क्या हैं? आप मूल्यों को किस तरह परिभाषित करते हैं?' उमेशजी तेल बेचा करते थे इसलिए उन्होंने तुरन्त कहा जैसे 'बाज़ार मूल्य'। मेघ जी ने कुछ इधर-उधर की बातें कीं और वे शोधार्थी का बौद्धिक

स्तर देखकर चुप हो गये। बहुत देर तक हम लोग मेघ जी से बातें करते रहे, वह शाम बौद्धिक विचार-विमर्श के लिये यादगार शाम थी। उमेश जी की परेशानी यह थी कि उनके शोध निर्देशक के पास अपने शोधार्थियों के लिये बिल्कुल भी समय नहीं था। शास्त्री जी तो अपनी निर्धारित कक्षाएँ लेने के लिये भी कचहरी से सीधे आते थे और लौटकर चले जाते थे। कहते हैं कि अपने अध्ययनकाल में वे हाई स्कूल से लेकर एम.ए. तक टॉपर रहे थे लेकिन उन्होंने जिस जीवन का चयन किया था, वह अध्यापकों के लिये तो बिल्कुल भी उचित नहीं कहा जा सकता। उमेश जी सीधे थे, गंगा के नाते मेरे तो बड़े भाई की तरह थे लेकिन थे वे 'प्रेमचन्द की कहानी के बड़े भाई साहब ही।' रामसिंह अत्रि को हड्डियों की ऐसी बीमारी थी कि वे जागते, सोते और बैठे हुये भी हाथों को किसी वस्तु से ठकठकाते रहते थे। उन्होंने बताया कि उनके शरीर में हमेशा दर्द रहता है इसलिए वे ठोकते रहते हैं। वे भी गिरिधारी लाल शास्त्री के निर्देशन में ही शोध कर रहे थे। उनका शोध कार्य नवगीतों पर था पर शास्त्री जी मुकदमे लड़ें या नवगीत समझायें? इसलिए वे भी निर्देशन के लिये मारे-मारे फिरते थे। हम लोग भाग्यशाली थे कि हमें डॉ. कुंवरपाल सिंह जैसे शोध निर्देशक मिले, जो हमेशा अपने शोधार्थियों के लिये सहज उपलब्ध रहते थे।

डॉ. साहब को मेडिकल कॉलेज के पास मेडिकल कॉलोनी में बड़ा बंगला मिल गया था इसलिए बैंक कॉलोनी वाला घर छूट गया। मैं और शोभा एक साथ इसी बंगले में पहली बार मिलने गये थे। हम संकोच के कारण रामदत्त गहतोड़ी जी के घर पर ठहरे थे। डॉ. साहब ने मिलते ही पूछा 'कहाँ ठहरे हो?' तो मैंने कहा रामदत्त जी के घर। उन्होंने तुरन्त कहा 'सीधे जाओ और सामान लेकर यहाँ आ जाओ। और भविष्य में भी यहीं आना है, यह भी तुम्हारा ही घर है।' उन दिनों उनके घर पर एक मातबर कुत्ता था, जिसका मुँह और दहाड़ शेर जैसी थी। शहरयार साहब सामने रहते थे, वे जब भी घर आते तो फ़ोन करके कहते 'ठाकुर अपना कुत्ता बाँध लो मैं आ रहा हूँ।' डॉ. साहब हँसते हुये उनसे कहते 'तुम शायर तो बड़े हो लेकिन आदमी बहुत डरपोक हो।' वे हँसकर रह जाते। कुत्ते से भय का कारण उसके काटने के बाद लगने वाले चौदह इंजेक्शन हैं। एक बार मैं अपनी चचेरी बहन के घर बड़ौत गया हुआ था। सुबह मैं अपनी चारपायी पर अलसायी नींद में था, गर्मियों के दिन थे। मैंने उनके कुत्ते को देखा तो चद्दर से मुँह ढंककर सो गया। कुत्ता मेरे पेट पर आकर बैठ गया और मैं साँस रोके चुपचाप लेटा रहा। मुझे डर था कि मैंने बहन को आवाज़ दी तो यह काट लेगा। थोड़ी देर बाद मेरी बहन आयी और उसने कुत्ते को भगाया। वे इस बात से दुखी थीं कि मैंने जोर से आवाज़ लगाकर बताया क्यों नहीं?

मेडिकल कॉलोनी वाले बंगले से वे सीधे रामघाट रोड वाले अपने घर में ही आये। घर के सामने पार्क था और खुली-खुली जगह थी। मकान दो मंजिल का था, नीचे बड़ा ड्राइंग रूम, पास में एक कमरा, सामने एक और कमरा तथा बाईं ओर पर थोड़ी खाली जगह और किचिन थी। खाली जगह पर डाइनिंग टेबल और कुर्सियाँ लगा दी गयी थीं। वहीं से ऊपर जाने के लिये रास्ता था। किताबों के लिये कोई जगह तय नहीं थी, सामने वाले कमरे से लेकर ऊपर तक किताबें और पत्रिकाओं का अंबार लगा रहता था। उनका बेडरूम ऊपर था लेकिन दिन के समय नमिता जी और डॉ. साहब नीचे ही रहते थे। उनके घर पर लोगों का आना-जाना बहुत था। अवकाश प्राप्ति के बाद प्राय: लोगों का आना और फ़ोन करना कम हो जाता है लेकिन डॉ. साहब के यहाँ अवकाश प्राप्ति की कोई छाया दूर-दूर तक नहीं थी। किसिम-किसिम के लोग आते, विश्वविद्यालय के प्रोफेसर आते, क़ाज़ी साहब आते, शहरयार साहब आते, जलेस और जनवादी महिला संगठन से जुड़े लोग आते, लेखकनुमा पत्रकार आते, उनके पुराने विद्यार्थी आते और विश्वविद्यालय में अकादमिक कार्यों से आने वाले नये पुराने साथी आते इसलिए घर हमेशा गुलज़ार रहता था। यहाँ तक कि पुराना माली भी आता और पूरी श्रद्धा से भरकर आता। इसी बीच उनके बेटे सोनू की शादी हुई। बारात को लखनऊ जाना था। बरातियों की सूची बनाई गयी, कई बार काटा-जोड़ा गया लेकिन सूची लम्बी होती जा रही थी। इसलिए तय किया गया कि बारात में केवल विद्यार्थी और उनके परिवार के लोग जायेंगे बाकी यदि एक को भी ले गये तो सौ नाराज़ होंगे। बारात के लौटने के बाद स्वागत समारोह आयोजित किया गया, उन दिनों शहर में कर्फ्यू लगा हुआ था। लोग आयें कैसे? डॉ. साहब ने सोनू के ससुर साहब की सहायता लेकर एक प्रशासनिक अधिकारी को कर्फ्यू के पास बनाने के लिये वहीं बैठा दिया। सुबह कई हितैषियों ने डॉ. साहब को राय दी थी कि इस कर्फ्यू के संकट में कौन आयेगा इसलिए माल कम बनवाइये। डॉ. साहब ने स्पष्ट कहा कि सब आयेंगे और सामान उतना ही बनेगा, जितना तय हुआ है। लोग आये और सब आये। धर्म समाज कॉलेज में हिन्दी प्राध्यापक डॉ. वेद प्रकाश अमिताभ ने हँसते हुये कहा 'अभी दावत खाई है और अब पुलिस के डंडे खायेंगे।' लेकिन ऐसी नौबत किसी के सामने नहीं आयी, सबकी जेबों में कर्फ्यू पास थे। रानी की शादी में बारात को सुबह 4 बजे आना था इसलिए मैं, गोपाल शर्मा और रामवीर एक पलंग पर पूरी रात पुरानी बातों को याद करते रहे और तीन बजे स्टेशन पर बारात का स्वागत करने पहुँच गये। दोनों शादियों में दिल्ली और आसपास के लेखकों की उपस्थिति अलीगढ़ के साहित्यिक जगत के लिये महत्त्वपूर्ण थी। बेटी

की शादी में नमिता जी और डॉ. साहब ने कन्यादान करने से मना कर दिया था। मुझे प्रेमचन्द याद आये, जिन्होंने उस समय कन्यादान नहीं किया था और कहा था कि 'गाय थोड़े ही है जो दान कर दूँ, मेरी बेटी है जो हमेशा बेटी ही रहेगी।' लेकिन रानी की विदाई के समय उनकी आँखें भीगी हुई थीं। ऐसे समय में बेटियाँ ज़्यादा साहस का परिचय देती हैं, वे एक ओर माता-पिता को सँभालती हैं तो दूसरी ओर अपने बचपन की भावुक स्मृतियों को।

अब डॉ. साहब नहीं है, यह कहना ग़लत है, सही यह है कि वे अलीगढ़ में नहीं हैं। नमिता जी भी अपने बेटे सोनू के पास हैदराबाद रहती हैं। अब वह घर भी नहीं है इसलिए मेरा गुरुकुल भी वहाँ नहीं है। मेरा वह कम्यून जिसने मुझे गढ़ा, जिसने भविष्य के लिये तैयार किया, जिसने अपने समय को देखने की चेतना दी, जिसने मुझे एक बड़े समाज से जोड़ा, वह कम्यून अब अलीगढ़ में नहीं है इसलिए कई बार लोग पूछते हैं कि अलीगढ़ कब से नहीं गये? मैं कुछ नहीं कहता, अन्दर ही अन्दर सोचता हूँ अलीगढ़ में अब किससे मिलने जाऊँगा? मेरा वह गुरुकुल मेरा वह कम्यून अब वहाँ नहीं है।

जीवन और सृजन में वैचारिक धार

यह 1976 का ढलता हुआ और आपात्काल का तपता हुआ वर्ष था, जब मैं एम.ए. हिन्दी उत्तीर्ण करने के बाद शोध कार्य करने के लिये तैयार हो रहा था। विभाग और उसके प्राध्यापकों से अपने अध्ययन के दौरान मैं लगभग परिचित हो गया था। परिचय यानी मैं यह भी जान गया था कि आधा शोध शोध-निर्देशक पर निर्भर होता है, यदि शोध निर्देशक पढ़े-लिखे और अच्छे व्यक्ति हों तो आगे कोई परेशानी नहीं आती । एम.ए. के दो वर्षों के दौरान मेरी यह भी समझ में आ गया था कि विभाग में डॉ. कुंवरपाल सिंह ही ऐसे प्राध्यापक हैं, जो अपने विद्यार्थियों के साथ हमेशा खड़े रहते हैं। वे अपनी कक्षाओं में समय के प्रति पूरी तरह प्रतिबद्ध रहते थे और कई बार जब सर्दियों में पढ़ने से अधिक चाय पीने में रुचि होती थी तब डॉ. साहब को साइकिल स्टेंड पर साइकिल खड़ी करते देखकर हमारी सारी इच्छाएँ काफूर हो जाया करती थीं और हम मन मसोस कर रह जाते थे। तब तक डॉ. नमिता सिंह से मेरा व्यक्तिगत परिचय नहीं हुआ था। 'सारिका' अप्रेल, 1973 अंक में उनकी कहानी 'एक निर्णय' पढ़ ली थी और यह भी जान लिया था कि वे डॉ. कुंवरपाल सिंह की पत्नी हैं लेकिन मिलने का कोई अवसर तब तक नहीं मिला था।

1976 जब समाप्ति की ओर था तब किसी महीने की किसी शाम मैं अपने वरिष्ठ गोपाल शर्मा के साथ डॉ. कुंवरपाल सिंह के घर पहली बार गया था। घर मैरिस रोड पर बैंक कॉलोनी में था। घर जितना छोटा था, छत उतनी ही बड़ी थी। छोटी-सी घुमावदार सीढ़ियाँ चढ़कर ऊपर जाते थे। मैंने पहली बार नमिता जी को वहीं देखा था। यह सही अर्थों में देखना भर था। जितनी देर मैं और गोपाल जी घर पर रहे उतनी देर या तो कोई आता जाता रहा या पत्र-पत्रिकाओं की बातें होती रहीं। बातें डॉ. साहब से ही हुईं नमिताजी बीच-बीच में आती रहीं और कुछ देर बैठी भी रहीं लेकिन परिचय के अलावा कोई बात नहीं हुई। बातें न करने की वजह मेरा संकोच ही था। मैं तो पहली बार उनके घर गया था और बगैर किसी काम के गया

था, तब शोध में मेरा पंजीकरण भी नहीं हुआ था लेकिन मुझे यह नहीं लगा कि मैं अवांछित हूँ। बाद में उनके घर आने-जाने की गति बढ़ी। शोध की तैयारी के दौरान कथा साहित्य पर ध्यान केन्द्रित किया तब नमिता जी की कहानियों को भी पढ़ना शुरू किया। धीरे-धीरे उनसे बातचीत भी शुरू हुई। गाँव से शहर गये युवाओं में स्त्रियों से बातें करते समय विशेष प्रकार का संकोच होता है, जो मेरे मन में भी था। वह संकोच मेरे पूरे अस्तित्व पर काबिज था इसलिए चाहकर भी उससे मुक्त होने की इच्छा मेरे मन में उस समय तक उत्पन्न नहीं हुई थी। नमिता जी से बातें होतीं तो साहित्य पर ही अधिक होतीं और विशेषकर जो पढ़ा है या जो पढ़ा जा रहा है, उस पर ही चर्चा केन्द्रित रहती थी। वे टीकाराम गर्ल्स कॉलेज में रसायन शास्त्र पढ़ाती थीं लेकिन साहित्य में उनकी रुचि, गति और सक्रियता देखने योग्य थी। बहुत बाद में मेरे ही साथ शोध कर रही कमलेश गोयल ने बताया कि 'वे अभी पंत जी से मिलने इलाहाबाद गयी थीं, तब पंत जी ने नमिता जी के बारे में बताया कि वे उनकी पोती हैं।' यह सुनकर मेरे मन में उनके प्रति श्रद्धा और अधिक बढ़ गयी थी। पंत जी युवा मन में सपनों के पंख लगा देने वाले सुकुमार कवि थे।

नमिता जी ने अपने बारे में कभी कुछ नहीं बताया और न डॉ. साहब ने ही लेकिन पत्र-पत्रिकाओं और घर आने वाले साहित्यिक लोगों से मैं उनके बारे में बहुत कुछ जानने लग गया था। मुझे यह देखकर कई बार आश्चर्य भी होता था कि वे घर पर आने वाले हर व्यक्ति का स्वागत करने में पीछे नहीं रहती थीं इसके साथ ही घर पर होने वाली चर्चाओं में भी वे उपस्थित रहती थीं तब वे कब पढ़ती और लिखतीं होंगी? मेरे इस आश्चर्य के मूल में हमारी अपनी दिनचर्या थी, जो विभाग, पुस्तकालय और मित्रों के बीच में साहित्य पर ही केन्द्रित रहती थी यानी हम उसके अलावा और कोई काम ही नहीं करते थे। लेकिन नमिताजी का तो घर था, दो छोटे बच्चे थे, नौकरी थी, आने-जाने वालों का वृहत् समाज था फिर भी वे हँसते मुस्कुराते सबका ध्यान रखतीं थीं। चाय का भगोना तो जैसे गैस पर हमेशा चढ़ा ही रहता था।

जैसे-जैसे हमने नमिता जी के औदात्य और उनके सरोकारों को जाना वे हमारे लिये जेनी, क्रुप्सकाया और दुर्गा भाभी जैसी थीं। जब मैं पहली बार उनसे मिला था, तब उनकी उम्र 32-33 वर्ष की थीं लेकिन उनके व्यवहार और आचरण से उम्र का नहीं उनके अनुभव, संवेदनशीलता और ज़िम्मेदारी का प्रभाव पड़ा था। कब मैं उनके अपने घर का सदस्य हो गया और कब मेरी अनन्त चिन्ताएँ उनकी अपनी हो गयीं, यह मालूम ही नहीं हुआ। मुझे केवल इतना मालूम हुआ कि अलीगढ़ में

अब मेरा भी अपना एक घर है, जिसमें मेरे सुख-दुखों का अनिवार्य हिस्सा सुरक्षित है। यह अनुभव सिर्फ़ मेरा ही नहीं था बल्कि यहाँ आने वाले हर उस व्यक्ति का था, जो घर में घर की तरह आता था। इसकी लम्बी परम्परा है, जिसमें प्रो. असगर वज़ाहत, प्रदीप मांडव, डॉ. ब्रजमोहन शर्मा, डॉ. गोपाल शर्मा, प्रो. रामवीर सिंह, डॉ. फैयाज, प्रो. राजीव लोचन शुक्ल, प्रो. आशिक बालोत, प्रो. देवेन्द्र गुप्ता एवं अजय बिसारिया के साथ वे लोग भी शामिल हैं, जो कभी न शोध छात्र रहे और न हिन्दी विभाग से उनका कोई लेना-देना था लेकिन वे सब नमिता जी के वृहत् परिवार के सदस्य थे। शोभा पालीवाल, सीमा शर्मा, सविता सिंह तथा फरहा ज़ुबेरी के साथ हमारे अपने बच्चे परिवार के ऐसे ही सदस्य थे, जैसे सोनू, रानी, अमिय मोहन, श्रद्धा और श्रेया थे। सोनू की शादी में बहुत विचार-विमर्श के बाद यह तय हुआ कि यदि विश्वविद्यालय से किसी एक को भी लिया तो सौ नाराज़ होंगे इसलिए अपने शिष्यगणों के परिवार के अलावा और किसी को बारात में चलने के लिये नहीं कहा जाये। शादी के बाद होने वाले आशीर्वाद समारोह में उन सब मित्रों, शुभचिन्तकों और रात-दिन साथ में काम करने वाले सभी दोस्तों को बुलाया जाये। इस निर्णय में नमिता जी की भूमिका बड़ी और दूरगामी थी, इस तरह के निर्णय ऐसे परिवारों के लिये दिक्कततलब होते हैं, जहाँ आने वाला हर आदमी अपना और अपने परिवार का सदस्य जैसा हो। मेरे गुरु प्रो. कुंवरपाल सिंह एएमयू के केपी भाई थे और नमिता जी जनवादी महिला संगठन के साथ जनवादी लेखक संघ की पदाधिकारी। प्रो. केपी सिंह अकेले ऐसे अध्यापक थे, जो अपनी विचारधारा के बल पर अकादमिक परिषद से लेकर ईसी तक के सबसे लोकप्रिय निर्वाचित सदस्य थे। कई बार अकेले में हिन्दू अध्यापक हिन्दू मुस्लिम की राजनीति करते तो वे उन्हें साफ़ तौर पर कहते कि 'आपको लगता हो कि आपके हर सुख-दुख में मैं आपके साथ खड़ा रहता हूँ तो वोट दीजिये।' यह सही है कि हिन्दू मुसलमान करने से एएमयू जैसी बड़ी संस्था में किसी हिन्दू का जीतना मुश्किल ही नहीं असम्भव भी है।'

प्रो. केपी सिंह और नमिता जी की पारिवारिक पृष्ठभूमि एकदम अलग थी लेकिन दोनों की समझदारी और समझ के दायरे का आयतन और आधार बड़ा था। मेरे गुरु हाथरस (अलीगढ़) के पास के ठेठ गाँव के थे और नमिता जी लखनऊ में पढ़ी-बड़ी हैं। लखनऊ को राजनेताओं ने कितना भी बिगाड़ा हो फिर भी बहुत सारा लखनऊ अब भी बचा है, जिस पर गर्व किया जा सकता है। सामान्य किसान परिवार से आये मेरे गुरु के पास वाम छात्र संगठनों के अनुभव से अधिक वाम

विचारधारा थी, जिस पर वे हमेशा गर्व करते रहे। एक कार्यक्रम में उन्होंने कहा था 'मेरे जीवन की यदि कोई बड़ी उपलब्धि है तो वह पार्टी का कार्डहोल्डर होना है।' और नमिता जी कुमाऊँ के सम्भ्रान्त पंत परिवार से आयी थीं, उनके मझले बाबा देवीदत्त पंत और छोटे बाबा सुमित्रानन्दन पंत थे। पहले आम चुनाव के बाद मझले बाबा से पं. नेहरू ने उत्तर प्रदेश का मुख्यमन्त्री बनने के लिये कहा तो उन्होंने टालते हुये हँसकर जवाब दिया 'मैं अब सीएम बीएम नहीं बनता, अब बनूंगा तो पीएम ही बनूंगा।' इसके बाद ठहाके लगाने वालों में देश के प्रधानमन्त्री पं. जवाहर लाल नेहरू और कुमायूं से सांसद देवीदत्त पंत थे। नमिता जी के 'बाबा हरदत्त पंत चार भाई और चार बहनों में सबसे बड़े थे। उन्होंने बरेली कॉलेज से 1908 में ग्रेजुएशन किया था। उस ज़माने में बरेली कॉलेज इलाहाबाद यूनिवर्सिटी से सम्बद्ध था। ग्रेजुएशन में उन्होंने फिलासफी, अंग्रेज़ी और संस्कृत के साथ सर्वाधिक अंक लेकर सर्वोच्च स्थान प्राप्त किया और उन्हें गोल्ड मेडल मिला। द्वितीय भाषा के रूप में संस्कृत में उन्हें सर्वाधिक अंक मिले जिसके लिये उन्हें सिल्वर मेडल मिला।' नमिता जी को जब एम.एस-सी. में गोल्ड मेडल मिला तो उनके छोटे बाबा सुमित्रानन्दन पंत जी ने कहा कि 'मुझे तुम पर गर्व है। दद्दा के बाद तीसरी पीढ़ी में तुम्हें गोल्ड मेडल मिला है।' एम.एस-सी. करने के बाद शोध जैसे उबाऊ काम में उनका मन नहीं लगा और अलीगढ़ के टीकाराम कन्या महाविद्यालय में प्राध्यापक बन गयीं। लेकिन किसान नेता ज़ेड.ए. अहमद की पत्नी हाज़रा आपा, विमला फारुखी और सुरजीत कौर के साथ महिला फेडरेशन में काम करने की इच्छा अब भी बलवती थी। वे उन सबसे लखनऊ में न केवल मिल चुकी थीं बल्कि उनके साथ महिला फेडरेशन में काम भी किया था। महिला फेडरेशन की सक्रिय कार्यकर्ता सुरजीत कौर ने एक बार नमिता जी से कहा था 'अच्छा लिखने का शौक है तुम्हें! कहानियाँ, कविताएँ! देखो, इस भीड़ को, इन औरतों को, इनके लिये कुछ लिखो ना।' कई बार कुछ बातें इस तरह कही जाती हैं कि वे भविष्य के लिये गुरुमन्त्र बन जाती हैं। नमिता जी के लिये भी यह वाक्य गुरुमन्त्र बन गया जो उनके लेखन में वैचारिक ताप का आधार बना।

नमिता जी जिस दौर में कहानियाँ लिख रही थीं, वह आपात्काल का संधिकाल और उसके बाद का दौर था। 1970 और 80 के बीच का यह दौर भारतीय राजनीति में एक ओर कट्टरता का था तो दूसरी ओर उसका प्रतिरोध भी उतना ही सबल और सशक्त था। बंगाल में नक्सलवाद जिस तेजी से फैल रहा था, उसी गति से वहाँ की कांग्रेस सरकार किसान, मजदूर और युवाओं के आन्दोलनों को कुचलने

के लिये तमाम तरह के हथकंडे अपना रही थी। कहना न होगा कि 'हज़ार चौरासीवें की मां' जैसा उपन्यास उसी दौर में लिखा जा सकता था। इन तमाम प्रतिरोधी आन्दोलनों ने देश में वामपंथ को न केवल मजबूत किया बल्कि अपनी तरह से सत्ता में आने का रास्ता भी प्रशस्त किया। हिन्दी में रंगीन पत्रिकाओं के बहिष्कार और लघु पत्रिकाओं की मजबूती का भी यही समय था। आपात्काल के बाद एक ओर लघु पत्रिकाओं की संख्या में आशातीत वृद्धि हुई तो दूसरी ओर वैचारिक लेखन के लिये प्रतिबद्धता बढ़ी। नमिता जी इसी ताप से तपे समय की महत्त्वपूर्ण कथाकार हैं। लखनऊ और अलीगढ़ के बीच महिला फेडरेशन में पूर्णतया काम करने की जो कशमकश थी, वह अब निर्णायक रूप ले चुकी थी। कई बार समय और स्थितियाँ अनिर्णय की मानसिकता को निर्णय का ठोस आधार देती हैं। मुझे यह कहने में कोई गुरेज़ नहीं है कि अलीगढ़ और डॉ. केपी सिंह जैसे जीवन साथी के साथ रहने और आगे बढ़ने के कारण उनकी वैचारिक यात्रा को और अधिक गति मिली। उनका घर एक प्रकार से कम्यून की तरह था, जहाँ वैचारिक आन्दोलन के प्रचार-प्रसार के लिये यथार्थ की खुरदरी ज़मीन पर काम होता था। किसान, मजदूर, छात्र और विश्वविद्यालय के तमाम संगठनों के लोगों के लिये वह अपना घर था, जहाँ वे कभी भी आ सकते थे। कई बार ऐसा होता कि सब खाना खा चुके होते और उसी समय घंटी बजती। जिस आदमी ने घंटी बजाई थी, वह किसी मीटिंग से सीधे नमिता जी के घर आया था, भूख लगी थी जो चेहरे पर साफ़ दिख रही थी। नमिता जी ने खाने के लिये पूछा और किचिन में जाकर तैयारियाँ करने लगीं। मेरे गुरु हमेशा कहते थे कि 'तुम कैसे पहचान लेती हो कि यह आदमी भूखा है?' सवाल भूख का नहीं है, विश्वास का है जो संगठनों से जुड़े व्यक्तियों के लिये यह भरोसा देता था कि एक घर है, जहाँ पहुँचकर कभी भी खाना खाया जा सकता है। हम विद्यार्थियों में से कई ऐसे थे, जो खाने के समय पहुँच गये तो खाना खाकर ही लौटते थे। नमिता जी के घर में एक महिला खाना बनाने आती थी, जिसे मालूम था कि कितनी रोटियाँ बनानी हैं। वह निर्धारित समय पर तय मात्रा में रोटियाँ बनाकर चली जाती। ज़ाहिर है कि रोटियाँ कम होतीं और खाने वाले बढ़ जाते तब डबल रोटियाँ खाने वाले मेरे गुरु और नमिता जी होतीं थीं। डबल रोटियाँ खाने के लिये भोला-सा तर्क दिया जाता कि हमें डबल रोटियाँ पसन्द हैं। डबल रोटियाँ नाश्ते के समय खाई जाती हैं, लंच के समय कौन खाता है लेकिन इस तर्क के पीछे आने वाले को यह अहसास कराया जाना था कि वे आराम से रोटियाँ खायें। यह तर्क उसकी झिझक को दूर करने के लिये था, जो गढ़ने की जगह आत्मीयता से उपजता था।

उर्दू अदब के तारीखी अफसानानिगार क़ाज़ी साहब अक्सर शाम को आते थे, उनकी बातों से यह पहचान लिया जाता था कि वे किस मूड में हैं। एक शाम खाने का समय था तो नमिताजी ने पूछा क़ाज़ी साहब खाना खा लीजिये। उन्होंने कहा 'पेट खराब है।' नमिता जी ने कहा–'तब आप खिचड़ी खाइये।' क़ाज़ी साहब ने त्वरित गति और आत्मीय अधिकार से कहा 'तो बना दीजिये।' घर में रोटियाँ बनी रखी हैं, खाने का समय है और नमिता जी सारा काम छोड़कर रसोईघर में क़ाज़ी साहब के लिये खिचड़ी बना रही हैं। इतने दिनों बाद प्राध्यापकों के इकलखोरे स्वभाव को देखकर यह सब किस्सा कहानी की तरह लग सकता है लेकिन यह ऐसा यथार्थ है जो हम लोगों ने प्रत्यक्ष होते देखा है। अब घरों में दिखावा अधिक है इसलिए अकेले होने के खतरे भी उतने ही बढ़ते जा रहे हैं। जयपुर में एक आचार्य थे, जिन्हें यह भरोसा था कि अवकाशप्राप्ति के बाद भी लोग उनके दंभ को सहन कर सकेंगे लेकिन जब ऐसा नहीं हुआ तो वे अवकाशप्राप्ति के एक महीने के भीतर ही मर गये। कहते हैं कि पूरे-पूरे दिन जब कोई फ़ोन नहीं आता था तब भी वे दौड़-दौड़कर फ़ोन के पास जाते थे, उनके दिमाग में फ़ोन की घंटी बजती रहती थी। ऐसी घंटियाँ हम लोगों में से कईयों के दिमागों में बजती रहती हैं, जो हमारे अकेले होने को और बढ़ाती हैं लेकिन नमिता जी के घर में तो ऐसा टेलिफ़ोन था, जिसकी घंटी बजाने वाले कई आत्मीय और पारिवारिक लोग थे। जब-तक मेरे गुरु जीवित रहे, तब-तक आने जाने वालों की संख्या में कोई कमी नहीं आयी थी और बाद में नमिता जी की अपनी सामाजिक-राजनीतिक-साहित्यिक सक्रियता थी, जिसकी वज़ह से उनके कई मोर्चे थे, जहाँ वे सक्रिय रहती थीं इसलिए उनकी व्यस्तता भी ख़ूब रहती थी। 'वर्तमान साहित्य' की व्यस्तता का यही समय था, जब रचनाओं के आमन्त्रण से लेकर उनके चयन तक का विचार-विमर्श कई स्तरों पर चलता रहता था। 'घर फूँक तमाशा देखना' हिन्दी में मुहावरे की तरह प्रयोग किया जाता है लेकिन मैंने उसे नमिता जी के घर में हकीकत में देखा है। 2004 से 2014 तक यानी पूरा एक दशक 'वर्तमान साहित्य' अलीगढ़ से निकला था। उस समय मेरे गुरु और नमिता जी दोनों ही सेवानिवृत हो चुके थे, ज़ाहिर है कि आय के स्त्रोत कम थे लेकिन व्यय का खुला और विस्तृत मैदान था। 'वर्तमान साहित्य' धन्नासेठों की पत्रिका नहीं थी, विज्ञापन के लिये जिस प्रपंच की ज़रूरत होती है, उसके गुरु भी दोनों ने नहीं सीखे थे, तब हर महीने ख़र्च करने के लिये पेंशन ही एक आधार थी, जिसका उपयोग लाजिमी था। इसके बावजूद 'वर्तमान साहित्य' को एक दशक तक चुनौती की तरह सम्पादित प्रकाशित किया। इसी बीच यानी 2009 में मेरे गुरु

प्रो. केपी सिंह का असामयिक निधन हुआ, जो हमारे पूरे परिवार के लिये न भुलाने वाली त्रासदी थी लेकिन नमिता जी ने हिम्मत नहीं हारी और न पीछे मुड़कर देखा इसलिए 'वर्तमान साहित्य' उसी गति और त्वरा के साथ निकलता रहा। उस समय पत्रिका बन्द भी हो सकती थी लेकिन यह दोनों के साझा सपने की तरह थी, दो लोगों का सपना एक के न रहने पर भी मन मस्तिष्क में चलता रहता है, उसे साकार करने का काम जो बचा है, उसका है।

नमिता जी का सर्वाधिक पसन्द रंग लाल और मेहरूम था। वे इन्हीं रंगों की साड़ियाँ अक्सर पहना करती थीं। डॉ. साहब कभी-कभी लाल रंग को लेकर मज़ाक भी करते तो नमिता जी उस समय हँसकर रह जातीं लेकिन उनका मानना है कि 'मुझे जीवन में चटख रंग पसन्द हैं, धूसर नहीं।' सही बात है हर लेखक जीवन के मटमैलेपन को दूर कर उसमें चटख रंग भरने का काम ही तो करता है। नमिता जी का सारा लेखन इसी मटमैलेपन को दूर करने के लिये ही तो है। जिस दौर में नमिता जी ने कहानियाँ लिखना शुरू किया था, उस समय कई लेखिकाएँ या तो अपनी साड़ियों की प्लेट्स सजा रही थीं या मध्यवर्गीय परिवारों की 'गुडी गुडी' ज़िन्दगी को कहानियों का आधार बना रही थीं पर उसी समय नमिता जी गाँव और खेतों की मेड़ों पर जीवन विकट के अनुभवों से दो-चार हो रही थीं। नमिता जी का लेखन सजे हुये ड्राइंगरूम का लेखन नहीं है बल्कि उसके बाहर दुनिया की धूप और ताप में पका लेखन है। इसलिए नमिता जी अपने दौर की अकेली ऐसी लेखिका हैं, जिनकी कहानी और उपन्यासों में वैचारिकता जीवन यथार्थ की धुरी बनती है। लखनऊ से अलीगढ़ आते हुये उनके परिचितों ने कहा था 'लखनऊ से बाहर निकलना था तो दिल्ली या किसी बड़े शहर में जातीं अलीगढ़ में क्या है?' जो अलीगढ़ में नहीं रहे, केवल अलीगढ़ के बारे में देखा या सुना है, वे अलीगढ़ को समझ ही नहीं सकते। अलीगढ़ केवल तालों के लिये ही मशहूर नहीं है बल्कि एएमयू अलीगढ़ की पहचान में एक तारे की तरह है, जिसके लिये मजाज़ साहब ने लिखा था 'है सारे जहाँ का सोज़ यहाँ और सारे जहाँ का साज़ यहाँ। ज़र्रात का बोसा लेने को, सौ बार झुका आकाश यहाँ।' वाम प्रकाशन ने शहरों पर कुछ किताबों का प्रकाशन किया है, जिसमें 'ज़ीरो माइल अलीगढ़' भी है लेकिन उस किताब में एएमयू नाममात्र को है। लेखक धर्म समाज कॉलेज में पढ़े थे इसलिए उसका ज़िक्र कर दिया, जबकि शहर के दोनों कॉलेज यानी धर्म समाज और वार्ष्णेय कॉलेज जातिवाद और साम्प्रदायिकता के जीते जागते गढ़ हैं। प्रगतिशीलता और साझा संस्कृति की छाया भी यहाँ देखने को नहीं मिलती। यह

कहना सही होगा कि अलीगढ़ की मुकम्मल पहचान एएमयू और ऊपर कोट के बिना सम्भव नहीं है, जिसे कठपुला जोड़ता है या अलग करता है। अलीगढ़ जिस साम्प्रदायिकता के लिये जाना जाता है, उसके दोनों ध्रुव कठपुले के इधर-उधर हैं। नमिता जी जिस अलीगढ़ में रहीं, वह पुराने शहर से अलग है। लेकिन उन्होंने साम्प्रदायिकता से बज़बज़ाते शहर को जिस निकटता से देखा है, उसी का परिणाम 'राजा का चौक' संग्रह की कहानियाँ और 'लेडीज क्लब' उपन्यास है। इस तरह की कहानियाँ और उपन्यास टटके अनुभव और वैचारिकता के बिना सम्भव नहीं है, लेखक को तय करना पड़ता है कि वह किसके साथ खड़ा है। ज़ाहिर है कि नमिता जी साम्प्रदायिकता के विरोध में और वैचारिकता के साथ मजबूती से खड़ी हैं। इसलिए इस प्रकार का लेखन उस समय भी महत्त्वपूर्ण था और आज भी खास है। मैं फिर कहना चाहता हूँ कि हिन्दी कथा लेखन की जिस पीढ़ी के साथ नमिता जी लिख रही थीं, उस पीढ़ी में क्या किसी लेखिका ने साम्प्रदायिकता पर इतने प्रामाणिक रूप से लिखा? नमिता जी का पहला उपन्यास 'अपनी सलीबें' जातिवाद पर है, जातियों की ऊँच-नीच किस तरह एक भरे-पूरे परिवार को नष्ट करती है, यह विडम्बना इस उपन्यास में प्रखर रूप में विद्यमान है। डॉ. अंबेडकर ने कहा था 'केवल एक मनु जातिवाद के लिये दोषी नहीं हैं बल्कि अपनी ही जातियों में ऊँचा दिखने की हमारी सोच इसके लिये अधिक ज़िम्मेदार है।' धर्म, संप्रदाय और जाति हमारे देश की अनिवार्यता है लेकिन यही हमारी कमज़ोरी भी है। इसलिए अधिकांश लेखक इनसे बचते हैं और आज के चतुर समय में तो बचने के शातिर प्रयास अनेक तरह से किये जा रहे हैं। पिछले दिनों गांधी और सरलादेवी के सम्बन्धों को लेकर एक वयोवृद्ध लेखिका से बातें हुईं तो वे लगातार विदेशी लेखकों का सन्दर्भ दे रही थीं। लम्बी बातचीत में उन्होंने हिन्दी के किसी लेखक और लेखिका का नाम नहीं लिया। मैंने उनसे कहा भी लेकिन मुझे लगा कि वे यह बताकर अपना रौब गालिब करना चाह रही हैं कि उन्होंने विदेशी साहित्य कितना पढ़ा है। साहित्य तो इस प्रकार की सीमाओं में क़ैद नहीं रहता है लेकिन जिस समय में आप लिख रही हैं यदि जानबूझकर अपने समकालीन लेखन की उपेक्षा करती है तो यह आपके लेखन के लिये भी अच्छी बात नहीं है।

नमिता जी का पूरा लेखन हमारे सामने हैं इसलिए मुझे अकादमिक बहस में न फँसकर उनकी धरोहर पर अधिक बात करनी चाहिये, जो उन्होंने अपने लेखन के माध्यम से निर्मित की है। मैं जब उनके लेखन में विचार को विशेषरूप से रेखांकित करता हूँ तो मुझे उनकी कई कहानियाँ याद आती हैं लेकिन उन कइयों में से मैं

सिर्फ़ दो कहानियों का उल्लेख करना ज़रूरी समझता हूँ–सैलाब और निकम्मा लड़का। सैलाब में वे ट्रेड यूनियन के एक नेता सोमनाथ और मजदूर गज्जू के माध्यम से भीड़ के अनियन्त्रित सैलाब को रोककर उसे मजदूर यूनियन की ताकत बनाने की अवधारणा प्रस्तुत करती हैं। अनियन्त्रित भीड़ की ताकत पुलिस के कुछ सिपाही दबा सकते हैं लेकिन वही भीड़ जब संगठित और वैचारिक आन्दोलन का रूप लेती है तो उससे मिल मालिक भी कांपने लगते हैं। बहुत छोटी लेकिन अपनी अनुगूंज से व्यापक प्रहार करने वाली कहानियाँ नमिता जी की ताकत हैं। 'निकम्मा लड़का' हमारे अपने ही परिवार के उस निकम्मे लड़के की कहानी है, जो भूमंडलीकरण की दौड़ में पिछड़ने की हद तक अलग मूल्यों के साथ जीना पसन्द करता है। इसलिए वह मुहल्ले की एक सामान्य-सी अनजान लड़की को बचाने के लिये अकेला गुंडों से भिड़ जाता है। ज़ाहिर है कि इस तरह का साहस डॉक्टर या इंजीनियर बनने वाले युवाओं में नहीं है, वे तमाम जोखिमों से बचकर अपने सुगम और सफल रास्ते पर चलने के आदी हो चुके हैं। मेरा मानना है कि ऐसे बुरे समय में इस तरह के तथाकथित निकम्मे लड़के ही हमारी मनुष्यता को बचा पाने में समर्थ रहेंगे। यह नमिता जी का अपना वैशिष्ट्य है, जो उस समय कहानियाँ लिख रहीं अन्य लेखिकाओं से उन्हें अलग पहचान दिलाता है। यह महज संयोग नहीं है कि कथित स्त्री विमर्श के दौर में उन्होंने उस तरह की देहवादी कहानियाँ नहीं लिखीं बल्कि 'दिव्या: इतिहास और संस्कृति' पर एक मुकम्मल किताब लिखी जो आयातित स्त्री विमर्श के लिये माकूल जवाब थी। लोगों ने इतिहास में जाना छोड़ दिया है और संस्कृति के अपशिष्ट को लेकर तलवारें भांज रहे हैं। ऐसे समय में 'दिव्या' का स्त्रीत्व और उसके निर्णय अँधेरों को दूर कर आलोकित पथ का निर्माण करने में सक्षम हैं।

हिन्दी कथा लेखन में उनकी पीढ़ी की लेखिकाओं के अलावा बाद की पीढ़ियों में लेखिकाओं का बड़ी संख्या में आना महत्त्वपूर्ण क़दम है। कम से कम इक्कीसवीं शताब्दी में जिन लेखिकाओं ने कहानी लेखन में अपनी पहचान बनाई, उनमें वह देहवादी विमर्श तो नहीं ही है लेकिन वह राजनीतिक और वैचारिक समझ भी नहीं है, जिसके बल पर अपने समय का मूल्यांकन और भविष्य के लिये संकेत दिये जा सकते हों। नमिता जी के पास विचार की मशाल है और अनुभवों का व्यापक संसार। जाति, धर्म, मजदूर और किसान पुरुष कथाकारों के लिये सुरक्षित अभयारण्य हैं इसलिए लेखिकाएँ एक संकोच और भय के साथ इधर आती हैं लेकिन नमिता जी बिना किसी संकोच के निडर होकर इसे अपने लेखन का आधार

बनाती हैं और उसे मानवीय संघर्षों की अतुल ऊँचाइयाँ प्रदान करती हैं। वे अब अस्सी वर्ष की हो गयीं हैं लेकिन लोगों के जीवन में चटख रंग भरने की उमंग और उत्साह अभी भी कम नहीं हुआ है। टॉलस्टॉय 75 वर्ष की उम्र में गाँवों में घूम रहे थे, तब उनसे मिलने वाले युवाओं ने पूछा कि इस उम्र में आप गाँवों में क्यों घूम रहे हैं तो उन्होंने कहा 'मैं इनसे भाषा सीख रहा हूँ।' कहना न होगा कि 'युद्ध और शान्ति' तथा 'अन्ना केरेनिना' जैसे महान उपन्यास लिखने के बाद भी उनके अन्दर भाषा सीखने की ललक बची रह गयी थी। नमिता जी के अन्दर भी वह ललक तथा वह ताप कुछ और बेहतर लिखने के लिये अब भी कसमसा रहा है।

पिता की उपस्थिति

जहाँ-तक मुझे याद है मैंने पिता जी को पाँच-छः वर्ष की उम्र में एक पिता के रूप में तब देखा-पहचाना था, जब मेरे वे मेरी उंगली पकड़कर प्राथमिक विद्यालय में प्रवेश के लिये ले गये थे। ब्रज क्षेत्र में पिता को चाचा कहकर पुकारा जाता है इसके मूल में लोकलाज ही मुख्य कारण है। मेरे पिता जी, मेरे ताऊ जी जिन्हें हम बापूजी कहकर पुकारा करते थे, से अलग थे। बापूजी का रंग थोड़ा सांवला था और वे पतले-दुबले थे। दिन-भर वे गुस्से में रहते थे लेकिन शाम को चार बजे भांग पीने के बाद उनका स्वभाव अचानक स्नेहिल हो जाता था। गर्मियों के दिनों में धुली चद्दर पर लेटकर हुक्का पीते हुये वे किस्सा सुनाया करते थे, उन किस्सों में यह भी था कि जब गांधी जी की हत्या हुई थी तब पूरे गाँव में कोई चूल्हा नहीं जला था और नेहरू जी की मृत्यु पर पूरा गाँव ऐसे रोया था जैसे गाँव के किसी सम्मानित बुजुर्ग की मृत्यु हो गयी हो। हमारे प्राथमिक और मिडिल स्कूल में गांधीजी और नेहरूजी के चित्र देखकर मुझे बापूजी की कही बातें याद आतीं इसलिए मैं कक्षा में बैठकर बहुत देर तक उन चित्रों को निहारता रहता लेकिन हमारे अध्यापकों ने उन महापुरुषों के बारे में कभी कुछ नहीं बताया। मुझे यह भी याद नहीं है कि क्या तब 2 अक्टूबर को छुट्टी भी होती थी? उन दिनों छुट्टी होने का मतलब सिर्फ़ घर पर रहकर मस्ती करना था इसलिए छुट्टी क्यों हैं और किसलिये है, इस प्रकार के प्रश्न मन में नहीं उठते थे।

मैंने जब होश सँभाला तब मेरे पिता जी गाँव के प्रधान थे और जब विद्यालय जाने लगा तो विद्यार्थियों तथा अध्यापकों के बीच मेरी पहचान प्रधानजी के लड़के के रूप में थी। ब्रज में किसी का बेटा न कहकर अमुक का लड़का ही कहा जाता है। विद्यालय जाने के कारण थोड़ी सामाजिकता बढ़ी और थोड़ी समझ भी तब यह मालूम हुआ कि हमारे बाबा ज़मींदार थे और आज़ादी के बाद जमीदारी प्रथा ख़त्म हो गयी इसलिए आसपास के गाँवों की ज़मीनें भी सरकार ने छीन लीं। मुझे तब यह भी नहीं मालूम था कि ज़मींदारी क्या होती है, बस लोग कहते थे और मैं मान लेता था।

इतना याद है कि उस समय हमारी बैठक में रेडियो था, जिसपर समाचार सुनने के लिये लोगों का आना-जाना लगा रहता था। रेडियो लम्बा और बड़ा था, उसकी बैटरी उससे भी बड़ी थी एक तार के द्वारा उसके लाउडस्पीकर को बाहर खूंटी पर टांग दिया गया था। अन्दर से बटन दबाने के बाद रेडियो चालू हो जाता था। यह रेडियो गाँव प्रधान के नाते मेरे पिता जी को मिला था इसलिए उसका इस्तेमाल भी सार्वजनिक रूप से ही होता था। उस समय गाँव में अख़बार नहीं आते थे और न कोई पुस्तकालय ही था। केवल कमला पण्डित जी के घर कुछ धार्मिक किताबें थीं या ब्रह्मचारी बाबा के आश्रम पर कुछ धार्मिक किताबें और पत्रिकाएँ रखी रहती थीं। उन किताबों को पढ़ते हुये मैंने कभी किसी को नहीं देखा केवल रामचरित मानस थी जो मन्दिर से लेकर कई घरों में उपलब्ध थी, जिसका वाचन सार्वजनिक रूप से भी होता था और व्यक्तिगत पाठ के रूप में भी।

मेरे पिता जी खादी की सफ़ेद धोती, सफ़ेद कुर्ता और सफ़ेद टोपी पहनते थे। उनकी देहयष्टि पूरे गाँव से अलग थी। बड़ी-बड़ी मूँछें और भारी शरीर। चुनावों के समय जब कांग्रेस के प्रत्याशी और उत्तर प्रदेश सरकार में कई विभागों के मन्त्री लक्ष्मीरमण आचार्य हमारे घर आते तब भी देखने में पिता जी उनसे कम नहीं लगते थे। आचार्य जी सांवले और मोटे थे, वे हमेशा चश्मा लगाये रहते थे। हमारा घर बहुत बड़ा था इसलिए पिता जी रहवास से दूर बैठक में ही लोगों से मिला करते थे। खाना तैयार होता था तो हमारी माँ कहतीं कि अपने चाचा को बुला लो तो हममें से कोई भाई घर के दरवाजे पर खड़े होकर जोर से आवाज़ लगाता कि 'चाचा आ जाओ रोटी बन गयीं।' रोटियाँ बनने का मतलब ही खाना तैयार होना माना जाता था। हमारे घर में बैठक और रहवास के बीच में कुंआ था, जिसका पानी बहुत खारा था वैसे ब्रज के अधिकांश कुँओं में खारा पानी ही होता है। पूरे गाँव में मीठे पानी का एक कुँआ था जो बड़ी पोखर के पास था। घर के सारे लोग कुँए पर ही नहाते थे, वह समय साबुन लगाने का नहीं था। मुझे याद नहीं है कि बचपन में नहाने के लिये पूरे गाँव में किसी ने साबुन का इस्तेमाल किया हो। बाद के दिनों में शादी-ब्याहों में साबुन मिलने लगा था, जिसका उपयोग कम दुरुपयोग अधिक होता था। पिता जी के कपड़ों को सनलाइट साबुन से धोने के बाद उनमें टिनोपाल लगाया जाता था इसलिए वे हमेशा नये और धुले हुये लगते थे बाकी सब लोग बगैर साबुन रगड़कर कपड़े धोते थे। किसान परिवारों की स्त्रियाँ अपने खेतों के पास बहती नहर या गाँव के पास अविरल बहते नाले में कपड़े धोया करती थीं। तब केवल धोबी खार लगाकर पत्थर पर पीट-पीटकर कपड़े धोया करते थे। औरतें सिर धोने के लिये मुल्तानी मिट्टी का उपयोग किया करती थीं। हमारे घर में छोटा-सा शौचालय था, जो केवल छोटे बच्चों

और औरतों के लिये था, जिसे सौमोती जमादारिन सुबह-सुबह साफ़ किया करती थी लेकिन पूरे गाँव में शौचालय नहीं थे इसलिए औरतें खुले खेतों में दिशा-मैदान के लिये जातीं और पोखर पर आकर धोती थीं। यह प्रथा उस समय बुरी नहीं लगती थी लेकिन अब लगता है कि वह कितनी अमानवीय प्रथा थी, जिसमें औरतें शौच के लिये लोटा भर पानी लेकर जाने में भी शर्म का अनुभव करती थीं।

पिता जी ने अपनी जवानी में पहलवानी की थी। सार्वजनिक रूप से वे न पहलवानी का प्रदर्शन करते थे और न कई अवसरों पर आयोजित होने वाले दंगलों में ही जाते थे लेकिन पहलवानी का उन्हें शौक था। इस शौक के पीछे मेरे बीच वाले बाबा का प्रोत्साहन था, उन्होंने भी अपनी युवावस्था में पहलवानी की थी। माँ बताती थीं कि पिता जी बांसुरी भी बजाया करते थे जिसकी विधिवत दीक्षा लेने की न तो गाँव में कोई व्यवस्था थी और न ही आवश्यकता ही। यह भी उनका शौक ही था। मैंने उन्हें बांसुरी बजाते हुये कभी नहीं देखा। हमारा गाँव ब्रज की चौरासी कोस की परिक्रमा में आता है और वृंदावन से बहुत दूर भी नहीं है इसलिए कृष्ण भक्ति का असर होना स्वाभाविक है। हमारे घर के बाहर यानी फाटक से निकलते ही बिहारीजी का मन्दिर है, जो गाँव में अकेला बड़ा मन्दिर है इसलिए गाँव की रामलीला से लेकर अधिकांश आयोजन यहाँ तक कि राजनीतिक सभाएँ भी मन्दिर पर ही होती थीं। पिता जी जब बीमार पड़ते तो भगवान कृष्ण को ही याद करते थे और उनकी तस्वीर को देखते हुये उन्हें उलाहना दिया करते थे कि वे बीमार हैं और कृष्ण बांसुरी बजा रहे हैं। बांसुरी सुख चैन के क्षणों में बजाई जाती है इसलिए घर में किसी के बीमार होने पर बांसुरी बजाना अच्छा नहीं माना जाता । वे हमारे परिवार के मुखिया थे इसलिए उनसे कभी किसी ने यह नहीं पूछा कि बीमार होने पर भगवान कृष्ण का बांसुरी बजाना उन्हें क्यों बुरा लगता है?

ब्रज में सम्मानसूचक शब्द आप नहीं है केवल तुम से काम चल जाता है। तू का संबोधन अपने से छोटे और बराबर वालों के लिये और तुम बड़ों के लिये प्रयोग में आता है। पर मेरे पिता जी ने शायद ही कभी तू का प्रयोग किया हो, वे हर छोटे-बड़े से तुम ही कहा करते थे। यह उनकी पहचान भी थी इसलिए गाँव में लोग कहा करते थे कि 'प्रधानजी ने कभी किसी को तू नहीं कहा।' यह उनके अपने संस्कार थे वरना गाँव में वे तू का इस्तेमाल करते तो रोकने वाला कोई नहीं था। मेरे बाबा सामने वाले को ज़्यादातर तू ही बोला करते थे और कोई बुरा भी नहीं मानता था। पिता जी को कुछ चीजें विरासत में मिली थीं जैसे होली दीपावली के अवसर पर आने वाले कुछ खास लोगों का स्वागत सत्कार, हर वर्ष आयोजित होने वाली रामलीला की व्यवस्था तथा गाँव में होने वाले छोटे-मोटे लड़ाई-झगड़ों का निपटारा। पिता जी के

पास लाइसेंसशुदा दुनाली बन्दूक थी जिसे वे सगाई और शादी ब्याह के अवसरों पर अपने साथ ले जाते थे। गाँव में बारात के निमन्त्रण में 'मय बन्दूक' भी लिखा होता था, जो सम्मानजनक माना जाता था। पूरे गाँव में कारतूस वाली लाइसेंसशुदा बन्दूक मेरे पिता जी के पास ही थी। बारूद वाली इकनाली बन्दूक एकाध लोगों के पास थीं लेकिन अवैध कट्टों का प्रचलन उस समय नहीं था। अब तो मेरे ही गाँव में कट्टों की भरमार है, जिन्हें डराने से लेकर अनेक रूपों में प्रयोग किया जाता है। बन्दूक के फायदे कितने थे, नहीं मालूम पर नुकसान की एक बड़ी घटना घटी जिसमें पिता जी का कोई दोष नहीं था। गाँव के एकमात्र मिडिल स्कूल पर फौजदारी हुई जिसमें एक व्यक्ति की सिर पर लाठी लगने के कारण मृत्यु हुई थी। जिस पक्ष के व्यक्ति की मृत्यु हुई थी उन्होंने हमारे मुहल्ले के 25-30 लोगों पर लड़ाई-झगड़ा करने के साथ यह भी आरोप लगाया कि 'प्रधानजी भी वहाँ बन्दूक लेकर मौजूद थे।' मुकदमा चला और गाँव वाले बताते हैं कि जज साहब यह मानने को तैयार ही नहीं हुये कि फौजदारी के समय प्रधानजी बन्दूक लेकर वहाँ गये थे! जज साब का मानना था कि कोई भी आदमी जो गाँव का पुश्तैनी सम्मानित व्यक्ति है और कई वर्षों से गाँव प्रधान है, वह ऐसे अवसरों पर बन्दूक ले जाने की गलती नहीं कर सकता। मुकदमे में यह तय ही नहीं हो पाया कि किसकी लाठी से उस व्यक्ति की मृत्यु हुई थी इसलिए सब लोग बरी हो गये। गाँव में आज भी लोग मेरे पिता जी की चर्चा करते हैं तो इस बात का उल्लेख ज़रूर करते हैं। मैं उस समय छोटा था इसलिए मुझे इस बारे में कोई जानकारी नहीं है और न घर पर इस प्रकार की बातें ही मैंने सुनी थीं। माँ ने भी इस बारे में मुझे कभी नहीं बताया। मैं अपने भाइयों में सबसे बड़ा था इसलिए गाँव की परम्परा के अनुसार परिवार के निर्णयों में मेरी भी भागीदारी होनी चाहिये थी लेकिन ऐसा था नहीं। मैंने माँ और पिता जी को परिवार, गाँव या किसी अन्य गम्भीर विषय पर बातें करते हुये कभी नहीं देखा-सुना। माँ अपना काम करती रहती थीं और पिता जी अपनी तरह से सामाजिक-राजनीतिक कामों में व्यस्त रहते थे। माँ के मन में उनकी इस व्यस्तता के बारे में क्या राय थी, इसे उन्होंने कभी ज़ाहिर नहीं किया। परिवार की परम्परा के अनुसार घर के अन्दर बहुत लोगों का प्रवेश भी नहीं होता था इसलिए सम्भव है माँ को बहुत सारी बातों का पता ही नहीं होता हो। बापूजी जो पिता जी के सगे बड़े भाई थे, वे उनकी अतिरिक्त भागदौड़ से नाराज़ रहते थे लेकिन उनके सामने कुछ नहीं कहते थे। रात में विलम्ब होने पर सबसे अधिक माँ चिंतित होती होंगी लेकिन वे चुप होकर चिन्ता करती रहती थीं पर बापूजी बार-बार 'अभी नहीं आये क्या?' कहकर पूछते रहते थे और उनके आने पर सुख-सन्तोष का अनुभव कर चुप होकर सो जाते थे। दोनों भाइयों में अपार स्नेह था पर उसका

प्रदर्शन बिल्कुल भी नहीं था। बापूजी कई बार हमें पीट भी देते थे और जब हम पिटने की शिकायत माँ से करते तो वे कहतीं कि 'गलती करोगे तो पिटोगे ही।' अब यह परम्परा लुप्तप्राय: हो गयी है, अब सगे भाई के बेटे को पीटना तो दूर की बात उससे कुछ कहना भी कुफ्र समझा जाता है।

1965-66 में गाँव में चकबन्दी आयी तो चकबन्दी अधिकारी के रूप में मेरठ के त्यागी जी आये थे। पिता जी गाँव प्रधान थे और बैठक बड़ी थी इसलिए उन्होंने हमारी बैठक को ही चकबन्दी कार्यालय बनाया था। पूरे दिन गाँव के लोगों की भीड़ लगी रहती। सबको चिन्ता थी कि उनका चक कहाँ मिलेगा? उनके रहने से हमें यह सुविधा हुई कि हमारे दोनों चक बहुत अच्छी जगह पर मिल गये लेकिन महीनों तक माँ को रोज कई लोगों का खाना बनाना पड़ा था। माँ घर में अकेली थीं, बहन की शादी बहुत पहले हो गयी थी और हम चारों भाई बहुत छोटे थे। बड़े घर के बड़े काम होते हैं, जिन्हें वे अकेले चुपचाप करती रहती थीं।

पिता जी की कद-काठी जितनी मजबूत थी उतना ही उनका संकल्प दृढ़ था। वे छोटी-छोटी बातों पर न तो परेशान होते थे और न किसी से शिकायत ही करते थे। शिकायत करते भी तो किससे? बापूजी को इन बातों से कोई मतलब नहीं था और माँ को बाहर की बातों की जानकारी नहीं होती थी। धीरे-धीरे समय के साथ माँ को घर के आर्थिक हालात के बारे में मालूम होना शुरू हो गया था इसलिए वे चिंतित रहती थीं। उन्हें घर और खेतों से अधिक चिन्ता हम चारों भाइयों के भविष्य की थी। हमारे बापूजी और हमारे दूसरे बाबा वाले बापूजी के दोनों बड़े बेटे मथुरा पढ़ने गये थे लेकिन दोनों का पढ़ने में मन नहीं लगा इसलिए कई बार परीक्षा देने के बावजूद अनुत्तीर्ण होकर गाँव लौट आये थे। कहते हैं उनके लिये हर सप्ताह घी और अन्य ज़रूरी चीजें गाँव से भेजी जाती थीं लेकिन वे मथुरा की रबड़ी खा-खाकर सोते रहते थे। मथुरा से गाँव के और कई बच्चे अपनी पढ़ाई अधूरी छोड़कर लौट आये थे इसलिए वे सब खेती करने लगे थे। पर हमारे परिवार में उस तरह से खेती करने की परम्परा नहीं थी इसलिए खेती भी दूर से छूकर की जाती थी जिसमें ख़र्च अधिक था और आमदनी कम। मेरी माँ हमें उनका उदाहरण देकर समझाती थीं लेकिन 'समुझी नहिं तसि बालपन तब मैं रहेउ अचेत' वाली स्थिति मेरी थी। मुझे इसका आभास भी नहीं था कि जमींदारी जाने के बाद नौकर-चाकर और खेती के ख़र्चे के लिये कर्ज लिया जा रहा है। पिता जी से तो बातें ही बहुत कम होती थीं इसलिए वे कभी बताते इसका तो अनुमान लगाना भी गलत है और माँ को थोड़ा बहुत मालूम था पर वे हमारी उम्र को देखते हुये चुप रहतीं। उनका मानना था कि हम पढ़ लिखकर नौकरी में लग जायें तो सारी समस्याओं का समाधान स्वत: ही हो जायेगा।

मुझे कुछ मेरे सहपाठियों से और कुछ इधर-उधर से सुनकर यह आभास होने लगा था कि घर में सब कुछ सही नहीं चल रहा है। कुछ ऐसा है जो असहज कर सकता है, वह मुझसे छुपाया जा रहा है। मैंने कई बार माँ से पूछा तो उन्होंने पिता जी से पूछने के लिये कहकर बात टाल दी। माँ मेरी उम्र भी देख रही थीं और अपनी स्थितियों को भी इसलिए वे बताने से डरती थीं। सारी स्थितियों का अनुमान लगाने के बाद मैंने तय किया कि मैं अपनी पढ़ाई के साथ खेती और खेत पर लगी चक्की पर काम करूँगा। चक्की जिस चक पर थी वह गाँव से डेढ़ किमी दूर था और रास्ते में एक पोखर पड़ती थी जिसमें दोपहर और शाम के झुटपुटे में भेड़िये पानी पीने आते थे। रास्ते में एक कुँआ और उसके पास पीपल का बड़ा पेड़ था, गाँव में मान्यता थी कि उस पीपल पर भूत रहते हैं। भूतों को सफ़ेद चीजों से चिढ़ होती है या प्रेम होता है यह कहना कठिन है लेकिन रात में अकेले आटा लेकर उस पीपल के नीचे से निकलना ख़तरनाक माना जाता था। चक्की और ट्यूबैल दोनों एक ही इंजन से संचालित होते थे इसलिए दिन में ट्यूबैल चलता तो शाम के समय चक्की। इंजन बापूजी के दूसरे नम्बर के बेटे घनश्याम चलाया करते थे। वे ज़्यादा पढ़ नहीं पाये थे लेकिन धीरे-धीरे इंजन चलाने का हुनर सीख लिया था। घर और गाँव में उन्हें घंसी कहते थे। घंसी भैया का हाथ बचपन में टूट गया था और जुड़ने के बाद टेढ़ा हो गया था। समय के साथ इंजन खराब होता रहा तो उसे ठीक कराने के लिये घंसी भैया सप्ताह में एक दिन राया जाते। धीरे-धीरे स्थिति यह हुई कि इंजन से आमदनी कम होती गयी और ख़र्चा बढ़ता चला गया। सारी मेहनत के बाद मुझे नहीं लगता कि ट्यूबवैल और चक्की से बहुत आमदनी होती होगी, लेकिन खेतों की सिंचाई और छोटे-मोटे ख़र्चें का काम इससे चल रहा था। मुझे नहीं लगता कि घंसी भैया ने ही बहुत पैसा बना लिया हो लेकिन हमारे मन में यह शक का कीड़ा रेंगता रहा कि इंजन को जानबूझकर खराब किया जाता है। इससे उन्हें क्या लाभ था नहीं मालूम पर हमें सीधे-सीधे नुकसान होता था। बाद में चक्की ख़त्म कर दी गयी और इंजन को केवल ट्यूबैल चलाने के लिये इस्तेमाल किया जाता रहा ताकि फसलों को समय पर पानी मिलता रहे इसके लिये बाहर से एक इंजन मैकेनिक लाया गया जो नशेड़ी था। मैंने यह भी कोशिश की कि हलवाहे को छुड़ाकर मैं ख़ुद हल चलाऊँ लेकिन पहले ही दिन बैल बिदक गये और मैं हल उठाकर उनके पीछे-पीछे लगभग दौड़ता रहा। बैल और मुझे दौड़ता देख पास के खेत में काम कर रहे बदनी ने कहा कि हल के फारे को खेत में जोर लगाकर गाढ़ दो। मैंने वैसे ही किया तो बैल रुक गये वरना लोहे के धार लगे फारे से बैल घायल भी हो सकते थे। उसके कई दिन बाद हमारा हलवाहा तूरी नाई कहीं आवश्यक काम से चला गया तो मैं खेतों से चारा लेने

के लिये बैलगाड़ी लेकर चलने लगा। घर से थोड़ी ही दूर मोड़ पर जाकर बैलगाड़ी का एक तरफ़ का पहिया दीवार पर चढ़ गया। मुझे तुरन्त इसका अहसास हुआ कि यदि गाड़ी और आगे बढ़ी तो पलट सकती है। मैं डर गया और उतरकर पास के देवी पण्डित को आवाज़ दी वे आये और गाड़ी को ठीक कर घर पहुँचा दिया।

इन दोनों घटनाओं के बारे में पिता जी को कितना मालूम हुआ, नहीं पता लेकिन बगैर उनके कुछ कहे मेरी समझ में यह आ गया कि खेती करना मेरे बस की बात नहीं है। गलती मेरी थी कि हल जोतने और गाड़ी चलाने का मुझे तूरी नाई के साथ अभ्यास करना चाहिये था, जो मैंने पिता जी के डर के कारण नहीं किया। वे इसकी अनुमति शायद ही देते। उन्होंने कभी खुलकर खेती करने के बारे में बात नहीं की केवल माँ थीं जो पढ़ने पर जोर दिया करती थीं। पर गाँव में न तो पढ़ाई का माहौल था और न हमारे घर की स्थितियाँ ही ऐसी थीं कि मैं पढ़ाई पर ध्यान केन्द्रित कर पाता।

1975 की 20 मई की शाम को माँ की मृत्यु हो गयी। उसके दूसरे दिन मेरी एम.ए. प्रथम वर्ष की परीक्षाएँ शुरू होने वाली थीं। वैसे तो हरेक मृत्यु असामयिक ही होती है लेकिन मेरी माँ की मृत्यु तो निश्चित ही असामयिक ही हुई थी। उस समय पिता जी से आँखें मिलाने का साहस नहीं था, हमारी तरह वे भी बहुत दुखी थे पर कच्ची गृहस्थी को उन्हें सँभालना था अब वे ही हमारी माँ थे और वे ही पिता। गाँव के रीति-रिवाज के अनुसार बारहवीं तक के सारे काम उन्होंने विधि-विधान से करवाये। मुझे इस बात की भनक तक नहीं लगने दी कि इसके लिये पैसा कहाँ से आ रहा है? सारे रिश्तेदारों के जाने के बाद माँ के बिना उनका घर सूना हो गया था केवल बड़ी बहन थीं जो कुछ दिनों के लिये रुक गयी थीं। अन्ततः बहन को अपनी ससुराल जाना ही था लेकिन जिस दिन वे गयीं मैं उस दिन सुबह उठकर नाले की तरफ़ चला गया था। मुझे पता था कि माँ के बिना अकेले पिता जी को छोड़कर जाना उनके लिये कितना कष्टकारी होगा। माँ के खोने के बाद यह दूसरा दुखद क्षण था जिसमें पिता जी को मैंने अकेला और गहन दुख में डूबा हुआ देखा। पर उस समय हमारे बापूजी उनके साथ बगैर कुछ कहे खड़े थे। हमारे घर में अब कोई चूल्हा जलाने वाला तक नहीं बचा था। माँ जब-तक रहीं तब-तक उन्होंने चूल्हे की चिन्ताओं से पिता जी और हमें दूर ही रखा। उनके जाने के बाद उनके दुख एक-एक कर अन्दर से टीससे रहे कि कैसे वे अकेली पूरे घर को सँभालती थीं। उन दिनों मैं और पिता जी न एक दूसरे से आँख मिलाते थे और न एक दूसरे के सामने रोते थे। हम दोनों की आँखें सूज गयी थीं पर उन आँखों को देखने वाली माँ अब इस दुनिया में नहीं थीं। माँ की मृत्यु के बाद कई साल गहरे दुख, अकेलेपन और उदासी में

गुजरे। अचानक पिता जी बीमार हुये और ऐसे बीमार हुये कि पता नहीं क्यों उन्हें माँ के बुलावे का अहसास होने लगा। एक दिन वे नीमबेहोशी में बड़बड़ाते हुये कहने लगे कि 'देखो, शादी में मैं कैसे सज-धज के साथ गया था वह ज़माना ज़मींदारी का था, धन की कोई कमी नहीं थी। बारात कई दिनों तक रुकी और जब चलने लगी तो तुम्हारे नानाजी भी साथ चल दिये। तुम्हारी माँ की उम्र बमुश्किल चौदह-पन्द्रह वर्ष रही होगी और मेरी 17-18 वर्ष। पंचरंगी साड़ी और लहरिया चद्दर में सिमटी तुम्हारी माँ इतनी सुन्दर लग रही थी कि गाँव आने के तुरन्त बाद तुम्हारे बाबा ने नज़र लगने के डर से राजस्थानी कपड़े बदलवा दिये थे।' पिता जी के चेहरे पर बीमारी की स्थिति में भी मुस्कान तैरने लगी थी। बीमारी से पहले उन्होंने इस तरह हमारी माँ को हमारे सामने कभी याद नहीं किया और न हम भाइयों से कभी चर्चा ही की पर लगता है अन्दर से वे उन्हें रोज़ याद करते होंगे। वे जब भी बीमार होते थे तो माँ रात-दिन उनकी चारपायी के पास ही बैठी रहतीं लेकिन अब वे अकेले थे और माँ बहुत दूर चली गयी थीं। अकेलापन उम्रदराज लोगों का सबसे बड़ा दुश्मन होता है, उन्हें लगता होगा कि कोई आकर उनके पास बैठे और उनसे सुख-दुख पूछे। अपने समय में बच्चों से बातें न करने का पश्चाताप भी शायद उन्हें होने लगा था।

पिता जी हमारी ननिहाल से इतना जुड़े थे कि जब भी मौका मिलता तुरन्त पहुँच जाते जबकि उस समय पहुँचने में दो दिन लगते थे। मुझे याद है जब हम ननिहाल मूंडिया रामसर जिला जयपुर से चलते थे तो सबसे पहले धानक्या स्टेशन से जयपुर के लिये रेल पकड़ते थे फिर जयपुर से अछनेरा और फिर अछनेरा से मथुरा। मथुरा पहुँचते-पहुँचते रात हो जाती थी इसलिए मथुरा में ठहरना पड़ता था। मथुरा में होली दरवाजे पर हमारे फूफाजी का मन्दिर और बड़ी धर्मशाला थी, उसमें हम सब ठहरा करते थे। सुबह उठकर गाँव के लिये बस पकड़ते जो दो घंटे में पिथौरा बस स्टेंड पहुँचाती थी। पिथौरा ऐसा बस स्टेंड था, जिसके आसपास कोई गाँव नहीं था। पता नहीं उसका नाम पिथौरा क्यों और कैसे पड़ा? पिथौरा से गाँव दो कोस दूर था, उन दो कोसों के बीच भी कोई गाँव नहीं पड़ता था। उन दिनों संचार के कोई साधन नहीं थे इसलिए बैलगाड़ी इत्यादि की व्यवस्था भी नहीं हो पाती थी। हम लोग सामान उठाकर दो कोस पैदल ही जाते थे इसलिए गाँव पहुँचते-पहुँचते दोपहर हो जाती थी। लेकिन अब मूंडिया और जयपुर का फासला मिट गया है तथा जयपुर और मथुरा के बीच लगातार चलती एक्सप्रेस बसों के कारण लम्बी दूरियाँ भी सिमट गयी हैं।

धीरे-धीरे गाँव छूटता गया मैं जोधपुर आ गया, मुझसे छोटा भाई इंजीनियरिंग करने के बाद बिड़ला सीमेंट फेक्ट्री में इंजीनियर हो गया, तीसरे नम्बर का भाई दिल्ली में अपना व्यवसाय करने लगा और सबसे छोटा भाई फौज में चला गया।

अब पिता जी गाँव में अकेले रह गये। गाँव में बापूजी का परिवार था इसलिए हमें पिता जी के अकेलेपन की चिन्ता तो होती थी पर उनके खाने-पीने की तरफ़ से हम चारों भाई निश्चिंत थे, बापूजी, ताई और भाभी का स्वभाव ही ऐसा था कि वे पहले हमारे पिता जी को खाना खिलाते फिर स्वयं खाते। हम लोग जब भी गाँव जाते वे हमारा भी उसी तरह ध्यान रखते थे। माँ के जाने के बाद पिता जी का स्वभाव एकदम बदल गया था। वे रामलीला के प्रबन्धन के साथ अधिक मास में चलने वाली ब्रज परिक्रमा के लिये मन्दिर पर प्याऊ लगवाने से लेकर यात्रियों के ठहरने, उनके खाने-पीने इत्यादि की सारी व्यवस्था सँभालते थे। इसके साथ ही वे मन्दिर पर अखंड कीर्तन तथा अखंड रामायण पाठ इत्यादि की व्यवस्था कर लोगों को तरह-तरह के फिजूल के कामों से रोकते थे। राजनीति तो उन्होंने नहीं छोड़ी थी पर लोगों के काम के लिये गाँव से बाहर जाना बन्द कर दिया था। एक बार विधायक श्याम सुन्दर शर्मा से उन्होंने कहा कि मन्दिर पर हेंड पंप लगवा दो लेकिन वे अपनी व्यस्तता में लगवाना भूल गये। चुनाव के समय वे जब प्रचार के लिये आये तो पिता जी ने कहा 'इस बार जीतकर बताना?' यह चुनौती थी उस विधायक को जो उनके बहुत अच्छे मित्र पं. लोकमणि शर्मा का बेटा था और उन्हें चाचाजी कहता था। विधायक सुनकर चले गये लेकिन अपने पिता जी और हमारे एक निकट के रिश्तेदार को लेकर दूसरे ही दिन पिता जी के पास आ गये। लोकमणि जी ने बात शुरू की और कहा 'तुम्हारो बेटा है मारो सारे कूं पर हराबे की बात कहाँ से आइ गयी?' पिता जी ने शान्त भाव से उत्तर देते हुये कहा 'इसी से पूछो।' विधायक ने अपनी गलती स्वीकार की और दूसरे दिन मन्दिर पर नल लग गया। उनका प्रभाव इतना था कि वे जहाँ खड़े हो जाते थे, वहाँ आते-जाते लोग भी आ जुटते थे। अपने गाँव के अलावा जब वे हमारी ननिहाल मूंडिया रामसर में मेरे सबसे छोटे भाई के पास रहने लगे थे तब भी उनका प्रभाव कायम रहा। मूंडिया में पानी की कमी थी, कुंए सूख गये थे लेकिन सरकार की तरफ़ से टंकी और ट्यूबवैल की व्यवस्था कर दी गयी थी। पर ट्यूबवैल को चलाने वाला आदमी नियमित नहीं था। एक दिन विधायकजी मूंडिया आये तो पिता जी से मिलने भी आये। विधायक जी हमारे बड़े मामाजी के अच्छे मित्रों में थे उसी नाते वे पिता जी को सम्मान देते थे। विधायकजी ने सहज भाव से पूछा कि 'गाँव में कोई परेशानी तो नहीं है?' पिता जी भड़क गये और कहा 'पानी ही नहीं है तो और सुविधाओं का क्या हाल होगा, इसे आप समझ सकते हैं।' विधायकजी ने सरपंच की ओर देखा तो उन्होंने कहा 'फूफाजी सही कह रहे हैं कि ट्यूबवैल को जब कोई चलाने वाला ही नहीं है तो पानी कहाँ से आयेगा? विधायक जी ने एक सप्ताह के अन्दर व्यवस्था कराई इसलिए सारा मूंडिया पिता जी

के स्वभाव और गुणों को अब भी गाता रहता है। मूंडिया में हमारे ननिहाल पक्ष का बड़ा परिवार है, वे सब पिता जी को फूफाजी कहते थे इसलिए गाँव के सारे लोगों ने भी उन्हें फूफाजी कहना शुरू कर दिया था। घर के सामने से जो कोई निकलता 'फूफाजी ढोक' कहकर ही जाता था।

2004 में उन्होंने इस नश्वर शरीर को छोड़ा था। माँ के बाद वे तीस वर्ष जिये पर वह जीना पहले से एकदम अलग तरह का था। जीवन से न विरक्ति थी और न बहुत आसक्ति ही। वे हम चारों भाइयों, बहुओं और अपने पोते-पोतियों पर भरोसा करते थे और मानते थे कि वे सब उनकी कीर्ति में चारचाँद ही लगायेंगे। हमें नहीं मालूम कि हम उनके निर्धारित मुकाम तक पहुँचे या नहीं पर इतना मालूम है कि वे जीते-जी हम लोगों से कभी निराश नहीं हुये, कभी एक दूसरे से शिकायत नहीं की। जिसके भी पास रहे, पूरे विश्वास के साथ रहे, जो मिल गया उसे प्रेम से ग्रहण किया पर तीज-त्योहारों का हिसाब पहले से अधिक बढ़ गया था। अख़बार में तिथि और त्योहार पढ़कर विशेष व्यंजन बनवाकर खाने का शौक अन्तिम समय तक कायम रहा। अन्तिम समय में नर्स ने कहा 'बाबा जिसे जो कुछ देना हो दे दो' सुनकर वे नाराज़ हुये और कड़क आवाज़ में नर्स को जवाब दिया कि 'मैं कहाँ जा रहा हूँ?' उनका कहना सही था वे कहीं नहीं गये, दूर जाकर भी हमारे पूरे परिवार के बीच हमेशा उपस्थित रहते हैं। इसलिए हम सबको हमेशा यह लगता है कि वे हमारे पास ही हैं।

उसने ये जाना कि

अलीगढ़ मुस्लिम विश्वविद्यालय, अलीगढ़ का उर्दू विभाग इस मायने में खास है कि वहाँ एक ही समय में तीन हस्तियाँ पढ़ और पढ़ा रही थीं। क़ाज़ी साहब पढ़ाने वाले थे और राही मासूम रज़ा साहब और शहरयार साहब पढ़ने वालों में थे। कहना न होगा कि क़ाज़ी साहब को अध्यापक जीवन के पहले ही साल में एम.ए. कक्षाएँ पढ़ाने के लिये मिल गयी थीं, जबकि सामान्यत: ऐसा होता नहीं है। क़ाज़ी साहब से किसी ने इस बावत पूछा तो उन्होंने जवाब दिया-जो हाई स्कूल से लेकर एम.ए. तक अब्वल रहा हो, उसे ही इस तरह के मौके मिलते हैं। राही साहब को कर्नल यूनुस खान की बेगम नैयर साहिबा से मुहब्बत और बाद में शादी करने के कारण अलीगढ़ में नौकरी नहीं मिली इसलिए मुम्बई चले गये। अलीगढ़ में नौकरी न मिलने का उन्हें दुख था, जिसे उन्होंने एक नज़्म में लिखा–'जिनसे हम छूट गये, अब वो जहाँ कैसे हैं? शाख-ए-गुल कैसी है, ख़ुशबू के मकां कैसे हैं? ए सबा तू तो उधर से गुजरती होगी, उस गली में मेरे पैरों के निशां कैसे हैं? पत्थरों वाले वो इंसान वो बेहिस-दर-ओ बाम, वो मकीं कैसे हैं, शीशे के मकां कैसे हैं?' लेकिन शहरयार साहब बाद में उर्दू विभाग में प्राध्यापक नियुक्त हुये। एक ही विभाग में उस्ताद और शागिर्द पढ़ा भी रहे थे और अदब की खिदमत भी कर रहे थे। दोनों की विधाएँ अलग-अलग थीं लेकिन दोनों अपने हुनर से अदब में लोहा मनवा रहे थे। दोनों की फितरत अलग थी लेकिन अदब एक जैसा था। विभाग या अदबी दुनिया में कुछ नया हुआ तो दोनों आहिस्ते से अपनी बात कहकर चुप हो जाया करते थे। खास बात यह थी कि दोनों मेरे गुरु प्रो. कुंवरपाल सिंह के अत्यधिक निकट थे। दोनों उनके घर आते थे, विभाग में आते थे, दोनों की समस्याओं के समाधान के लिये गुरु बेचैन रहते थे और जैसे भी हो उनका समाधान भी करते थे। इसलिए क़ाज़ी साहब ने भरी सभा में एक बार कहा भी था कि 'केपी ने मेरे सारे काम किये करवाए लेकिन सच यह है कि मैंने केपी का कोई काम नहीं किया। क्यों नहीं किया–हकीकत यह है

कि मैं कभी इस लायक ही नहीं था।' यह क़ाज़ी साहब का बड़प्पन था, जो भरी महफिल में इस प्रकार कह रहे थे लेकिन सचाई यह है कि यह बात वही कह सकते थे। क़ाज़ी साहब को मैंने जब-जब सुना, मुझे हमेशा लगा जैसे कोई बड़ा अदीब बोल रहा है। मैंने प्रेमचन्द को नहीं देखा लेकिन क़ाज़ी साहब को देख और सुनने के बाद हमेशा यही लगा जैसे प्रेमचन्द बोल रहे हैं। शहरयार साहब कम बोलते थे इसलिए मैंने मंच पर भाषण देते हुये उन्हें बहुत कम सुना है। एक बार वे जोधपुर में मुशायरे में आये हुये थे, आने से पहले उन्होंने मुझे सूचना दे दी थी। आने के बाद जिस होटल में ठहरे थे, उसके बारे में भी बताया था। उस समय हिन्दी विभाग में पुनश्चर्या पाठ्यक्रम चल रहा था, जिसका मैं समन्वयक था। मैंने उनसे विभाग में आने का निवेदन किया तो उन्होंने सहर्ष स्वीकार कर लिया। मैं जब उन्हें होटल में लेने के लिये गया तो वहाँ मुझे राजस्थान उर्दू अकादमी के सचिव मिले, उन्होंने अपना परिचय दिया तो मैंने शहरयार साहब के कमरे के बारे में पूछा। यह सुनकर वे नाराज़ हो गये और कहा उर्दू के शायर इस तरह विभागों में नहीं जाते, वे बहुत मंहगे होते हैं। शहरयार साहब पास में कहीं बैठे थे, उन्होंने हमारी बातचीत सुन ली इसलिए उठकर आये। आते ही उन्होंने सचिव को डांटा और कहा–'आप जानते हैं ये कौन हैं? उन्होंने कहा 'ये मेरे शागिर्द हैं और यहाँ हिन्दी विभाग के चेयरमैन हैं। सचिव अपनी गल्ती पर शर्मिंदा हुये। शहरयार साहब विभाग में आये और पुनश्चर्या पाठ्यक्रम के प्रतिभागियों के बीच खुलकर शेर सुनाये। उन्होंने कहा कि 'यह विभाग मेरे शागिर्द का है इसलिए जितना सुनना चाहें, सुनाऊँगा।' विभाग के विद्यार्थियों ने गुलाब की पंखुड़ियों से सामने की दीवार पर उनका प्रसिद्ध शेर लिख दिया था–'इस अंजुमन में आपको आना है बार-बार, दीवारों-दर को गौर से पहचान लीजिये।' इस शेर को ताज़ी और महकती गुलाब की पंखुड़ियों में लिखा देखकर वे भावुक हो गये थे। वे जब भी जोधपुर आये तब मेरे घर ज़रूर आये और मेरी पत्नी एवं बेटी को भरपूर आशीर्वाद देकर गये। घर पर उनकी उपस्थिति बड़े शायर की थी लेकिन उन्होंने कभी इस बात का अहसास तक नहीं होने दिया। मैं जब भी अलीगढ़ गया तब एक शाम अलीगढ़ क्लब में उनके साथ गुजरती थी। एक बार तो कमलेश्वर जी और मैं दोनों एक साथ शहरयार साहब के साथ थे, वह शाम कई मायनों में यादगार थी, जिसका ज़िक्र कमलेश्वर जी ने मुझे लिखे पत्र में किया था।

क़ाज़ी साहब के अनगिनत किस्से मुझे याद हैं लेकिन मुझसे अधिक एएमयू के परिसर की हवाओं में उनके किस्से अब भी गूँजते हैं। वे तारीखी अफसानानिगार थे लेकिन ख़ुद भी अफसानों की तरह लोगों के मन मस्तिष्क में छाये रहते थे। एक बार क़ाज़ी साहब पाकिस्तान गये तो वहाँ के फौजी तानाशाह सदर ने उन्हें डिनर

पर बुलाया, ख़ुद पोर्च में लेने और छोड़ने आये। डिनर पर वे पाकिस्तान में भारत के तत्कालीन राजदूत कुंवर नटवर सिंह के साथ गये थे। एक बार उन्होंने अपनी पाकिस्तान यात्रा के बारे में बताया कि 'शराब के नशे में हाथ पोंछने वाली नेपकिन को उन्होंने आइसक्रीम समझा और उसे चाकू से काटने लगे तो पास बैठे राजदूत ने उन्हें संकेतों से समझाया। इस ग़लती का बाद तक उन्हें अफसोस था। कहते हैं लौटते समय जब वे हवाई अड्डे की तरफ़ आ रहे थे तब किसी पाकिस्तानी पत्रकार ने उनसे अपने राष्ट्रपति के बारे में पूछा। एक-दो बार उन्होंने पत्रकार के प्रश्न को टाला भी लेकिन वे राजनीतिज्ञ तो थे नहीं इसलिए कई बार पूछने पर उन्होंने कहा 'ठीक हैं। लेकिन आँखें...।' लौटकर जब वे हिन्दुस्तान आये तो तत्कालीन प्रधानमन्त्री इंदिरा गांधी ने बुलाया और कहा कि 'पाकिस्तान के सदर साहब ने आपको ख़ूब इज़्ज़त बख्शी है तो क़ाज़ी साहब ने तुरन्त कहा 'जब आपने पद्मश्री देकर इज़्ज़त बख्श दी तो दूसरे मुल्क की इज़्ज़त उसकी बराबरी नहीं कर सकती।' प्रधानमन्त्री आवास से लौटते समय किसी अधिकारी ने उन्हें यात्रा बिल भरने के लिये कहा तो क़ाज़ी साहब ने साफ़ इंकार कर दिया। तत्कालीन राष्ट्रपति फखरुद्दीन अली अहमद से वे उनकी बहनों के माध्यम से मिलते-जुलते रहते थे। व्यक्तिगत बातचीत में वे उन बड़े लोगों के बारे में बताते थे, जो उन्हें इज़्ज़त देते थे। यह बताने में उन्हें आनन्द आता था और देखते-देखते मछरेटा उन पर हावी होता जाता था। वे इस बात को स्वीकार भी करते थे कि मछरेटा के तालुकेदार होने के नाते एक प्रकार का गुरूर हमेशा उनके अन्दर रहा, जिसने उन्हें कभी किसी के सामने न झुकने दिया और न समझौता ही करने दिया। उनके विभाग में ऐसे कई अध्यापक थे, जो इस कला में माहिर थे, पर क़ाज़ी साहब उस रास्ते पर कभी नहीं गये, चाहे कितना भी नुकसान हो गया हो। ख़ुद्दारी तो शहरयार साब और क़ाज़ी साब दोनों में थी, शहरयार साब को किसी कुलपति ने कहा 'आप आलोचना पर एक किताब लिख दें तो मैं प्रोफेसर बना दूँगा।' उन्होंने मना करते हुये कहा कि 'जो इलाका अपना है ही नहीं उसमें जाने से क्या फायदा?' आज के समय में मुझे नहीं मालूम कि उर्दू के अकादमिक जगत की क्या स्थिति है पर हिन्दी के बारे में मैं जानता हूँ कि अब सहायक प्रोफेसर बनने से लेकर आगे तक किसी का कोई इलाका नहीं है, एक आदमी भाषा विज्ञान पर भी लिख रहा है, काव्य शास्त्र पर भी लिख रहा है, कहानी और उपन्यासों पर भी लिख रहा है और शमशेर और मुक्तिबोध की कविता पर भी लिख रहा है। जहाँ जैसी संगोष्ठी होती है, वैसा लिख देता है, उसका अपना कोई विषय और विशेषज्ञता नहीं होती। इसलिए हिन्दी विभागों में ऐसे अनाम व्यक्ति पदों पर बैठे हैं जिनसे एक मिनट भी किसी विषय पर गम्भीरता से बात नहीं की जा सकती। बस

उन्हें जुगाड़ करना आता है, मोबाइल में सारे अध्यक्षों से लेकर कुलसचिवों तक के नम्बर भरे हुये हैं, जिन्हें वे होली दिवाली हीं नहीं बल्कि वैसे भी याद करते रहते हैं इसलिए लेन-देन का व्यापार धड़ल्ले से हो रहा है। क़ाज़ी साब और शहरयार साब इस प्रकार के लेन-देनों से कोसों दूर रहे, उन्हें इसके नुकसान भी ख़ूब हुये पर इस प्रकार के अनैतिक फायदे और नुकसानों की उन्होंने कभी परवाह नहीं की।

क़ाज़ी साहब के अनगिनत किस्सों में से एक किस्सा यह भी है कि एक बार किसी अध्यक्ष ने उनका टाइम टेबल सुबह आठ बजे से लगा दिया तो उन्होंने अध्यक्ष को कुछ नहीं कहा, विभाग में चुप रहे लेकिन सीधे दिल्ली गये और प्रधानमन्त्री इंदिरा गांधी से कहकर अपना टाइमटेबल बदलवाकर ही अलीगढ़ लौटे। 'दाराशिकोह' उपन्यास के किरदार पर जब तत्कालीन कुलपति ने कुछ ऐतराज किया तो वे गुस्से में यह कहकर आ गये कि 'मिस्टर वाइस चांसलर, जिस दिन क्लास नहीं लूं तब आप बर्खास्त भी कर देंगे तो उफ नहीं करूँगा लेकिन अदब के बारे कुछ कहा तो क़ाज़ी से बुरा कोई नहीं है।' प्रोफेसर पद के लिये साक्षात्कार का पत्र आया तो यह कहकर नहीं गये कि 'मेरे जैसे अफसानानिगार से कौन क्या पूछ सकता है? मैं किसी मीरासी या भांड को कुछ बताने से रीडर बने रहना अधिक पसन्द करूँगा।' एम.ए. के दौरान हुई मौखिकी का जिक्र करते हुये उन्होंने बताया कि विभागाध्यक्ष ने उनसे पूछा 'हज़रत आप ग़ालिब के बारे में क्या जानते हैं?' क़ाज़ी साहब ने कहा 'सर, अगर आप यह पूछें कि ग़ालिब के बारे में क्या नहीं जानता तो मुझे आसानी होगी।' कहना न होगा कि एम.ए. की मौखिकी एक औपचारिकता होती है, जिसमें नपे-तुले और रटे-रटाये उत्तर ही दिये जाते हैं। पर क़ाज़ी साब ने तो अपने उस्ताद को ही चुनौती दे डाली थी। विभागाध्यक्ष थोड़ी देर में सँभले और बगैर नाराज़ हुये पूछा–'तो चलिये, यही बताइये कि आप क्या नहीं जानते!' क़ाज़ी साब ने कहा 'सर, कहा जाता है कि ग़ालिब की माशूका डोमनी थी। मेरा नाचीज ख्याल है कि ग़ालिब मुगल एरिस्ट्रोक्रेसी की यादगार था। वो अगर डोमनी पर आशिक भी होता तो उसका इज़हार करना अपनी तौहीन समझता। आपके खादिम की राय है कि ग़ालिब की माशूका तुर्क बेगम थी।' यह सहज सामान्य उत्तर नहीं था। किसी एम.ए. के विद्यार्थी से मौखिकी के दौरान इस प्रकार के उत्तर की अपेक्षा नहीं की जाती है। इस उत्तर ने सबको चौकाया ही नहीं बल्कि भयभीत भी किया। ग़ालिब की माशूका के बारे में उर्दू में अभी तक स्थायी राय है कि उनकी माशूका डोमनी थी पर क़ाज़ी साब ने तर्क के साथ उस स्थापना का खंडन किया था। सवाल यह नहीं है कि कौन कितने नम्बर देगा बल्कि सवाल यह है कि क्या कोई विद्यार्थी इस प्रकार की नयी स्थापना से परीक्षक को चुनौती देकर उत्तीर्ण भी हो सकता है? आज कोई विद्यार्थी

इस प्रकार की हरकत करके देख ले तो उसका उत्तीर्ण होना कठिन हो जायेगा। कहते हैं कि 'एक दिन जनवरी की भयंकर सर्दी में बरसात में भीगते हुये सुबह-सुबह एक विद्यार्थी क़ाज़ी साहब की क्लास में पढ़ने के लिये आ गया। वह बार-बार उनके चेम्बर के चक्कर काट रहा था और क़ाज़ी साहब आराम से सिगरेट पी रहे थे पर उनसे कहने की उसकी हिम्मत नहीं हो रही थी। क़ाज़ी साब समझ गये और उसे बुलाकर पूछा–क्या क्लास के लिये आये हो? उसने हां कहा तो क़ाज़ी साब बिफर पड़े। नाराज़ होकर कहा–मियाँ मेरा तो हेड से झगड़ा है इसलिए आया हूँ तुम्हारा किससे झगड़ा है? जाओ हॉस्टल में आराम करो।' विद्यार्थी चुपचाप चला गया। ये छोटे-छोटे मगर अर्थपूर्ण किस्से हैं, जिनसे क़ाज़ी साब की एक तस्वीर बनती है। वे अपनी बात कहने में किसी से डरते नहीं थे। पाकिस्तान गये तो उनसे जोश के बारे में पूछा गया। जोश मलीहाबादी अपने बारे में कुछ बताते होंगे तो पाकिस्तान के लोग उनकी बातों पर यकीन नहीं करते थे। क़ाज़ी साब ने उस झूठ का खंडन किया और बताया कि 'जोश के बाप मलीहाबाद के तालुकेदार थे। एक लाख सत्तर हजार की निकासी थी। दरवाजे पर तीन-तीन हाथी थे। घोड़ों से अस्तबल भरा था। घर में जवान औरतें भरी थीं–काली भी, गंदुमी भी और सफ़ेद भी। नाश्ते में हलुवे, परांठे, मुर्गे, अंडे, बालाई, मक्खन, दूध। ये रोज होता था। जोश बाहर निकलते तो नौकरानियाँ उनकी जेबों में मेवे भर देती थीं। जोश नौकरों के बच्चों को बांट-बांटकर खाते। कलमी आमों की गाड़ियाँ उतरती थीं। अमरूद, अंगूर, केले और सन्तरों के ढेर लग जाते थे। ख़ुशामदें की जाती थीं–भैया तनी खाय लेओ। जोश गालियाँ बकते हुये भाग जाते थे। इलाके की लड़कियाँ इंतज़ार करती थीं कि मझले भैया बस हमारी तरफ़ मुस्कुराकर देख तो लें।' क़ाज़ी साहब ख़ुद तालुकेदार के बेटे थे, वे जानते थे कि जोश कितने बड़े खानदान के आदमी थे। जो लोग तालुकेदारों की ज़िन्दगी के बारे में कुछ नहीं जानते मगर प्रश्न करते हैं, उन पर क़ाज़ी साहब का गुस्सा देखने लायक होता था।

जिस तरह अफसाने और शायरी की तुलना नहीं की जा सकती वैसे ही क़ाज़ी साब और शहरयार साब की तुलना सम्भव नहीं है। शहरयार साब की मकबूलियत का एक दौर था जो 'उमराव जान' फ़िल्म के बाद और अधिक परवान चढ़ा था। उनकी ग़ज़लों की धूम ने रातों-रात उन्हें अदबी दुनिया से बाहर निकलकर लोक में ऐसी शोहरत दिलाई जिसकी शायद उन्हें भी उम्मीद नहीं थी। वे जहाँ भी जाते उनकी प्रसिद्धि उनसे पहले पहुँच जाती थी। वे मन ही मन ख़ुश तो होते थे पर बाहर किसी प्रकार का प्रदर्शन करने की उनकी आदत नहीं थी। मुम्बई अपने रंग में रंगने के लिये मशहूर है पर शहरयार साब उस रंग से बचकर निकल आये थे। वे कहते

थे कि 'मियां, मैं तो इल्मी दुनिया का शायर हूँ फ़िल्मी दुनिया का नहीं। अलीगढ़ में होता हूँ तो बहुत सारे हाथ सलाम को उठते हैं और मुम्बई में ख़ुद सलाम करना पड़ता है। इसलिए ऐसी अजनबी दुनिया में अपना क्या काम?' अलीगढ़ के ही उनके सहपाठी राही मासूम रज़ा मुम्बई के रंग में रंग गये थे पर शहरयार साब को यह मंजूर नहीं था इसलिए वे अलीगढ़ लौट आये। उन्हें अपने जीवन से किसी प्रकार की कोई असन्तुष्टि नहीं थी। वे कहा करते थे कि जो मिला है वह मेरी कावलियत से कुछ ज़्यादा और समय से पहले मिला है। इसके लिये वे ऊपर वाले को शुक्रिया देते थे पर साथ ही वे स्वयं को मार्क्सिस्ट भी कहते थे और पूछने पर कहते थे कि 'हां पक्का मार्क्सिस्ट हूँ लेकिन ऊपर वाली किसी ताकत पर यकीन भी करता हूँ।' वे इसमें किसी प्रकार का कोई अन्तर्विरोध नहीं देखते थे। ग़ालिब के बाद फ़ैज़ के दीवाने थे इसलिए कहा करते थे कि ग़ालिब और फ़ैज़ की शायरी का रंग अलग दिखाई देता है। इसलिए उनकी कोई नकल नहीं कर सकता। फ़ैज़ को अपने दौर का बड़ा शायर मानने के पीछे उनका तर्क था कि उनके संघर्ष, जेल और मार्किस्ट होने ने उन्हें बड़ा शायर बनाया है। कहा जाता है कि अपने समय की राजनीतिक और सामाजिक समझ किसी भी लेखक को बड़ा बनाती है लेकिन फ़ैज़ की शायरी में सियासी रंगत के लिये वे उनके एक शेर का उदाहरण दिया करते थे 'कब ठहरेगा दर्द-ए-दिल, कब रात बसर होगी/किस दिन तेरी सुनाई, ऐ दीद-ए-तर होगी।' तथा 'आ गयी फसले सुकूं चाक ग़रीबां वालो/सिल गये होठ कोई जख्म सिले या न सिले। दोस्तों बज्म सजाओ कि बहार आयी है। खिल गये जख्म कोई फूल खिले या न खिले।' इसका यह अर्थ कदापि नहीं है कि फ़ैज़ की सियासी समझ केवल रूमानी या इश्किया थी। दरअसल क्रान्ति भी एक तरह से रूमानी विचार ही है इसलिए कहा जाता है कि जो प्रेम नहीं कर सकता वह क्रान्ति भी नहीं कर सकता। यदि फ़ैज़ की समझ ढुलमुल होती तो वे लम्बे समय तक जेल की यातनाएँ नहीं सहते।

1979-80 में अलीगढ़ में दंगे हुये तब क़ाज़ी साहब शमशाद मार्केट में किताबों की दुकान के ऊपर बने मकान में रहते थे। दंगाइयों ने किताबों की दुकान में आग लगा दी तो ऊपर वाला हिस्सा निश्चित ही सुरक्षित नहीं रह गया था। क़ाज़ी साहब को मकान खाली करने के लिये पुलिस अधिकारी ने कहा तो वे नाराज़ होते हुये बोले 'नीचे अदब जल रहा है और आपको क़ाज़ी की पड़ी है। अदब बचेगा तो दुनिया बचेगी, मर जाने दो क़ाज़ी को पहले अदब बचाओ।' यह सुनकर पुलिस अधिकारी सन्न रह गया, ज़ाहिर सी बात है कि उसे इस प्रकार के उत्तर की अपेक्षा नहीं थी। वह क़ाज़ी साहब को कितना जानता था, नहीं मालूम लेकिन जो लोग उन्हें जानते हैं, उनके लिये इसमें कोई आश्चर्य की बात नहीं थी। क़ाज़ी साहब अपने

उसूलों के पक्के थे, हवा देखकर चलने की उनकी आदत नहीं थी। वे इस तरह के जोखिम ज़िन्दगी भर उठाते रहे और उसमें अपने अदीब होने की ईमानदारी भी देखते रहे। उन्होंने अपनी बेगमों को कभी बुर्के में नहीं रखा इसलिए एक बार उनकी बेटी ने कहा कि उसका शोहर उसे बुर्का पहनने के लिये कह रहा है तो यह सुनकर क़ाज़ी साहब नाराज़ हुये और कहा 'बेटी तालुकेदारी चली गयी अफसोस है वरना उसकी क्या हिम्मत जो मेरी बेटी को बुर्का पहनने के लिये कहे। तालुकेदारी होती तो उसे गोली मार देता।' कहना न होगा कि उन्होंने कभी किसी को गोली नहीं मारी लेकिन गोली मारने जैसी भाषा उनके पास थी, जो क्रोध में निकलती थी। 1990 के आसपास जयपुर में जनवादी लेखक संघ का अधिवेशन था, उसमें प्रो. कुंवरपाल सिंह और डॉ. नमिता सिंह के साथ क़ाज़ी साहब भी आये थे। एक सत्र में असगर अली इंजीनियर साम्प्रदायिकता पर भाषण दे रहे थे। मैं श्रोताओं की अगली पंक्ति में बैठा था। अचानक क़ाज़ी साहब आये और मेरे पास पड़ी खाली कुर्सी पर बैठ गये। थोड़ी देर वे भाषण सुनते रहे और फिर अचानक धीरे-से बोले 'ये जो साहब बड़ी-बड़ी बातें कर रहे हैं मैं उन्हें धो-निचोड़कर अलगनी पर टांग सकता हूँ।' उनकी बातें सुनकर मैं समझ गया था कि वे नशे में है इसलिए उन्हें बाहर ले गया और गवर्नमेंट हॉस्टल छोड़ आया, जहाँ हम सब ठहरे हुये थे। क़ाज़ी साहब अक्सर शाम को हमारे गुरु के घर आया करते थे। मैंने उन्हें हमेशा रिक्शे से आते ही देखा है, स्कूटर कभी चलाया नहीं और कार लेने की इच्छा कभी हुई नहीं। एक बार वे आये तब खाने का समय था। नमिता जी ने खाने के लिये कहा तो उन्होंने जवाब दिया कि-पेट ठीक नहीं है। नमिता जी ने कहा-तब खिचड़ी खाइये। क़ाज़ी साहब ने तुरन्त कहा–तो बनवा दीजिये। यह अनौपचारिक वार्तालाप गहरे पारिवारिक सम्बन्धों का सूचक है, जो अब दुर्लभ होता जा रहा है।

क़ाज़ी साहब को वह सब मिला, जो उन्हें मिलना चाहिये। 1973 में लगभग चालीस वर्ष की उम्र में उन्हें पहला ग़ालिब अवार्ड मिला, उसके एक साल बाद 1974 में उन्हें पद्मश्री मिली, 1977 में मीर अवार्ड मिला तो 2006 में राष्ट्रीय इकबाल पुरस्कार मिला। इसके अलावा और कई प्रतिष्ठित अवार्ड हैं, जो उन्हें मिले थे लेकिन इन बड़े-बड़े और महत्त्वपूर्ण पुरस्कार और सम्मानों को पाकर वे कभी इठलाये नहीं। लेकिन यह भी सच है कि अपने तारीखीअफसानानिगार होने पर उन्हें गर्व था। उन्हें जब ज़फर अवार्ड मिला तब कुर्रतुल ऐन हैदर से किसी ने पूछा कि क़ाज़ी साहब को ज़फर अवार्ड क्यों दिया जा रहा है तो उन्होंने कहा 'क़ाज़ी साहब जैसी प्रोज अगर कोई लिखता हो तो उसका नाम बताइये।' पूछने वाले चुप हो गये। शहरयार साहब की पहचान अपने समय के बड़े शायर की थी, उन्हें भी कई अवार्ड

मिले लेकिन जब 'ज्ञानपीठ पुरस्कार' मिला तब क़ाज़ी साहब से किसी ने पूछा तो उन्होंने कहा 'ग़ालिब भी यदि ज़िन्दा होते तब भी ज्ञानपीठ शहरयार को ही मिलता।' यह इशारा शहरयार साहब की पीआरशिप की तरफ़ था, जिसे क़ाज़ी साहब अच्छी तरह जानते थे और थोड़े खफा भी रहते थे। लेकिन मुझे लगता है कि यह शहरयार साहब की आदत में शुमार था कि वे हमेशा अपने लोगों के सम्पर्क में रहते थे, फ़ोन भी करते थे और ख़ूब करते थे लेकिन उनमें से कई ऐसे लोग भी थे जो उनके लिये कुछ भी कर सकने की स्थिति में नहीं थे। उन्हें लोगों से मिलना और बातें करना अच्छा लगता था। जोधपुर में मैंने उनसे पूछा कि 'जोधपुर के किले इत्यादि देखेंगे' उन्होंने तुरन्त कहा 'सुनसान और अकेले खड़े बड़े-बड़े महल मुझे हमेशा कब्रगाह की तरह लगते हैं इसलिए इन्हें देखने की इच्छा मेरे मन में कभी नहीं आती।' वे पत्थरों से ज़्यादा इंसानों से मुहब्बत करने वाले शायर थे।

शहरयार साहब को जब ज्ञानपीठ पुरस्कार मिला तब वे केंसर की बीमारी से जूझ रहे थे लेकिन पुरस्कार समारोह में सूट और टाई में गये थे। वे जिस धज के साथ रहते थे, वह अन्त तक बनाये रखी। मेरे एक मित्र हैं जो शहरयार साहब की ग़ज़लों के तो मुरीद हैं लेकिन उन्हें यूट्यूब इत्यादि पर भी कभी देखा नहीं था। मैंने उन्हें किसी मुशायरे में शहरयार साहब को ग़ज़लें पढ़ते हुये दिखाया तो बेसाख्ता उनके मुँह से निकला 'इतने स्मार्ट शायर'। शहरयार साहब वाकई स्मार्ट थे। उनके पुलिस अधिकारी पिता उन्हें पुलिस का अधिकारी बनाना चाहते थे, उनकी कद काठी भी पुलिस वालों जैसी ही थी लेकिन वे बने शायर। शायर बनने के और कई कारण हो सकते हैं लेकिन सबसे बड़ा कारण वे अपनी माँ की संवेदनशीलता को बताते थे। उन्होंने बताया कि घर के पास ही नहीं बल्कि दूर भी यदि किसी बच्चे के रोने की आवाज़ सुनाई दे जाये तो वे दौड़कर जाती थीं, किसी बच्चे का रोना उन्हें पसन्द नहीं था। माँ के ममत्व की कोमल छाया में शहरयार साहब का शायर मन तैयार हुआ था। बीमारी की अन्तिम अवस्था में जब उनके बेटे ने अपनी माँ को बुलाने के लिये पूछा तो शहरयार साहब ने कहा 'नहीं, अब बहुत देर हो चुकी है।' मैंने उन्हें कई बार वर्धा बुलाने के लिये कहा तो वे टालते रहे। उनके जाने के बाद मालूम हुआ कि वे अपने बीमार शरीर को दिखाकर दयनीय नहीं बनना चाहते थे। क़ाज़ी साहब आखिरी समय में बहुत कमजोर हो गये थे इसलिए चलने फिरने में उन्हें परेशानी होती थी। वे वर्धा आना चाहते थे लेकिन बीमारी के कारण नहीं आ पाये।

आज न क़ाज़ी साहब हैं और न शहरयार साहब पर उनकी अनगिनत यादें हैं, जो मन को बार-बार अलीगढ़ ले जाती हैं। अलीगढ़ ने उस मंज़र को देखा था, जहाँ अदब की सुनहरी बालियाँ पक रही थीं। हर मुल्क और हर शहर की किस्मत

में कुछ वक्त ऐसा आता है, जिस पर वह आजीवन गर्व करता है और इठलाता है। अलीगढ़ को भी गर्व करने का मौका मिला था, जिसे वह अभी भी भूला नहीं है। इस गर्व में मेरा भी गर्व शामिल है–मैंने क़ाज़ी साहब, शहरयार साहब और अपने गुरु प्रो. कुंवरपाल सिंह को जितना देखा, अनुभव किया, वह एक जीवन के लिये काफी है। बड़े लोगों का सानिन्ध्य आकाशधर्मा होता है, जो हमेशा सबके ऊपर नीली छतरी ताने रखता है।

गांधी हिल पर राय साहब

विभूतिनारायण राय से मेरा प्रत्यक्ष परिचय लगभग तीन दशक पूर्व 1992 में हुआ था, जब वे सीमा सुरक्षा बल में उप-महानिरीक्षक पद पर बाड़मेर आये थे। उनके आने से पूर्व अलीगढ़ से प्रो. कुंवरपाल सिंह ने उनके आने की सूचना मुझे दे दी थी, वे उन्हें नयी दिल्ली के पुस्तक मेले में मिले थे। उस समय से.रा. यात्री उनके साथ थे। पुस्तक मेले में अचानक अघटित घटना घटी कि कुंवरपालजी ने अपना परिचय दिया तो यात्रीजी पता नहीं किस मन:स्थिति में थे कि उन्होंने छूटते ही कहा 'अच्छा पुष्पपाल सिंह'। कुंवरपालजी ने नाराज़ होकर फिर से अपना नाम बताया और राय साब ने हस्तक्षेप किया लेकिन यात्रीजी हमेशा यह मानते और कहते रहे कि 'कुंवरपाल सिंह मेरी उस नासमझी को ज़िन्दगीभर नहीं भुला पाये।' ऐसा यात्रीजी को लगता होगा पर न तो कुंवरपालजी गाँठ बाँधने वाले शख़्स थे और न यात्रीजी। उस समय मैं जोधपुर विश्वविद्यालय में पढ़ाता था और पंचवटी कॉलोनी में किराये के मकान में रहता था। उस समय टेलिफ़ोन व्यर्थ की चीज माने जाते थे इसलिए शोभा के लाख कहने पर भी मैंने टेलिफ़ोन लेने के लिये पंजीकरण नहीं कराया। इसके कारणों में जायें तो यह मेरी काहिली से अधिक मेरे जैसे लोगों के लिये एक अनावश्यक वस्तु था, जिसका कोई उपयोग उस समय मेरी समझ से परे था। मेरे किसी निकट के रिश्तेदार के पास भी टेलिफ़ोन नहीं था और न ज़्यादातर साहित्यकारों के पास ही। उस समय संवाद पत्रों के माध्यम से हुआ करते थे और आराम से हुआ करते थे।

राय साब बाड़मेर आ गये थे लेकिन उनका मुख्यालय जोधपुर था। जोधपुर को पश्चिमी राजस्थान का सिंह द्वार कहा जाता है इसलिए उन्हें अपने मुख्यालय आना होता तो वे जोधपुर आते और दिल्ली या इलाहाबाद से आते तो जोधपुर उतरते, उस समय बाड़मेर तक रेलों की सीधी सुविधा नहीं थी और हवाई जहाज़ की सुविधा तो आज तक भी नहीं है। एक दिन अचानक नमिता जी का पत्र मिला जिसमें यह सूचना

दी गयी थी कि वे जोधपुर आ रही हैं। वे आयीं और हम दोनों दूसरे दिन राय साब से मिलने के लिये बाड़मेर गये। बाड़मेर जोधपुर से लगभग दो सौ किमी की दूरी पर है पर बाड़मेर में ऐसा कुछ नहीं था कि इसके पहले मुझे जाने का कोई अवसर मिलता। तब वह आज का बाड़मेर नहीं था, तब-तक गैस तथा तेल के भण्डार वहाँ नहीं मिले थे इसलिए भारत के नक्शे पर सीमावर्ती जिला होने के अलावा वहाँ और कुछ विशेष नहीं था। उसकी अपेक्षा जैसलमेर अपने विरल रेत के धोरों के कारण पर्यटकों की अधिक पसन्द का स्थान था, जहाँ पर सितम्बर-अक्टूबर से फरवरी तक देशी-विदेशी पर्यटकों की भारी भीड़ होती है। राजस्थान सरकार ने रेत के धोरों के अलावा पालीवालों के उजाड़ पड़े गाँवों और उनके समृद्ध इतिहास को पर्यटकों के लिये आकर्षक रूप में प्रस्तुत करने का काम किया है पर बाड़मेर में ऐसा कुछ नहीं है, इसलिए पर्यटक अब भी वहाँ नहीं जाते और न बाड़मेर पर्यटन के नक्शे पर ही है। राय साब और मैं पत्र-पत्रिकाओं के माध्यम से एक दूसरे को पहले से जानते तो थे, पर मिलना कभी नहीं हुआ। उन दिनों वे 'वर्तमान साहित्य' का सम्पादन करते थे, जिसका मुख्यालय गाजियाबाद था। उनका दूसरा उपन्यास 'शहर में कर्फ़्यू' उन दिनों कई कारणों से चर्चा के केन्द्र में था, जिसकी वजह से राय साब के मित्रों की कम, शत्रुओं की सूची लम्बी होती जा रही थी पर मैंने देखा कि वे इस प्रकार की चर्चाओं में रुचि लेते हैं और हँसकर दोनों का ज़िक्र करते हैं। कुछ लोगों का यह मानना है कि पुलिस में अधिकारी होने के कारण वे अपने शत्रुओं की परवाह नहीं करते पर उनके निकट जाने से मालूम होता है कि पुलिस से अधिक उनके व्यवहार में कुछ ऐसी विशेषताएँ हैं जो उन्हें अपने शत्रुओं के अनावश्यक विरोध से आतंकित नहीं करतीं। इसके मूल में इलाहाबादी संस्कार भी हो सकते हैं और उनकी मानसिक बुनावट भी। लेकिन वे रास्ते चलते शत्रु बनाते हैं या शत्रु स्वयं बन जाते हैं– यह कहना कठिन है।

बाड़मेर आने के बाद उन्होंने लगभग सारे मित्रों को राजस्थान के सीमावर्ती क्षेत्र में घूमने के लिये आमन्त्रित करना शुरू कर दिया था। मित्रों को वे यह कहना भी नहीं भूलते थे कि जोधपुर उतरकर पालीवाल जी के घर चले जाना और बाद की सारी व्यवस्था वे स्वयं कर देंगे। लगभग एक वर्ष तक बाहर से आने वाले लोगों का तांता लगा रहा। उनके आने के बाद बाड़मेर तक पहुँचाने और वापसी में जोधपुर से रेल में बैठाने तथा नाश्ते से लेकर खाने तक का दायित्व मेरे ज़िम्मे था। एक बार कथाकार शिवमूर्ति तथा दिनेश कुशवाहा आये तो उन्होंने आग्रह किया कि मैं भी उनके साथ बाड़मेर चलूं जिससे यात्रा साहित्यिक हो जायेगी। उन दिनों कृष्ण कल्पित बाड़मेर आकाशवाणी में थे इसलिए शाम को राय साब ने कैम्प फायर

का प्रबन्ध किया, जिसमें दिनेश कुशवाहा ने पूर्व प्रधानमन्त्री विश्वनाथ प्रताप सिंह जैसी टोपी और शेरवानी इत्यादि पहनीं थी। कृष्ण कल्पित की पत्नी अजंता देव ने 'केसरिया बालम' गाया तो दिनेश कुशवाहा ने जेब से अपनी डायरी निकालना शुरू किया, राय साब की चतुर आँखों ने उन्हें देख लिया और धीरे से मेरे कान में कहा। वे नहीं चाहते थे कि दिनेश कुशवाहा कविता पाठ करें क्योंकि उनके ऐसा करने पर कृष्ण कल्पित भी कविता पाठ करते और शाम का वह भव्य आयोजन कविता पाठ की भेंट चढ़ जाता। लेकिन दिनेश कुशवाहा हार मानने वाले नहीं थे, रस रंजन में वे इतने भाव विह्वल हो गये थे कि बार-बार उन्हें यह लगता था कि उन जैसे हिन्दी के महत्त्वपूर्ण कवि को इस अवसर पर कविता पाठ करना ही चाहिये। लेकिन उनकी सारी कोशिशें नाकाम साबित हुईं, कविता पाठ नहीं हुआ और दिनेश कुशवाहा मन मारकर रह गये लेकिन बाकी के लोग परम प्रसन्न होकर शाम का आनन्द लेते रहे।

लगभग एक वर्ष बाद उनका स्थानान्तरण श्रीनगर, कश्मीर हो गया। तब मैंने और नमिता जी ने कश्मीर घूमने का कार्यक्रम बनाया। कश्मीर तब भी निरापद नहीं था, लगातार आतंकी आक्रमण हो रहे थे और वहाँ का जन-जीवन न तो सुरक्षित था और न सहज-सामान्य। इसलिए एक ओर कश्मीर जाने की दबी इच्छा जोर मार रही थी तो दूसरी ओर अन्दर से डर भी कम नहीं था। मित्रों से पूछा तो उन्होंने भी साफ़ मना कर दिया, घर में चर्चा चली तो बहुत सन्तोषजनक उत्तर नहीं मिला। इधर नमिताजी का मन भी बहुत साफ़ नहीं था इसलिए वे बार-बार हल्के से मुझे सचेत भी कर रही थीं और न जाने के निर्णय में मुझे आगे कर रही थी। लेकिन डर के कारण मैं भी असमंजस में था। राय साब से पूछा तो उन्होंने कहा कि जम्मू से फौज की कानवाई में आपको आना है, सरकारी गाड़ी होगी जो फौज की सुरक्षा में आपको श्रीनगर ले आयेगी। मित्रों ने कहा कि सरकारी गाड़ी ही तो आतंकवादियों की दुश्मन है, इसलिए यह समय किसी प्रकार से साहस दिखाने के लिये उचित नहीं है। यात्रा नहीं होनी थी इसलिए नहीं हुई लेकिन न जाने का श्रेय दोनों ने एक दूसरे के ऊपर डाला। बाद में मालूम हुआ कि कमलेश्वरजी वहाँ होकर आ गये हैं और एक आतंकवादी घटना को उन्होंने शूट भी कर लिया है। कोई जाये न जाये पर जब हमारी हिम्मत जवाब दे गयी तो फिर दोष किसे दें? 6-7 महीने बाद राय साब का स्थानांतरण बीकानेर हो गया, तब भी उनका मुख्यालय जोधपुर ही था। उस समय भी मेरे पास फ़ोन की सुविधा नहीं थी इसलिए एक दिन अचानक घर की घंटी बजी, मैंने दरवाजा खोला तो देखा कि राय साब खड़े मुस्कुरा रहे हैं। अचानक उन्हें देखकर मुझे आश्चर्य हुआ, वे अन्दर आये, बैठे और स्वभावानुसार घंटों बातचीत हुई। शोभाजी कॉलेज गयी हुईं थीं इसलिए मैंने ही चाय बनाई लेकिन शाम को खाने

पर आने के वायदे के साथ वे बीएसएफ मुख्यालय चले गये। उसके बाद लगातार वे जोधपुर आते रहे और मैं भी बीकानेर जाता रहा। जैसी कि उनकी आदत है बीकानेर में उन्होंने शाम की गप-गोष्ठी के लिये या साहित्यिक चर्चा के लिये हरदर्शन सहगल और मालचन्द्र तिवाड़ी इत्यादि को संग साथ ले लिया था। मालचन्द्र तिवाड़ी ने एक समय तक हिन्दी में 'बाड़े का कुत्ता' जैसी महत्त्वपूर्ण कहानियाँ लिखी थीं लेकिन पुरस्कार की चाहत उन्हें राजस्थानी की ओर ले गयी। वे रसरंजन के शौकीन थे इसलिए उन्हें राय साब की सोहबत में आनन्द आने लगा। लोक में फौज की शराब को असली और किसी भी प्रकार की मिलावट से दूर माना जाता है इसलिए उसका आनन्द लेने में मस्ती की मात्रा कई गुणा बढ़ जाती है। हरदर्शन सहगल तो शराब को हाथ तक नहीं लगाते थे, उनकी उम्र उस समय सत्तर के पार थी और वे कानों से कम सुनते थे। उन्हें पुराने गाने सुनने का इतना शौक था कि वे आकाशवाणी से पुराने रिकॉर्ड्स मंगाते रहते और खड़े होकर कान लगाकर उन्हें सुनते रहते। उन्होंने अपने कान की लम्बाई के हिसाब से दीवार में एक ऐसा लकड़ी का पट्टा लगवा लिया था, जिस पर उनका टेप रिकॉर्डर या संगीत यंत्र रखा रहता था और वे उसके पास घंटों खड़े होकर चुपचाप सुनते रहते थे। निरापद सुनने का मुख्य कारण किसी और की बात न सुनना ही था। मालजी की एक महिला मित्र थी, जिससे वे शराब पीकर बहुत देर तक सहगल साब के फ़ोन से गप्पें मारते रहते थे इसलिए बाकी के लोग कई बार तो उन्हें छोड़कर चले भी जाते थे। सहगल साब रेलवे की सामान्य नौकरी से रिटायर हुये थे, उनके पास आवास विकास का छोटा-सा घर था लेकिन वे इस बात से बेहद ख़ुश रहते थे कि राय साब जैसे बड़े अधिकारी उनके घर आते हैं पर इस बात से दुखी भी रहते थे कि उनकी कहानियों और उपन्यासों में उनकी कोई दिलचस्पी नहीं है। जबकि उन्होंने सामान्य पाठक की तरह अपने कहानी संग्रह और उपन्यास राय साब को पढ़ने के लिये दिये थे पर वे सहगल साब को देखकर ही जान गये थे कि वे मुख्यधारा के कथाकार नहीं हैं। राय साब स्वयं सहगल साब के घर बोतल ले जाते और पीने के बाद बची हुई शराब की बोतल दिखाते हुये कहते कि 'देखो सहगल साब यह निशान लगा दिया है जिससे आप न पी जायें' पर सहगल साब उनकी बातों को कितना सुन पाते, कहना कठिन है लेकिन मुस्कुराकर ऐसा मुँह बनाते जैसे उन्होंने सब सुन लिया है। उनकी पत्नी या बहू गंगाजल की शीशी की तरह बची हुई शराब को उठाकर अलमारी में बन्द कर देतीं। एक बार सहगल साब को अपने उपन्यास का विमोचन कराना था इसके लिये उन्होंने कथाकार मालती जोशी को बुलाया, राय साब ने कार्यक्रम की अध्यक्षता की। यात्रीजी और मैं उस उपन्यास पर कम सहगल साब की सहजता और विनम्रता पर थोड़ा-थोड़ा बोले।

जैसे ही मालती जोशी कुछ ज़्यादा बोलीं तो राय साब ने कहा 'बहुत अच्छे, बहुत सुन्दर।' और उठकर चल दिये। वे मुझे और यात्रीजी को भी अपने साथ ले आये। सहगल साब ने इस बात का बहुत बुरा माना और कसम खाई कि 'भविष्य में किसी अधिकारी को अपनी किताब पर बोलने के लिये नहीं बुलाऊँगा।'

सहगल साब को मालचन्द्र तिवाड़ी उपहास में चेखव कहते थे और इतना धीरे से कहते थे कि सहगल साब उनके उपहास को न सुन पाते थे और न समझ ही पाते थे बल्कि हम लोगों को हँसते हुये देखकर वे भी हँसने लग जाते थे। सहगल साब की तरह ही राय साब के एक इलाहाबादी मित्र थे हरिश्चन्द्र अग्रवाल, जिनका मानना था कि एक बार यदि नामवरजी उनकी कहानियों को पढ़ लें तो वे उन्हें अपने समय का महान कहानीकार सिद्ध कर देंगे। उन्होंने कई बार यह शिकायत मुझसे की कि 'राय साब उनके इतने पुराने मित्र हैं लेकिन वे उन्हें गम्भीरता से नहीं लेते इसकी वजह से उनके कथाकार की जीते-जी हत्या हो रही है।' मैंने कई बार राय साब से अग्रवाल साब की इच्छा के बारे में कहा तो उन्होंने हँसकर टाल दिया। वे जानते थे कि नामवरजी ने जिनको चढ़ाया है, वे कितने महान कथाकार बन पाये हैं जो अग्रवाल साब को वे महान बना देंगे। दरअसल, किसी आलोचक में इतनी क्षमता नहीं है कि वह अपने चहेते कथाकार को बड़ा बना सके यदि ऐसा होता तो नामवरजी स्वयं काशीनाथ सिंह को बड़ा कथाकार बना देते, जो उनके मन में था और इसके लिये वे ज़िन्दगी भर कोशिश भी करते रहे पर काशीनाथ सिंह अपनी कहानियों के लिये नहीं बल्कि संस्मरणों के लिये ही याद किये जायेंगे।

कुछ महीनों बाद राय साब की पदोन्नति हुई और उनका स्थानान्तरण नयी दिल्ली मुख्यालय में हो गया। उस समय वे बीएसएफ में आई.जी. (जी) हो गये थे, इसलिए उनके दायित्व का दायरा भी बढ़ गया था। एक बार वे अचानक जोधपुर आये और कहा 'कल कोई काम नहीं है परसों जैसलमेर एक जांच करने के लिये जाना है इसलिए कल चाहें तो कहीं चल सकते हैं।' तय हुआ कि बोरूँदा में विजयदान देथा उर्फ बिज्जी से मिलते हुये बीकानेर चला जाय। मैंने बिज्जी के बेटे और अपने मित्र कैलाश कबीर से पूछा तो उन्होंने कहा कि बिज्जी इस समय गाँव में ही हैं। यह भी तय हुआ कि नाश्ता घर पर ही करेंगे और शोभाजी को पीपाड़ कॉलेज छोड़ते हुये बोरूँदा चले जायेंगे। पीपाड़ में नया सरकारी कन्या महाविद्यालय बना था, जिसकी भव्य इमारत पीपाड़ के सेठों ने बनवाकर सरकार को दी थी। पीपाड़ जोधपुर ज़िले का पुराना कस्बा है, जहाँ पर अशोक गहलोत ने राजनीति में आने से पहले या शुरूआती राजनीति में पैर जमाते हुये खाद की दुकान शुरू की थी इसलिए अशोक गहलोत का जुड़ाव पीपाड़ से बहुत था। कॉलेज शहर और मेड़ता रोड से

हटकर थाने के सामने था। राय साब की लाल बत्ती की गाड़ी को देखकर थानेदार दिवाकरजी को आश्चर्य हुआ और वे प्रोटोकॉल निभाने तथा राय साब को सेल्यूट मारने के लिये कॉलेज आ गये। शोभाजी ने उनका परिचय कराया और थोड़ी देर तक दोनों पुलिस की गतिविधियों से लेकर पीपाड़ शहर के मुख्य अपराधों पर बातचीत करते रहे। कैलाश कबीर तो कबीर ही हैं इसलिए उन्होंने हमें तो कह दिया पर बिज्जी को हमारे आने की सूचना नहीं दी। बिज्जी ने अपने बड़े बेटे के साथ रूपायन संस्थान की इमारत में लड़कियों के लिये बी.एड. कॉलेज शुरू किया था, संयोग से उस दिन एडमिशन की प्रक्रिया हो रही थी। कहना न होगा कि बी.एड. में प्रवेश शुल्क की राशि निजी कॉलेजों में सरकारी या अनुदान प्राप्त कॉलेजों की अपेक्षा अधिक होती है इसलिए उस समय बड़ी धनराशि उनके पास आ रही थी। बोरूँदा में बिज्जी के दुश्मन बहुत थे इसलिए जब सूचना मिली कि लाल बत्ती की गाड़ी और सुरक्षा प्रहरी के साथ कोई पुलिस अधिकारी आये हैं तो बिज्जी को लगा कि किसी ने शिकायत कर दी है और रेड पड़ गयी है। बिज्जी ने चतुराई से काम लेते हुये अपने बेटे को धनराशि की अटेची लेकर पीछे के दरवाजे से दौड़ा दिया और स्वयं धोती की लांग हाथ में पकड़कर कार के पास आये और बोले 'मैं विजयदान देथा हूँ, राजस्थानी का कथाकार।' उनके चेहरे पर हवाइयाँ उड़ रही थीं, यह देखकर हमें लग गया था कि बिज्जी को हमारे आने की सूचना नहीं दी गयी है। वे हमें कार्यालय में ले गये और फिर से परिचय देने लगे कि 'पास में ही मीरा का जन्म स्थल मेड़ता है इसलिए लेखकीय दायित्व के नाते मैंने मीरा की वंशज कन्याओं के लिये बी.एड. कॉलेज खोला है।' किसी लेखक को इतनी देर परेशान करना उचित नहीं है इसलिए मैंने कहा 'बिज्जी आप राय साब हैं और मैं सूरज पालीवाल।' इतना सुनते ही बिज्जी अचानक ख़ुश होकर बोले 'हुकुम याद आया बीकानेर में आपने एक शाम बहुत अच्छी शराब पिलाई थी।' वे उस समय मुझे फिर भी नहीं पहचान पाये थे जबकि मैं कबीर साब के घर पर कई बार उनसे मिल चुका था। वे अपनी घबड़ाहट में सब कुछ भूल चुके थे। उन्होंने खाने के लिये कहा और थोड़ी देर बाद हमें अपने घर ले गये। उस समय हमने देखा कि बिज्जी सहज नहीं हो पा रहे थे, उनके चेहरे और बातचीत में यह डर बराबर बना रहा था कि बोरूँदा में लोग उनकी शिकायतें करते रहते हैं जबकि हम लोग सामान्य थे। खाने में उन्होंने गुड़ की लापसी भी खिलाई जो मारवाड़ में विशेष अवसरों पर बनाई जाती है और मधुमेह ग्रस्त होने के बावजूद उन्होंने भी मन भरकर खाई।

सन् 2000 के आसपास राय साहब फिर से उत्तर प्रदेश पुलिस में चले गये थे। इलाहाबाद हमेशा उनकी कमजोरी रही है इसलिए मौका मिलते ही वे आई.जी. रेलवे

पुलिस होकर इलाहाबाद चले गये। यात्रीजी हमेशा अपनी इस बात को दोहराते रहते कि 'राय साब को थानेदार बनाकर भी इलाहाबाद भेजा जाये तो वे उसके लिये भी तैयार हो जायेंगे।' इलाहाबाद विश्वविद्यालय से उन्होंने एम.ए. किया था और कुछ दिन एक कॉलेज में पढ़ाया भी था। प्रतियोगी परीक्षाओं की तैयारी भी इलाहाबाद में रहकर ही की थी और इलाहाबाद के अल्लापुर इलाके में उनका अपना घर भी था जहाँ अम्मा बाउजी और छोटे भाई का परिवार रहता था। इलाहाबाद में उनके कई ऐसे मित्र थे जिन्हें उनके पुलिस अधिकारी होने से कोई मतलब नहीं था। इलाहाबाद से ही उन्होंने अपनी बड़ी बेटी की शादी की थी, जिसमें लोगों ने कहा कि बहुत दिनों के बाद शहर के सारे साहित्यकार इकट्ठे हुये थे, केवल शहर के ही नहीं बाहर से भी बहुत लोग आये थे। उसी शाम डॉ. सत्यप्रकाश मिश्र ने मेरे कंधे पर हाथ रखकर सुबह दस बजे विभाग आने को कहा था। इस प्रकार की साधिकार भाषा वे ही बोल सकते थे। हिन्दी विभाग में पुनश्चर्या पाठ्यक्रम चल रहा था और वे उसमें मेरा भाषण कराना चाहते थे। दूसरे दिन शाम को जब यात्रीजी ने सुना तो वे रोने लगे। शोभा ने कहा इतने उम्रदराज आदमी का इस तरह रोना अच्छा नहीं है। मैंने पूछा तो वे कुछ नहीं बोले। हम लोग रेलवे के अतिथि गृह में ठहरे हुये थे जो स्टेशन के पास था। मैं उन्हें सिगरेट पिलाने स्टेशन ले गया, सिगरेट पीते हुये उन्होंने बताया कि 'इलाहाबाद विश्वविद्यालय के हिन्दी विभाग में कविवर सुमित्रानन्दन पंत की सिफारिश के बावजूद डॉ. रामकुमार वर्मा ने उनका एम.ए. में प्रवेश नहीं किया था और उसी विभाग में आप जैसा मेरा भाई भाषण देने गया तो इस ख़ुशी में रोना आ गया।' यह यात्रीजी की उदारता और आत्मीयता थी, जिसका निर्वाह वे हमेशा करते रहे। राय साब दूसरी बेटी की शादी भी इलाहाबाद से ही करना चाहते थे लेकिन तत्कालीन मुख्यमन्त्री मायावती ने उनका स्थानान्तरण आई.जी. मेरठ रेंज कर दिया था इसलिए वह शादी मेरठ से सम्पन्न हुई थी, जिसमें इलाहाबाद एवं अन्य जगहों के साथ दिल्ली के लेखक भारी मात्रा में उपस्थित थे। मैं और यात्रीजी शादी के बाद जब मेरठ से लौटकर दिल्ली आ रहे थे तब यात्रीजी का ध्यान अख़बार की उस ख़बर की ओर गया, जिसमें मेरठ के पास चार आदमियों की हत्या कर नहर में फेंक दिया गया था। यात्रीजी ने अख़बार पटक दिया और गुस्से में कहा 'फिर राय साब के आई.जी. होने का क्या मतलब है?' वे अत्यधिक गुस्से में थे, ऐसे अवसरों पर यात्रीजी का गौर वर्ण गुलाबी हो जाता था और वे चुप हो जाते थे। राय साब से मेरठ रेंज के अपराधों पर बात हुई थी पर उन्होंने कहा 'मैं पीड़ित लोगों की एफ.आई. आर. दर्ज कराकर उनकी सहायता करता रहता हूँ इसके अलावा सारे एस.पी. और थानेदार बहनजी के निर्देश पर काम करते हैं।'

राय साब ने अपने गाँव जोकहरा-आजमगढ़ में अभिनव प्रयोग के तौर पर पुस्तकालय खोला था, जिसका विकास कई स्तरों पर होता रहा है। गाँव में इस प्रकार की आजमाइशें कई लोगों ने की हैं लेकिन वे सफल नहीं हो पाये। राय साब पुलिस में हैं इसलिए गाँव वालों की हिम्मत विरोध करने की नहीं होती। वहाँ होने वाले साहित्यिक आयोजनों में शाम को रसरंजन का जो आयोजन होता है, वह गाँव वालों को चौंकाता है। सितम्बर, 2008 में उनकी नियुक्ति महात्मा गांधी अन्तरराष्ट्रीय हिन्दी विश्वविद्यालय, वर्धा में कुलपति पद पर हो गयी थी, इसलिए ज़्यादा चतुर विद्यार्थी उस कार्यक्रम में बिना निमंत्रण के वर्धा से आये थे। ऐसे अवसरों पर छत पर कई समूह अलग-अलग रस-रंजन करते रहते हैं, जिनकी बातचीत का दायरा उन्हीं के हिसाब से तय होता है। देर रात जिस मेज पर बैठकर गोरखपुर के एक आलोचक नामवरजी को पिला रहे थे, वह मेज कांच की थी। कांच बहुत देर तक उनका वज़न सहन नहीं कर पाया और टूट गया। ज़ाहिर है कि उन्हें कुछ चोट भी आयी थी पर यह किस्सा रात की मदहोशी में किसी के पल्ले नहीं पड़ा। सुबह हुई तो किसी मज़ाकिये ने अफवाह उड़ाई कि रात एक आलोचक नीचे से लहूलुहान हो गये, उनकी उसमें कांच घुस गया और रक्तस्त्राव होने लगा। समूह में इस प्रकार की अफवाहें हवा की तरह नहीं बल्कि आंधी की तरह फैलती हैं। ख़बर इस मज़ाकिये लहज़े में कही जा रही थी कि जो भी मिलता वही उनसे पूछता कि ज़्यादा तो नहीं घुसा, ज़्यादा चोट तो नहीं आयी। एक ओर यह दृश्य हास-परिहास में बदलता जा रहा था तो दूसरी ओर आलोचक जी का गुस्सा उनके चेहरे पर साफ़-साफ़ दिख रहा था। दूसरी ख़बर मिली कि रात को एक कुत्ता सड़क पर दर्द से परेशान था तो यात्रीजी उसे रात-भर अपनी गोदी में लेकर सहलाते रहे। यात्रीजी का कहना था कि कुत्ते को हृदयाघात हुआ था। गाँव जल्दी सो जाता है और चारों ओर सन्नाटे की चादर तन जाती है इसलिए 'रामानन्द सरस्वती पुस्तकालय' की छत की आवाज़ें, खिलखिलाहटें और विभिन्न प्रकार की बहसें गाँव में अनचाहे ही पहुँचती रहती हैं, जिनके अर्थ गाँव वालों के लिये वे नहीं होते जो लेखक और पाठकों के लिये होते हैं। एक बार जोकहरा में गोष्ठी आयोजित हुई लेकिन जिन तिथियों में गोष्ठी थी उन्हीं तिथियों में मानव संसाधन विकास मन्त्री के साथ राय साब को एक आवश्यक बैठक में हिस्सा लेना था इसलिए वे वहाँ नहीं पहुँच पाये। नामवरजी तथा कालियाजी के अलावा और बहुत से साहित्यकार उसमें शिरकत करने पहुँचे थे। जोकहरा में तो शाम के रस-रंजन की व्यवस्था कर दी गयी लेकिन आज़मगढ़ से नामवरजी इत्यादि को 'कैफियात रेल' से दिल्ली जाना था, वह अत्यधिक विलम्ब से थी, शाम हो गयी थी और उदासी बढ़ती जा रही थी। मैं उस समय वर्धा में ही था कि अचानक रवीन्द्र

कालियाजी का फ़ोन आया। उन्होंने हँसते हुये कहा कि 'नामवरजी के साथ हम लोग आज़मगढ़ रेलवे स्टेशन पर प्यासे बैठे हैं और राय साब फ़ोन नहीं उठा रहे हैं?' मैं उनकी बातें सुनते हुये हँसता तो रहा पर वे जिस समस्या की ओर इशारा कर रहे थे, उसके समाधान के बारे में भी सोचता रहा। लेकिन इसका निदान तो राय साब ही कर सकते थे इसलिए मैंने तुरन्त उन्हें फ़ोन लगाया, संयोग से उन्होंने उठा भी लिया। मैंने कालियाजी के फ़ोन के संदेश का सार सुनाया तो वे थोड़ा-सा हँसे और बाद में कालियाजी ने बताया कि उन्होंने समाधान कर दिया था इसलिए वह शाम और यात्रा दोनों ही बहुत अच्छे-से सम्पन्न हुई।

अक्टूबर, 2008 के आखिरी सप्ताह में राय साब ने महात्मा गांधी अन्तरराष्ट्रीय हिन्दी विश्वविद्यालय, वर्धा में कुलपति के रूप में कार्यभार सँभाल लिया था। लेकिन वहाँ विश्वविद्यालय जैसा तो कुछ नहीं था, कुछ दड़वेनुमा इमारतें बनी हुई थीं, जिनमें मिल-बाँटकर अध्ययन-अध्यापन से लेकर प्रशासनिक कार्य तक चलते थे। स्वयं कुलपति का कार्यालय इतना छोटा था कि उससे बड़ा तो किसी थानेदार का कक्ष होता है। राय साब वर्धा में राष्ट्रभाषा प्रचार समिति के अतिथि गृह में ठहरे थे। कुछ दिनों के बाद उन्होंने लखनऊ से अपने पुराने दोस्त नदीम हसनैन साहब को प्रति-कुलपति के रूप में और इप्टा के कार्यकर्ता राकेशजी और नरेन्द्र सिंह को विशेषकर्तव्याधिकारी के रूप में नियुक्त कर वर्धा बुला लिया था। उन दिनों वे बेहद उत्साहित थे कि पुलिस में किसी सिपाही तक की नियुक्ति करना आसान नहीं था और यहाँ बहुत कुछ कुलपति के हाथ में है। पुलिस विभाग के अनुभवों का लाभ लेते हुये उन्होंने विश्वविद्यालय के वित्ताधिकारी को बुलाया और पूछा कि सभा-संगोष्ठियों के आयोजन के मद में कितना रुपया है? वित्ताधिकारी ने उन्हें लाखों रुपये होने की सूचना दी। शाम के समय उन्होंने नदीम साहब और राकेश जी के अलावा वर्धा से बाहर के मित्रों से चर्चा की और प्रसन्न भाव से यह तय हुआ कि एक पाँच दिवसीय बड़ा कार्यक्रम आयोजित किया जाये। 27-31 जनवरी, 2009 को यह कार्यक्रम वृहद् स्तर पर आयोजित किया गया, जिसमें हिन्दी के लगभग सभी परिचित लेखक आमन्त्रित थे जबकि विश्वविद्यालय और वर्धा शहर में ऐसा कुछ नहीं था कि इतने बड़े स्तर पर कार्यक्रम आयोजित किया जा सके। लेकिन जोकहरा के अनुभवों ने उन्हें यह सिखा दिया था कि सुविधाओं से ही बड़े कार्यक्रम आयोजित नहीं किये जाते बल्कि कई बार असुविधाएँ भी इस प्रकार के आयोजनों की सफलता का मार्ग बनती हैं। इस कार्यक्रम के लिये वर्धा के सभी होटल और टेक्सियाँ बुक कर ली गयीं। इस कार्यक्रम में भाग लेने के लिये जब मैं विश्वविद्यालय में प्रवेश कर रहा था तो कार चालक ने बताया कि जिस चढ़ाई से धूल उड़नी शुरू हुई थी,

वहाँ से विश्वविद्यालय की सीमा शुरू हो जाती है। मुझे यह देखकर और आश्चर्य हुआ कि राय साब एम्बेसडर कार में धूल उड़ाते हुये इधर-उधर आ-जा रहे थे और विभिन्न टेंटों में अलग-अलग सत्र संचालित किये जा रहे थे। यही नहीं खाली और अधूरे पड़े शिक्षक आवासों तक में सत्र आयोजित किये जा रहे थे। निश्चित ही यह बड़ा कार्यक्रम था, जिसमें उन्होंने दोनों पूर्व कुलपतियों को भी आमन्त्रित किया था। वे पूरे हिन्दी जगत को यह दिखाना चाहते थे कि बारह वर्षों में विश्वविद्यालय अपना आकार ग्रहण नहीं कर सका है इसलिए अब सब मिलकर हिन्दी के इस वृहद सपने को साकार करते हैं। वे पूरे जोश-खरोश से एक ओर विश्वविद्यालय की आधारभूत संरचना को पूरा करने में जुटे तो दूसरी ओर रिक्त पड़े शैक्षिक पदों को भरने में। कई लोगों को वे आश्वासन दे चुके थे और कई लोग आश्वासन पाने की पंक्ति में लगे हुये थे इसलिए विश्वविद्यालय में नियुक्तियों को लेकर ज़्यादातर परिचितों के मन में गुलाब की कलियाँ चटख रही थी, वे जल्दी से जल्दी वर्धा पहुँच जाना चाहते थे। इस जल्दबाजी में ऐसे कई लोग नियुक्तियाँ पा गये, जिन्हें न अध्यापन का कोई अनुभव था और न अकादमिक जगत से ही वे जुड़े हुये थे। इसका खामियाजा बाद के वर्षों में विश्वविद्यालय को भुगतना पड़ा।

2010 में 'ज्ञानोदय' में प्रकाशित साक्षात्कार ने राय साब को अन्दर तक कमजोर कर दिया था। अन्दर और बाहर से दृढ़ और अपने वचन के प्रति उतने ही ईमानदार राय साब इतने हिल गये कि इस समय जिसने भी साथ दिया, उसको उन्होंने उसकी इच्छानुसार लाभ पहुँचाये। ऐसे में कई अध्यापक, कर्मचारी और अधिकारी अपनी या अपने परिचितों की नियुक्तियाँ कराने में सक्षम हुये। राय साब की विशेषता यह है कि एक बार आश्वासन देने के बाद वे अपने निर्णयों से पलटते नहीं हैं, विषम परिस्थितियों का सामना वे अपनी तरह से करते हैं और सफल भी होते हैं। 'ज्ञानोदय' के साक्षात्कार ने एक ओर उनके सोये हुये शत्रुओं को जगाकर उनके हाथों में हथियार दे दिये थे तो दूसरी ओर विश्वविद्यालय के अन्दर अब तक शान्त पड़े विरोध के स्वर को अचानक चिंगारी मिल गयी थी । प्रति-कुलपति नदीम साब भी 'इंडियन एक्सप्रेस' की प्रायोजित ख़बर पढ़कर अशान्त हो गये थे, उन्होंने लखनऊ के अपने पुराने मित्र और विश्वविद्यालय के विशेष कर्तव्याधिकारी राकेश जी को बुलाकर कहा कि 'अब सहन नहीं होता, देखिये अपने कुलपति को।' राकेशजी मेरे पास आये और दुखी मन से कहा कि 'अब यहाँ से चलना चाहिये।' उन्होंने अपनी पत्नी वेदा का नाम लेते हुये कहा कि वे भी इस ख़बर से बहुत दुखी हैं। मैंने कहा 'दुखी मैं भी हूँ, राय साब भी दुखी होंगे लेकिन एक मित्र के नाते उन्हें इस संकट में अकेले छोड़कर जाने की बात मैं सोच भी नहीं सकता। जब स्थिति सामान्य

हो जायेंगी, तब निर्णय करेंगे।' उस दिन राकेशजी कई बार आये और उन्हीं बातों को दुहराते रहे, मैं उनके मन की अवस्था को जानता था, वे मूलत: रंगकर्मी थे इसलिए उनका संवेदनशील मन इस प्रकार की अप्रत्याशित घटना से दुखी था। फादर कामिल बुल्के अतिथि गृह में ठहरे अतिथि लेखक और हिन्दी के वरिष्ठ कवि आलोकधन्वा भी बेंत टेकते हुये आये और अपनी चिन्ता प्रगट की। वे चाहते थे कि 'विभूतिजी से एक बार बात हो जाये तो उन्हें समझाया जाये' पर राय साब उस समय किसी का फ़ोन नहीं उठा रहे थे। बाद में मालूम हुआ कि पत्रकारों और तमाम शत्रुओं के फ़ोन-आक्रमणों में वे इतने व्यस्त थे कि चाहकर भी हम लोगों से बात नहीं कर पा रहे थे। उसी समय कुलपति पद से वंचित रहे समूह ने मीडिया, प्रशासनिक अधिकारियों और लेखिकाओं के साथ लेखकों को भी शामिल कर चारों ओर ऐसा माहौल बनाने की कोशिश की कि केन्द्रीय विश्वविद्यालय का कुलपति महिलाओं के बारे में संवेदनशील नहीं है। उन्होंने लेखिकाओं के लिये जिस प्रकार की भाषा का प्रयोग किया है, वह किसी कुलपति के लिये शोभनीय नहीं है। उसी समय लेखिकाओं का एक समूह विरोधियों के हाथों में खेलते हुये तत्कालीन मानव संसाधन विकास मन्त्री कपिल सिब्बल से मिलने में कामयाब हुआ। सिब्बल साब केवल मन्त्री ही नहीं बल्कि देश के नामी वकील भी हैं इसलिए उन्होंने प्राकृतिक न्याय की दृष्टि से राय साब को भी बुला लिया। मन्त्रीजी के आवास के बाहर लेखिकाओं का एक समूह कुलपति से इस्तीफे की मांग कर रहा था तो अन्दर मन्त्रीजी राय साब से उनका पक्ष सुन रहे थे। राय साब ने मन्त्रीजी से कहा 'आपके पिता जी ने मंटो का मुकदमा ऐसे ही समय लड़ा था, जब उन पर इसी प्रकार के आरोप लगे थे' तब मन्त्रीजी ने कहा 'लेकिन मंटो किसी केन्द्रीय विश्वविद्यालय के कुलपति नहीं थे। इसलिए बात को ख़त्म करिये और बाहर प्रदर्शन कर रही लेखिकाओं से माफी मांग लीजिये।'

लगभग एक सप्ताह के बाद वे वर्धा आये, उस समय मैं विश्वविद्यालय का कुलानुशासक भी था इसलिए सुरक्षा की सारी व्यवस्था मेरे ज़िम्मे थी। उस समय तमाम विरोध के बावजूद राकेशजी मेरे साथ मुख्यद्वार पर खड़े थे लेकिन वे लोग कहीं नहीं थे जो जाति और तमाम तिकड़मों के बल पर राय साब से अच्छी नौकरियाँ पाने में सफल रहे थे। वर्धा की इस टेकरी पर, जहाँ यह विश्वविद्यालय बना हुआ है, इसकी खास विशेषता यह है कि यहाँ के विद्यार्थियों से लेकर तमाम अध्यापक सामने वाले को देखकर बोलने के आदी हैं इसलिए वे कुलपति के आने से पूर्व उसकी विचारधारा और प्रकृति के बारे में पक्की दरयाफ्त कर लेते हैं फिर उसी के अनुरूप स्वयं को ढाल लेते हैं। यह आश्चर्यजनक है कि जो विद्यार्थी और अध्यापक राय साब के जमाने में स्वयं को वाम विचारधारा के कहते थे वे दूसरे कुलपति के

आते ही जातिवादी और संघी हो गये। जो लोग मार्क्स, लेनिन, चेग्वेवारा और माओ की किताबों को लिये घूमते थे, ढूँढ़-ढूँढ़कर पुरानी और विलुप्तप्राय: किताबें राय साब को लाकर देते थे, वे उनके जाने के बाद या तो ब्राह्मणवादी हो गये या भारतीय संस्कृति के उद्गाता। अवसर देखकर कईयों ने लम्बी चोटी रख ली थी, अब चोटी और धोती का ज़माना था। विडम्बना यह कि जो छात्रावास क्रान्तिकारियों के नाम पर बनाये गये थे, उनमें सरस्वती पूजन होने लगे और कमरों में देवी-देवताओं की तस्वीरें सजने लगीं।

सवाल यह है कि महात्मा गांधी अन्तरराष्ट्रीय हिन्दी विश्वविद्यालय, वर्धा राय साहब के कार्यकाल को किस रूप में याद करता है और किस रूप में उसे करना चाहिये? विश्वविद्यालय के लिये किसी भी कुलपति का कार्यकाल उसके अकादमिक विकास और अकादमिक दुनिया की स्वायत्तता के लिये जाना जाता है। विश्वविद्यालय में कार्यभार ग्रहण करने से पहले हर कुलपति के मन में पद से अधिक विश्वविद्यालय को नये रूप में विकसित करने का सपना होता है, होना भी चाहिये। राय साहब ने 28 अक्टूबर, 2008 को कुलपति का कार्यभार ग्रहण करने के बाद अपने पहले संबोधन में दो बातें कहीं थीं–एक, मैं अपनी नाव जलाकर आया हूँ इसलिए पाँच वर्ष के अपने कार्यकाल को पूरा करने से पहले मैं कहीं नहीं जाऊँगा तथा दो, पहले जो हुआ उसे भूल जाइये, आज के बाद हम सब इस विश्वविद्यालय परिवार के अंग हैं इसलिए आइये इस हिन्दी विश्वविद्यालय को अप्रतिम बनाने में मिलकर काम करें। उनका यह सम्बोधन अनायास नहीं था, एक महीने पहले जब वे अपने गाँव जोकहरा में मिले थे, तब उन्होंने मुझसे कहा था कि मेरा सपना उसे जेएनयू जैसा बनाने का है। ज़ाहिर है कि जेएनयू तमाम विरोधी और साम्प्रदायिक ताकतों और उनके षड्यंत्रों से टकराने के बावजूद अब भी जेएनयू बना हुआ है। राय साहब पुलिस की नौकरी से आये थे इसलिए उन्हें अकादमिक जगत की बारीक जानकारियाँ नहीं थीं, लेकिन उन्होंने मित्रों, परिचितों और वहाँ के अधिकारियों के माध्यम से बहुत कम समय में अपनी पैठ बना ली थी। वे अक्सर कहा करते थे कि यह अकादमिक दुनिया है इसलिए अध्यापकों की स्वायत्तता और विद्यार्थियों के गम्भीर अध्ययन के लिये जगह बचाये रखकर ही विश्वविद्यालय का समुचित विकास किया जा सकता है। यह काम उन्होंने किया भी, जिसकी बाद के दिनों में भी लोग चर्चा करते रहे। उनके जाने के बाद चर्चा इसलिए होती थी कि नये कुलपति जो अकादमिक दुनिया से आये थे पर अकादमिक दुनिया की स्वायत्तता को मदमस्त हाथी की तरह कुचल रहे थे। कुलपति के रूप में राय साहब के कार्यकाल की मैं पाँच बड़ी उपलब्धियाँ मानता हूँ–एक, प्राध्यापकों के खाली पदों को भरने, दो,

पुस्तकालय को अद्यतन बनाने, तीन, अतिथि लेखक के रूप में ख्यातनाम लेखकों को आमन्त्रित करने, चार, हिन्दी समय के माध्यम से ऑनलाइन सारी महत्त्वपूर्ण रचनाओं का संग्रह करने तथा पाँच, अतिथि गृह, अकादमिक भवन और सड़कों को साहित्यकारों के नाम पर रखने। यही नहीं उन्होंने छात्रावासों के नाम गोरख पांडे, बिरसा मुंडा, भगतसिंह, सुखदेव और राजगुरु जैसे क्रान्तिकारियों के नाम पर रखे और छात्राओं के लिये पहली शिक्षिका सावित्रीबाई फुले के नाम पर छात्रावास बनवाया, जिसका उद्घाटन महाश्वेता देवी ने किया था। वे वर्धा से जाने के पूर्व महाकवि निराला के नाम पर विश्वविद्यालय के विशाल और बहुआयामी सभागार की नींव रखकर गये थे।

कुलपति राय साहब महात्मा नहीं थे और न वे होना चाहते थे। अपनी कमियों और अच्छाइयों को वे भलीभांति जानते थे, उन्हें छुपाने का कोई उपक्रम वे कभी नहीं करते थे। उन्हें मैंने कितना जाना, यह कहना तार्किक नहीं होगा पर हमारे से.रा. यात्री उनके बारे में अक्सर कहा करते थे कि 'राय साहब दूर से बड़े दिखाई देते हैं लेकिन पास होने पर सहज-सरल और अपने बीच के लगते है।' विश्वविद्यालय में अपने कार्यकाल की अन्तिम शाम ढलने के बाद उन्होंने अकेले पूरे विश्वविद्यालय का एक चक्कर लगाया और गांधी हिल पर खड़े होकर जगमगाते-चहचहाते परिसर को देखकर मन में सन्तुष्टि का भाव अनुभव किया था।

प्रो. नदीम हसनैन

अक्टूबर, 2008 में श्री विभूतिनारायण राय ने महात्मा गांधी अन्तरराष्ट्रीय हिन्दी विश्वविद्यालय, वर्धा के कुलपति का पदभार ग्रहण किया था। तब यहाँ कोई प्रति-कुलपति नहीं था, प्रति-कुलपति का पद को-टर्मिनस होता है यानी पूरी तरह कुलपति के आश्रित। कुलपति के जाने पर प्रति-कुलपति का पद स्वयं समाप्त हो जाता है। राय साब ने आते ही सबसे पहले कुलसचिव पुजारी की विदाई की। पुजारी जैसे भी थे लेकिन सीधे चलना उनकी आदत में शुमार नहीं था इसलिए वे विश्वविद्यालय के अधिकांश अध्यापकों तथा कर्मचारियों की नाराजगी के शिकार थे। राय साब ने भोपाल में कार्यकारी परिषद के सदस्य प्रो. कमला प्रसाद के घर पर ईसी की बैठक आयोजित की और धीरे-से पुजारी जी को विदा कर दिया। राय साब पुलिस विभाग से आये थे इसलिए अकादमिक जगत की जानकारियाँ उन्हें नहीं थीं इसके लिये वे अपने पुराने पार्टी कार्यकर्ता और मित्र प्रो. नदीम हसनैन को प्रति-कुलपति बनाकर लाये। नदीम साब लखनऊ विश्वविद्यालय में प्रोफेसर थे और मानव विज्ञान के अध्यापन का बड़ा अनुभव उनके पास था। राय साब की पहली पसन्द वाम विचारधारा थी और दूसरी अपने विषय का जानकार, नदीम साब में ये दोनों विशेषताएँ थीं इसलिए वे राय साब की पसन्द के अधिकारी बने और प्रति-कुलपति के रूप में वर्धा आ गये। तब तक परिसर में कुछ भी नहीं था इसलिए दोनों राष्ट्रभाषा प्रचार समिति के अतिथि गृह में ठहरे। दोनों की विचारधाराएँ एक थीं, दोनों के शौक एक थे इसलिए महात्मा गांधी द्वारा स्थापित राष्ट्रभाषा प्रचार समिति में मज़े के साथ शामें गुलजार होने लगीं। पूरा दिन इस टीले पर गुजरता और शाम राष्ट्रभाषा प्रचार सभा में।

जुलाई, 2009 में मैंने विश्वविद्यालय में साहित्य विद्यापीठ में पदभार सँभाला। तब विभाग प्रोफेसर आवास में चलता था और पड़ौस के एक आवास में प्रति-कुलपति का कार्यालय था। प्रति-कुलपति के कार्यालय के पीछे एक नाला था जिसे कूदकर कुलपति कार्यालय जाया जाता था। पूरे परिसर में सड़कें नहीं थी

और बिजली के तारों को बांसों पर लटकाकर अस्थायी रूप से व्यवस्था की गयी थी। शाम के समय निकलना कठिन था एक तो साँप-बिच्छू और दूसरे रोशनी का अभाव। छात्रावास परिसर से दूर किराये के मकानों में चलते थे इसलिए पूरा परिसर शाम के समय खाली और उदास-सा रहता था। मैंने जिस दिन पदभार ग्रहण किया था उस दिन राय साब कोलकाता में थे बाकी के लोगों से मेरा कोई विशेष परिचय नहीं था सिवाय राकेशजी के जो उन दिनों कार्यकारी कुलसचिव थे। नदीम साब से मेरा परिचय नहीं था केवल यह जानता था कि वे जाने-माने उपन्यासकार राही मासूम रज़ा के भांजे हैं। बगैर परिचय के मैंने उनसे मिलना उचित नहीं समझा वैसे भी प्राध्यापक का काम तो कक्षाएँ पढ़ाना और पढ़ना है, कुलपति और प्रति-कुलपति की हाजिरी बजाने का काम उसका नहीं है। लेकिन विश्वविद्यालय छोटा है, परिसर में गिने-चुने लोग हैं और मैं वरिष्ठ पद पर आया था इसलिए नदीम साब की अपेक्षा थी कि कार्यभार ग्रहण करने के बाद मैं उनसे मिलूं। राय साब कोलकाता से आये, उनके कार्यालय में मुलाकात हुई तब उन्होंने कहा 'आप अभी तक नदीम साब से नहीं मिले।' मैंने कहा 'नहीं, क्या मिलना चाहिये था।' राय साब ने कहा 'वे प्रति-कुलपति हैं।' मैं चुप रहा, आगे बोलने का कोई अर्थ नहीं था। इसलिए मैं उनके कार्यालय गया और उनसे मिला। नदीम साब लखनऊ से आये थे इसलिए वहाँ की तहज़ीब उनकी ज़ुबान में थी। उन्होंने बहुत गर्मजोशी के साथ मेरा स्वागत किया और इस बात का अहसास नहीं होने दिया कि मैं उनसे पहली बार मिल रहा हूँ। विश्वविद्यालय की योजना और कार्यपद्धति के बारे में बहुत सारी बातें उन्होंने मुझे पहली ही भेंट में बताईं थीं। हम दोनों प्राथमिक रूप से प्रोफेसर थे, यह बात अलग है कि वे यहाँ प्रति-कुलपति भी थे। बाद में कभी राय साब को उन्होंने ही बता दिया था कि मैं उनसे मिल चुका हूँ। कुछ दिनों के बाद विश्वविद्यालय अनुदान आयोग के निर्देश पर शोध अधिनियम 2009 बनना था, जिसके लिये एक कमेटी का गठन किया गया। कमेटी के अध्यक्ष नदीम साब थे और डॉ. आत्मप्रकाश, डॉ. अनिलराय अंकित तथा मैं सदस्य के रूप में थे। बैठकें प्रति-कुलपति कार्यालय में ही होती थीं। उन दिनों परिसर में खाने की कोई व्यवस्था नहीं थी इसलिए मैं बगैर नाश्ता किये ही विभाग आता था। दोपहर को टिफिन आता था लेकिन कई बार बैठकों में व्यस्त रहने तथा टिफिन न आने की स्थिति में, जो अक्सर होता था, मैं भूखा ही रहता था। आत्मप्रकाश जी और अंकित जी का अपना परिवार था इसलिए उनके सामने वह स्थित नहीं थी जो मेरे सामने थी। नदीम साब की यह आदत थी कि वे खाली चाय कभी नहीं पिलाते थे इसलिए बिस्कुट भी साथ आते और थोड़े संकोच के साथ मैं उन्हें खा लेता तो भूख थोड़ी शान्त होती और कभी-कभी और अधिक उद्दीप्त। पर

कहता किससे? जोधपुर से पत्नी का फ़ोन आता, वे खाने इत्यादि के बारे में पूछती तो मैं उन्हें चिन्ता में नहीं डालना चाहता था इसलिए कहता 'सब ठीक हैं, मज़े में हूँ किसी प्रकार की परेशानी नहीं है।' जब एक बार ओखली में सिर रख दिया तो फिर मूसलों से क्या डरना?

तब नदीम साब दूरस्थ शिक्षा के निदेशक थे, वे दूरथ शिक्षा से ख़ुश नहीं थे इसलिए उन्होंने राय साब से कहकर मुझे निदेशक बनवा दिया। मैं पहले से ही साहित्य विद्यापीठ का अधिष्ठाता तथा साहित्य विभाग का अध्यक्ष था। नीचे पुराने बने छोटे-छोटे कमरों में से एक में बैठता था–आधे कमरे में कार्यालय और आधे में मैं। दूरस्थ शिक्षा विभाग के प्राध्यापकों ने इसी विश्वविद्यालय से उस समय पढ़ाई की थी, जब तदर्थ और ठेकेदारी पर आये प्राध्यापक अध्यापन का कार्य करते थे। एकाध चतुर प्राध्यापक ने अपने लेपटॉप पर 65 वर्ष तक की उम्र में मिलने वाले करोड़ों रुपयों का हिसाब भी लगाकर रख लिया था। उनके पास वे सुविधाएँ थीं जो अन्य किसी विभाग के अध्यापक के पास नहीं थीं। दूरस्थ शिक्षा विभाग में एक ऐसे वरिष्ठ प्राध्यापक थे, जिनके बारे में कह सकना कठिन था कि वे किसके साथ हैं। वे नामवर जी की सिफारिश पर आये थे इसलिए निश्चिंत रहते थे। दूरस्थ शिक्षा जिस आवास में चलता था वह मेरे घर और मेरे कार्यालय के रास्ते में पड़ता था इसलिए मैं आते-जाते वहाँ चला जाया करता था। कुलपति चूंकि पुलिस विभाग से आये थे और पुलिस बगैर मुखबिर के कोई काम नहीं कर सकती इसलिए उन्हें मुखबिर पालने की आदत थी। दूरस्थ शिक्षा के लिये पता नहीं किस व्यक्ति को यह ज़िम्मेदारी दी गयी कि वह वहाँ की हर ख़बर उन तक लाग-लपेटकर पहुँचा देता था। दूरस्थ शिक्षा का इतना काम था कि मैं पूरे दिन फाइलों से घिरा रहता फिर भी लोगों की शिकायत रहती। इस अतिरिक्त व्यस्तता के कारण मैं साहित्य विभाग और विद्यापीठ को बिल्कुल भी समय नहीं दे पा रहा था, कई-कई दिनों तक मेरे विभागीय साथियों से मेरी कोई भेंट तक नहीं होती थीं इसलिए 6 महीने के बाद मैंने कुलपति जी से इस्तीफे की पेशकश की। उन्होंने शुरू में तो नानुकुर की लेकिन मेरी ज़िद के आगे वे मेरी बात मान गये और नदीम साब को फिर से दूरस्थ शिक्षा का निदेशक बना दिया गया। ज़ाहिर है कि नदीम साब एकेडेमिक हेड के नाते पूरे दिन व्यस्त रहते थे इसलिए उन्हें दूरस्थ शिक्षा विभाग की ओर जाने और उसके बारे में जानने की फुरसत ही नहीं मिलती थी।

प्रशासनिक भवन जब ऊपर की टेकरी पर बनकर तैयार हो गया और कुलपति तथा प्रति-कुलपति के कार्यालय भी वहाँ चले गये तब नदीम साब जब भी मुझे बुलाते तब अपनी गाड़ी भेजते थे। यह बड़प्पन उन्होंने हमेशा कायम रखा, वे जानते

थे कि साहित्य विद्यापीठ नीचे हैं और मेरे पास कोई साधन नहीं है इसलिए मैं सीढ़ियाँ चढ़कर ही आऊँगा। उन्होंने कभी अपने अधीनस्थ से फ़ोन नहीं कराया जब भी कोई बात हुई तो उन्होंने स्वयं फ़ोन किया और कहा 'फुरसत में हों तो आइये एक कप चाय पीते हैं।' मैं हां कर देता तो वे अपनी गाड़ी भेजने की बात कहते। मेरे आने के बाद एम.फिल. तथा पी-एच.डी. की पहली परीक्षा थी। मुझे इस बारे में कुछ भी पता नहीं था। मैं तब तक साहित्य विद्यापीठ का अधिष्ठाता तथा साहित्य विभाग का अध्यक्ष नियुक्त किया जा चुका था। जाहिर है कि ये सारी ज़िम्मेदारियाँ मुझे ही निभानी थीं। नदीम साब ने कहा 'एम.फिल. तथा पी-एच.डी. परीक्षाओं के प्रश्न-पत्र बनवाने हैं, आप अपने किसी विश्वस्त प्राध्यापक का नाम दे दें और वह नाम मेरे और आपके बीच ही रहे।' मैंने उन्हें आश्वस्त किया और नाम देकर आ गया। यह ज़रूरी नहीं था कि परीक्षक का नाम वे मुझसे पूछते, वे स्वयं भी दे सकते थे लेकिन वे लोकतान्त्रिक मूल्यों में गहरा विश्वास करते थे इसलिए उसका निर्वाह करना उनकी जीवन पद्धति का हिस्सा था। परीक्षाएँ निर्विघ्न सम्पन्न हुईं और बाहरी परीक्षक का नाम भी उजागर नहीं हुआ इसके लिये उन्होंने विशेषरूप से इसलिए धन्यवाद दिया क्योंकि वर्धा में विश्वसनीयता का सर्वथा अभाव था।

होली मनाने के लिये राय साब ने यह परम्परा शुरू की कि इस बड़े और आनन्द के त्योहार को पूरा विश्वविद्यालय मिलकर मनाये। इसके बहाने वे नये मूल्य भी निर्मित कर रहे थे। यह उनका दायित्व भी था, जिसकी अनुगूंज आज भी सुनाई देती है, जबकि अब बड़े त्योहारों पर परिसर सूना हो जाता है और चारों ओर उदासी पसर जाती है। नदीम साब मुसलमान होते हुये भी होली दीपावली ऐसे ही मनाते थे जैसे कोई हिन्दू मना रहा हो। वे अक्सर कहा करते थे कि हिन्दुस्तान की इस गंगा जमुनी संस्कृति में कौन त्योहार हिन्दुओं का है और कौन मुसलमानों का इसे अलहदा करना कठिन है। गुंजिया और सिवइयाँ हम दोनों की साझा हैं इसलिए दोनों एक दूसरे के त्योहारों को मिलजुलकर मनाते हैं। होली के अवसर पर कुलपति और प्रति-कुलपति आवास पर बने चबूतरे पर कुर्सियाँ रखकर दोनों बैठ जाते। एक ओर गुंजियाँ होतीं तो पीठ पीछे स्मिरनऑफ से भरे गिलास और सामने बड़े कंटेनरों में भरा टेसू के फूलों का रंग। राय साब इस बात का विशेष ख्याल रखते इसलिए होली से पहले विश्वविद्यालय में कार्यरत सारे मालियों को टेसू के फूल तोड़कर इकट्ठा करने को कहते और फिर परिसर विकास शाखा को यह ज़िम्मेदारी देते कि वे परिसर में रह रहे परिवारों से पूछकर उनके यहाँ टेसू के फूल पहुँचाये ताकि सभी जगह प्राकृतिक रंगों से होली खेली जा सके। तब अलग-अलग टोलियाँ आतीं और होली खेली जाती कहना न होगा कि लखनऊ के नवाबों की होली भी उसके सामने

फीकी लगती थी। जो उत्साह और उमंग होली पर होनी चाहिये, उससे कहीं अधिक रहती थी। किसी भी कर्मचारी को यह अहसास भी नहीं होने दिया जाता कि वह अपने आला अधिकारियों से एक संकोच और दूरी के साथ होली खेले। साहित्य विभाग के एक बहुत ही कनिष्ठ प्राध्यापक कुर्ते फाड़ने के शौकीन थे, वे उस भीड़ में कुलपति और प्रति-कुलपति की मौजूदगी में भी अपना हाथ साफ़ कर देते थे लेकिन दोनों अधिकारियों ने उन्हें इसके लिये कभी टोका नहीं। होली का त्योहार तो वैसे भी सारी कुंठाएँ निकालकर बाहर कर देने का त्योहार होता है इसलिए जो जिसके मन में आता गाता और करता था। कवि आलोकधन्वा निरालाजी का गीत 'प्रिय-कर-कठिन-उरोज-परस कस कसक मसक गयी चोली, एक-वसन रह गयी मंद हँस अधर-दशन अनबोली। कली-सी कांटे की तोली' गायन करते हुये आते और मज़े से चले जाते, उन्हें न कोई रोकता था और न टोकता था। यह स्वतन्त्रता सभी के लिये थी और सभी इसका आनन्द भी उठाते थे। दोपहर तक होली खेलने के बाद शाम को कुलपति आवास पर रसरंजन के साथ भोजन होता। राय साब दरियादिल थे तो नदीम साब भी कम नहीं थे। जब भी ज़्यादा लोग हो गये या रसरंजन की सामग्री की कमी हुई तो नदीम साब तुरन्त कहते 'हमारे यहाँ है, किसी को भेजकर मंगा लें।' उनका भण्डार हमेशा भरा रहता था। वे हर शनिवार या रविवार नागपुर जाते और इच्छानुसार भोजनकर अपना मालअसबाव लेकर आते। वे अक्सर कहते भी थे कि 'वर्धा में तो कोई अच्छे खाने की भी जगह नहीं है इसलिए हर सप्ताह नागपुर चले जाते हैं।' केवल खाने की जगह ही नहीं बल्कि पीने का सामान भी वर्धा में नहीं है। एक बार राकेश मिश्र और उनके मित्र राय साब के यहाँ रात्रिभोजन में अतृप्त रह गये, राय साब ने और पीने से मना कर दिया तो वे सीढ़ियाँ उतरकर नदीम साब के यहाँ चले गये और पूछा 'सर कुछ है' नदीम साब मना करने वाले कहाँ थे, कहा 'क्यों नहीं आइये बैठिये।' और वे जम गये। ऐसे कई वाकये हुये जिनमें नदीम साब ने अपनी दरियादिली दिखाई। राय साब की यह आदत थी कि वे रात्रि भोजन कभी अकेले नहीं करते थे इसलिए शाम को घर पर बता दिया जाता था कि आज कितने लोग भोजन करेंगे। घर वाले उनकी इस आदत को जानते थे इसलिए जितने लोगों के लिये कहा जाता उससे अधिक का खाना बनता था।

नदीम साब लखनऊ से अपने परिचित अखिलेश दीक्षित को लेकर आये थे। उन्हें जनसंचार विभाग में लगवा दिया था। वे सुबह सबेरे उनकी कुतिया को घुमाने ले जाते और 10 बजे के बाद अपने विभाग में चले जाते। विभाग में उनकी नियुक्ति 179 दिनों के लिये सर्वथा अस्थायी थी, जैसी कि यहाँ अधिकांश कर्मचारियों की होती है। दीक्षित जी मनमौजी आदमी थे, प्रति-कुलपति का हाथ उनके ऊपर था,

वे विश्वविद्यालय के विशेष कर्तव्याधिकारी राकेश जी के मित्र भी थे इसलिए उनसे कोई कुछ कहता नहीं था। यही नहीं उनकी कीर्ति में चारचांद यहाँ तक लगे कि प्रति-कुलपति के बंगले पर दो नये एसी लगाये गये एक उनकी कुतिया के लिये और दूसरा अखिलेश जी के लिये। जिस आदमी के लिये नया एसी लगाया गया हो, वह सामान्य आदमी नहीं हो सकता? यह छोटा विश्वविद्यालय है इसलिए यहाँ कुलपति तथा प्रति-कुलपति अकादमिक और प्रशासनिक हेड ही नहीं हैं अपितु फौज के जनरल से किसी भी रूप में कम नहीं हैं। हर आदमी की निगाह यह देखने के लिये सतर्क रहती है कि दोनों जनरल कब, किसके साथ और कहाँ हैं? जिसके साथ वे होते वह रातों रात विश्वविद्यालय का दरोगा बन जाता। बड़े से बड़ा प्रोफेसर भी उनकी हाजिरी में रहता, छोटे कर्मचारियों की तो औकात ही क्या है? बड़े विश्वविद्यालय में कोई किसी की परवाह नहीं करता लेकिन यहाँ परवाह करने के अलावा और काम ही क्या है? एक बार दोनों को एक प्राध्यापक ने रात्रि भोजन के लिये आमन्त्रित किया, दोनों गये, रसरंजन हुआ ज़ाहिर है कि बातें भी हुईं। दूसरे दिन रात की बातें परिसर की हवाओं में तैरने लगीं। राय साब इन चीजों पर तुरन्त प्रतिक्रिया व्यक्त नहीं करते थे लेकिन नदीम साब यह सुनकर अन्दर तक व्यथित हुये। उन्होंने दुखी मन से कहा 'इस कमज़र्फ आदमी के यहाँ अब कभी नहीं जाऊँगा।'

विश्वविद्यालय में विद्यार्थियों की संख्या गिनने के लिये नया चश्मा हर साल लगाना पड़ता था। कई वर्षों तक तो गर्मियों की छुट्टियों में मजे हुये प्राध्यापकों को अपने-अपने इलाकों में इसलिए भेजा जाता था कि वे कुछ विद्यार्थी लेकर आयें। इसलिए कई विभागों में जहाँ विद्यार्थियों की संख्या कम रहती थी, वहाँ विश्वविद्यालय के युवा प्राध्यापकों या कर्मचारियों की पत्नियों को प्रवेश दे दिया जाता ताकि विभाग चलता रहे। विद्यार्थी आते ही सारा गणित समझ जाते या उन्हें समझा दिया जाता इसलिए चालीस प्रतिशत अंक लाने वाला विद्यार्थी भी सत्तर प्रतिशत से अधिक अंक लाकर स्वयं को आचार्य रामचन्द्र शुक्ल से कम नहीं मानता था। कई प्राध्यापकों और कर्मचारियों की पत्नियों ने परीक्षाओं में रिकार्डतोड़ अंक प्राप्त कर शोध में प्रवेश लिया तो वे अपने ही पतियों से आँखें तरेरकर कहतीं–'अब हम भी कमाते हैं।' कहना न होगा कि केन्द्रीय विश्वविद्यालयों में हर शोधार्थी को अनिवार्यत: छात्रवृत्ति मिलती है। एक दिन सुबह साढ़े 10 बजे दीक्षित जी अपने स्कूटर से चढ़ाई चढ़ रहे थे कि पीछे से कुलपतिजी की कार आई और उन्हें क्रॉस कर आगे बढ़ गयी। राय साब पुलिस में रहे थे और बहुतों को कड़े अनुशासन का पाठ पढ़ा चुके थे इसलिए सीधे जनसंचार विभाग प्रमुख को फ़ोन किया कि आपके

यहाँ कर्मचारी कितने बजे आते हैं? उन्होंने 10 बजे का समय बताया तो राय साब ने कहा कि 'अखिलेश दीक्षित तो अभी आये हैं।' कुलपति का यह कहना बहुत था, उन्होंने आगे कुछ नहीं कहा लेकिन न कहकर भी सारी बात कह चुके थे। प्रति-कुलपति जी तक बात तुरन्त पहुचाई गयी, इस परिसर की यह विशेषता है कि आपको इस प्रकार की बातों को स्वयं बताने की जरूरत नहीं पड़ती, कुछ लोग हैं जो इस प्रकार के कामों का दायित्व भलीभांति निभाते हैं। प्रति-कुलपति जी ने राकेश जी को बुलाया और नये खुले नाट्य एवं फ़िल्म विभाग में उन्हें भेज दिया। यह विभाग लगभग अनाथ था। कई मालिकों के रहते जो स्थिति होती है, वही स्थिति इस विभाग की थी। राकेश जी इप्टा से आये थे इसलिए वे भी इस विभाग से सीधे जुड़े हुये थे। दीक्षित जी तबला और हारमोनियाम दोनों आराम से बजा लेते थे इसलिए वे यहाँ फिट हो गये। उन्होंने इस विभाग में आकर दो काम किये एक तो लम्बा कुर्ता पेंट के ऊपर पहनना शुरू किया ताकि यह संदेश पहुँच सके कि वे मूलतः कलाकार हैं और दूसरा, नदीम साब को विभाग में बुला लिया और बराबर की कुर्सी पर बैठकर कुछ ऐसा कहते रहे जिससे सामने बैठे हुये लोगों को यह लगे कि वे उनके खास हैं। राकेशजी उनसे मिलने विभाग में आते ही थे। इसलिए दीक्षित जी सामान्य कर्मचारी होते हुये भी विभाग प्रमुख से कम नहीं थे, बच्चे उन्हें सर कहते और वे सरासर की तरह पूजे जाते।

नये बनते विश्वविद्यालय में हर कुलपति या प्रति-कुलपति की यह इच्छा होती है कि उनका विभाग खुल जाये ताकि वे अपने मीडियाकर विद्यार्थियों और मित्रों को उपकृत कर सकें। नदीम साब ने उचित समय देखा और मानव विज्ञान विभाग खोल दिया। उस समय केवल अनुवाद एवं निवर्चन विद्यापीठ की इमारत ही बनकर तैयार हुई थी इसलिए सारे विभागों की कक्षाएँ वहीं पर होती थीं। साहित्य विद्यापीठ नीचे पुराने कार्यालय के कमरों में चल रहा था इसलिए उनकी कक्षाएँ भी अनुवाद विद्यापीठ में ही चलती थीं। नदीम साब के किसी कर्मचारी ने एक दिन साहित्य विभाग के विद्यार्थियों को कक्षा कक्ष से भगा दिया और मानव विज्ञान विभाग का बोर्ड लगवा दिया। विभाग के अध्यापकों ने मुझसे कहा तो मैंने तुरन्त राय साब को फ़ोन किया। राय साब किसी से नाराज़ थे इसलिए गुस्से में कहा 'यदि कक्षा कक्षों का निर्णय भी कुलपति को ही करना है तो कह दो कक्षाएँ नहीं होंगी।' मैंने फ़ोन खुला रखकर अपने प्राध्यापक बंधुओं को कुलपति का संदेश सुना दिया। शाम को राय साब का गुस्सा शान्त हुआ तो उन्होंने कहा 'सुबह आइये देखते हैं।' सुबह मैं गया और अनुवाद विद्यापीठ में सीढ़ियों के नीचे की छोटी-सी जगह में कक्षाएँ लगाने के लिये कहा। बहरहाल कक्षाएँ वहीं लगीं लेकिन नदीम साब ने एक बार भी नहीं

कहा कि उन्होंने उनके कमरे ले लिये हैं तो कोई अच्छी व्यवस्था जल्दी ही कर देंगे। दरअसल, कम विद्यार्थियों में यही होता है जहाँ बैठा दो, बैठ जाते हैं और प्राध्यापकों में यह भय कि प्रति-कुलपति जी नाराज़ न हो जायें। छोटी जगह में नाराज़गी का यह भूत सारी प्रतिभा का हनन करता रहता है। इसलिए कई वरिष्ठ प्राध्यापकों को सबके सामने तीखा कहा जाता है, उनकी मज़ाक उड़ाई जाती है लेकिन वे हँसते रहते हैं और अपने भाग्य को सराहते रहते हैं। यहाँ कोई किसी प्रकार का जोखिम लेने को तैयार नहीं है इसलिए जो है वह वाह-वाह है। जब कुलपति, प्रति-कुलपति, कुलसचिव या अन्य कोई रौबदार आदमी सड़क पर घूमने निकलता है तो दरवाजे खिड़कियों से देख रहे लोग तुरन्त आगे-पीछे हो जाते हैं। आगे-पीछे होने के कई लाभ हैं, जो बिना कहे मिल जाते हैं और फिर ऐसी आदत पड़ जाती है कि जब तक बैल को दो-तीन डंडे या जोर की आवाज़ न लगाई जाये वह सीधा चलता ही नहीं है।

राय साब के पास एक बड़ा कुत्ता था और नदीम साब के पास एक अच्छी-सी कुतिया। दोनों एक चारदीवारी के अन्दर बने ऐसे बंगलों में रहते थे जैसे गाँवों में समझदार पिता एक बाड़े के अन्दर अपने दो बेटों के लिये दो अलग लेकिन एक जैसे मकान बनवा देता है। राय साब सुबह जल्दी घूमने चले जाते और नदीम साब थोड़ी देर से। उनकी तबियत ठीक होती तो वे कन्या छात्रावास के पास वाली चढ़ाई से चढ़ते और तबियत थोड़ी खराब होती तो कामिल बुल्के वाली चढ़ाई से। यही नहीं चढ़ाई चढ़कर अपने दोनों हाथ कमर पर लगाकर थोड़ी देर खड़े होकर अपने साम्राज्य को निहारते और फिर धीरे-से चल देते। वे गुटखा खाते थे और अपने कार्यालय में बैठकर भी चुपके से खा लेते थे। इससे उनके चेहरे पर एक विशेष प्रकार की निश्चिंतता और ऊर्जा झलकने लगती थी। एक दिन अपने आवास से निकलकर सीढ़ियाँ उतर ही रहे थे कि सामने कुलपति का कुत्ता गोगोल दिखाई दे गया। वे डरे नहीं इसलिए प्यार से गोगोल के सिर पर हाथ फिरा दिया। गोगोल कुलपति का कुत्ता था, वह किसी और को कुछ मानता ही नहीं था इसलिए उसने नदीम साब के पैर में दो-तीन जगह काट लिया। अब तो नदीम साब का गुस्सा देखने योग्य था। राय साब घूमने के बाद अपने लॉन में बैठते थे। वे चाय का इंतजार कर ही रहे थे कि नदीम साब भुनभुनाते आये और पेंट को ऊपरकर कहा 'देखिये, आपके कुत्ते ने ये किया।' राय साब ने शान्त भाव से देखा और कहा 'इंजेक्शन लगवा लीजिये, हालांकि इसको इंजेक्शन लग चुके हैं फिर भी एतिहात बरतने के लिये आप इंजेक्शन ज़रूर लगवा लें।' नदीम साब यह सुनने नहीं आये थे, वे गुस्से में थे। उन्होंने क्रोध में कुछ जोर से कहा तो राय साब ने तुरन्त कहा 'आवाज़ का टोन धीमा कीजिये, कुत्ते ने काटा है तो उसका इलाज है, वह जानवर है और जानवर

कभी-कभी ऐसी हरकतें कर देते हैं। आपने कुछ ऐसा किया होगा कि...' नदीम साब का क्रोध और बढ़ गया उन्होंने कहा 'जी, मैंने कुछ ऐसा वैसा किया इसलिए...।' राय साब कुछ नहीं बोले, वे अत्यधिक क्रोध या इस प्रकार की स्थितियों में चुप हो जाते हैं। राय साब अपने मोबाइल पर कुछ देखने लगे और नदीम साब उठकर चले गये। नदीम साब के चेहरे से लग रहा था कि उनके मन में ऐसा कुछ टूट गया है, जिसको सहेजकर वे यहाँ लाये थे। एक दूसरी बड़ी घटना इससे पहले और घट चुकी थी। कार्यकारी परिषद में गत वर्ष नियुक्त प्राध्यापकों को स्थायी करना था। नदीम साब एक विवादास्पद प्राध्यापक को स्थायी करने के पक्ष में नहीं थे, उनका तर्क था कि इससे विश्वविद्यालय और आपकी बहुत बदनामी होगी। राय साब ने उन्हें आश्वस्त किया कि ईसी में इस नाम को नहीं लायेंगे लेकिन बैठक शुरू हुई तो एजेंडे में उन सज्जन का नाम था और उन्होंने उन्हें स्थायी करने के लिये कहा भी। नदीम साब पास में बैठे थे पर कहा कुछ नहीं। शाम को रसरंजन करते समय उन्होंने अपनी शिकायत की तो राय साब चुप हो गये। नदीम साब ने फिर कहा तो कहा 'अरे, दबाव बहुत थे इसलिए करना पड़ा।' नदीम साब इस जवाब से सन्तुष्ट नहीं हुये बल्कि और दुखी हुये। लेकिन अब उन्हें लगने लगा था कि पानी सिर के ऊपर से बहने लगा है अब अपना रास्ता बदल लेना चाहिये। वे समझदार आदमी थे, लखनऊ विश्वविद्यालय में उनकी जगह रिक्त थी इसलिए उन्होंने वहाँ जाने का मन बनाना शुरू कर दिया था।

राकेश जी इप्टा के साथ बैंकों के संगठन में पदाधिकारी रह चुके थे इसलिए उनके मन में किसी प्रकार का भय नहीं था। कुलपति ने उन्हें अपना मानकर कुलसचिव, वित्त अधिकारी तथा अन्य महत्त्वपूर्ण पद समय-समय पर दिये थे इसलिए विश्वविद्यालय में उनकी साख जम रही थी। वे नदीम साब के पुराने मित्र थे, वह मित्रता यहाँ भी कायम रही। उन्होंने कई निर्णय ऐसे लिये जिसके परिणाम बाद में अच्छे नहीं रहे। ऐसे विद्यार्थियों को जो एक जमाने में विश्वविद्यालय में अशान्ति फेला चुके थे, जिन्हें प्रशासन ने निकालकर बाहर कर दिया था, राकेश जी और नदीम साब उन्हें दुबारा ले आये इसलिए फिर से अशान्ति तथा विरोध के स्वर उभरने लगे। ज़ाहिर है कि परिसर में जो भी घटेगा उसका समाधान तो कुलपति को ही करना है। राय साब अनुभवी थे पर पुलिस की हेकड़ी और अनुशासन अकादमिक जगत में नहीं चलता इसलिए वे परेशान भी थे। समस्या का समाधान करते-करते यह बात उनकी समझ में स्पष्ट आ गयी कि एक समानान्तर व्यवस्था का निर्माण उनके न चाहने तथा चौकस रहने के बाद भी हो चुका है। वे उससे निपटना जानते थे लेकिन पारस्परिक सम्बन्धों का ख्याल भी उन्हें हमेशा रहता था। परिसर में कुलपति और

प्रति-कुलपति के बीच का द्वंद्व या मतभेद या शीतयुद्ध एक नये प्रकार के संकट को जन्म देता है, जिससे निपटना कठिन होता है। पर राय साब निपटना जानते थे। अचानक मालूम हुआ नदीम साब जा रहे हैं और वे चले भी गये। लेकिन आश्चर्य कि इस प्रवादी-विवादी जगह से वे बिना किसी विवाद और प्रवाद के चले गये। यह उनका व्यक्तित्व ही था, जिसके सामने किसी की हिम्मत अधिक बोलने या अपनी सीमा का अतिक्रमण करने की नहीं होती थी। एक प्राध्यापक को यह भ्रम था कि विश्वविद्यालय एक्ट या अधिनियम उन्हें रटा हुआ है इसलिए वे बैठकों में किसी को बोलने नहीं देते थे लेकिन वे नदीम साब के सामने चूहा हो जाते और राय साब के सामने मिमियाने लगते। नदीम साब ने एक दिन मुझसे कहा 'यदि ये मेरे सामने फाइल फेंक दें और जोर से बोलना शुरू कर दें तो मैं गार्डों से धक्के लगवाकर इन्हें आफिस से बाहर कर दूँगा।' पर ऐसी नौबत नहीं आयी क्योंकि वे नदीम साब की दृढ़ता और साफगोई से भली-भांति परिचित थे, वे अपना लाभ-हानि जानते थे इसलिए बड़े अधिकारियों के सामने बहुत शान्त और घिघियाते रहते थे।

नदीम साब एक बात अक्सर कहते थे कि 'मुझे तो यहाँ आकर मालूम हुआ कि मेरे मामू कितने बड़े उपन्यासकार थे। यदि मैं यहाँ नहीं आया होता तो मुझे ज़िन्दगीभर यह मालूम ही नहीं होता।' फिर वे बताते कि घर में राही साब सामंतों की तरह व्यवहार करते थे। हम लोगों में से कभी कोई बोलता तो वे डांटकर चुप करा देते। बच्चों के साथ बहस करना उन्हें अच्छा नहीं लगता था। राही मासूम रज़ा हिन्दी उपन्यासकारों में बड़ा नाम है यह संयोग है कि वे मेरे गुरु प्रो. कुंवरपाल सिंह के दोस्त थे और ऐसे दोस्त जिन्होंने अपना पहला उपन्यास 'आधा गाँव' उन्हें यह लिखकर समर्पित किया था कि 'यह 'आधा गाँव' अपने पूरे दोस्त कुंवरपाल सिंह को भेंट करता हूँ क्योंकि अगर उनका साथ न होता तो शायद मैं यह कहानी लिख ही न पाता।' सारी ज़िन्दगी गुरुवर इस समर्पण से पहचाने गये। लेकिन उनकी दोस्ती भी सामान्य नहीं थी, राही जब अलीगढ़ से नैयर बेगम के साथ बम्बई जा रहे थे तब हमारे गुरुवर ने उन्हें पचास रुपये स्टेशन पर दिये थे, जिसका जिक्र राही ने 'गर्दिश के दिन' में किया है। राही दोस्तबाज थे तो हमारे गुरुवर भी कम नहीं थे। वे दोस्ती निभाना जानते थे इसलिए राही की मृत्यु के उपरांत उन्होंने उनकी सारी अप्रकाशित रचनाएँ प्रकाशित करवाईं, 'वर्तमान साहित्य' का एक मोटा अंक उन पर निकाला तथा साहित्य अकादमी के सौजन्य से अलीगढ़ में तीन दिवसीय संगोष्ठी आयोजित करवाई। मैं जब भी राही साब के बारे में नदीम साब को कुछ बताता तो वे बहुत प्रसन्न होते। अपने मामू की लोकप्रियता को सुनकर कौन प्रसन्न नहीं होगा, यह बात दूसरी है कि अब मामा की बेकदरी को भी लोग तटस्थ भाव से ग्रहण करने लगे हैं।

नदीम साब का इस नये बनते विश्वविद्यालय में कितना योगदान है, यह कह पाना कठिन है। पर यह तो तय है कि वे कुलपति के पुराने दोस्त थे इसलिए नया आकार लेते हुये परिसर में उनके साथ रहे लेकिन जब स्थितियाँ उनके मनोनुकूल नहीं रहीं तो वे चुपचाप वर्धा छोड़कर चले गये। पर जाते हुये उनके चेहरे पर न कोई शिकन थी और न कोई पश्चाताप इसलिए वे बाद के प्रति कुलपतियों की तरह रोये भी नहीं थे।

अतिथि लेखकों की दुनिया

'दुनिया रोज़ बनती है' के चर्चित कवि आलोकधन्वा मेरे वर्धा पहुँचने के बाद महात्मा गांधी अन्तरराष्ट्रीय हिन्दी विश्वविद्यालय में अतिथि लेखक के रूप में आये थे। ब्रूनो की लड़कियाँ, भागी हुई लड़कियाँ, छतों पर लड़कियाँ तथा गोली दागो पोस्टर जैसी कविताओं ने उनकी प्रसिद्धि में चारचाँद लगाये थे। वे ऐसे कवि हैं, जिनके एकमात्र संग्रह ने उन्हें अपूर्व प्रसिद्धि दिलाई थी। वे लम्बा कुर्ता और पायजामा पहना करते थे, बाहर निकलते हुये सर पर टोप लगा लेते थे। वे कद में लम्बे और दुबले-पतले थे। उनके बाल हमेशा लम्बे और लहराते हुये रहते थे। उनकी दाढ़ी बेतरतीब थी। वे फादर कामिल बुल्के अतिथि गृह के कुलाधिपति कक्ष के सामने वाले कमरे में रहते थे। विश्वविद्यालय परिसर में वे दादा के नाम से परिचित थे लेकिन मैं उन्हें हमेशा कविवर कहता था और वे ख़ुश होकर इस बात का उल्लेख भी करते थे। मैंने उन्हें पहली बार देखा था लेकिन पहले से ही वे मेरे प्रिय कवि थे। वे जिस कमरे में रहते थे, उसमें बहुत कम लोगों का आना-जाना होता था, इसकी वज़ह कवि की स्वायत्तता ही हो सकती है, जिसका ज़िक्र वे बार-बार करते थे। वे अतिथि गृह का पानी नहीं पीते थे इसलिए उनके लिये अलग से बिसलरी की पानी की बोतल आया करती थीं। पानी की बोतलों के लिये उन्होंने हिदायत दे रखी थी कि बोतलों पर अंकित तिथियों में तीन का अंक नहीं होना चाहिये। वे दोपहर का भोजन अतिथि गृह के रसोईघर में करते थे और किचिन में जाकर अपनी तरह से भोजन का चयन करते थे। शाम का भोजन वे कुलपति के यहाँ करते थे और रोज करते थे। उन्हें साँप और कुत्तों से डर लगता था। इसलिए रात को कुलपति के आवास पर जाते समय वे जूते मोजे पहनकर जाते थे, एक हाथ में टॉर्च जलाकर रखते थे तो दूसरे हाथ में आकर्षक बेंत। कुलपति आवास पर सुरक्षा प्रहरियों से वे कहते 'कुलपति से कहो कि कवि आये हैं इसलिए अपने कुत्ते को बाँध लें।' कुलपति उनके इस डर का मज़ाक बनाते तो आलोकधन्वा मुस्कुराते हुये कहते 'डर तो हमें किसी से नहीं लगता। हम तो

नक्सलवाद की उपज हैं, सड़कों पर घूमे हैं और जनता के लिये लड़े हैं। लेकिन कुत्ते और साँपों से डर के कारण दूसरे हैं, जो आप भी जानते हैं।' जब कोई उन्हें आलोक जी कहता तो वे टोकते हुये कहते 'हमारा पूरा नाम आलोकधन्वा है'।

आलोकधन्वा की परिसर में उपस्थिति के विशेष मायने थे। अतिथि लेखकों की अवधारणा के पीछे कारण भी यही था कि विश्वविद्यालय की सड़कों पर बड़े लेखक चलेंगे तो परिसर के वातावरण में साहित्यिक रुचि घुलेगी। आलोकधन्वा के आने से परिसर का वातावरण निश्चित ही साहित्यिक हुआ था। मैंने पहली बार देखा कि वे बड़े साहित्यकारों का नाम लेते हुये या उनकी किसी कविता का सन्दर्भ देते हुये संगीतकारों की तरह दोनों कानों को छूते थे। वे अक्सर कहा करते थे कि प्रेमचन्द के लिये वे सैकड़ों औरतों का परित्याग कर सकते हैं। उनकी स्मृति ग़ज़ब की थी इसलिए वे अपने भाषणों में विलक्षण बोध उत्पन्न करते थे। उनके भाषण विषय पर तो कम होते थे लेकिन उनमें मोहित करने की क्षमता बहुत होती थी। उनसे किसी भी विषय पर बात की जा सकती थी। ज़ाहिर है कि वे नक्सलवाड़ी आन्दोलन की देन थे इसलिए उनकी बातचीत में क्रान्तिकारी तेवर बार-बार उभरकर आते थे। वे भूमिहार थे, इसे बताने की जरूरत नहीं थी लेकिन वे बताते थे। क्या कुलपति के भूमिहार होने के नाते बताना ज़रूरी समझते थे या यूँ ही उन्हें अपने भूमिहार होने का गर्व था। अपनी कविताओं पर वे बहुत कम बात करते थे। कई बार विद्यार्थी पूछते कि आपने कविताएँ लिखना क्यों बन्द कर दिया तो वे थोड़ी देर के लिये चुप हो जाते और फिर कहते कि 'कविताएँ रोज नहीं लिखी जा सकतीं।' उनका कहना सही था। वे जब भी कोई नया कपड़ा पहनते तब न्यू पिंच कराते हुये कहते कि इस तरह का कुर्ता अमुख लेखक को बहुत पसन्द था। व्यक्तिगत बातचीत में अधिकांश लेखक दूसरे लेखकों की निंदा करते रहते हैं लेकिन आलोकधन्वा कभी किसी की निंदा नहीं करते थे। एक बार मैंने अरुण कमल जी के बारे में पूछा तो उन्होंने कहा 'वे मैथिल हैं और मैथिलों के बारे में तो आप जानते ही होंगे।' रवीन्द्रनाथ टैगोर, निराला और रेणु की चर्चा करते हुये उनकी आँखें भीग जाया करती थी। सुबह की सैर के बाद अक्सर उनसे भेंट होती तो वे तरोताज़ा मिलते। निराश या दुखी होते मैंने उन्हें बहुत कम देखा था।

परिसर में आलोकधन्वा की उपस्थिति पर पत्रकार राजकिशोर ने 'जनसत्ता' में टिप्पणी लिखी–'ब्रूनो की बेटियाँ आईपीएस के हरम में'। इस टिप्पणी में तीर आलोकधन्वा पर चलाया जा रहा था लेकिन निशाने पर राय साहब थे। यह टिप्पणी सोलहवीं शताब्दी के महान खगोलविद् और दार्शनिक ब्रूनो की बेटियों पर थी इसलिए आलोकधन्वा को बहुत बुरा लगा। कहना न होगा कि चर्च ने अपने ख़िलाफ़

अफवाह फैलाने के आरोप में ब्रूनो को ज़िन्दा जलवा दिया था। आलोकधन्वा की प्रसिद्ध कविता 'ब्रूनो की बेटियाँ' जिस सन्दर्भ में लिखी गयी थी, उसे अपनी कुंठाओं से जोड़कर देखना राजकिशोर के नैतिक पतन के अलावा और कुछ नहीं था। राजकिशोर ब्रूनो को नहीं जानते होंगे, ऐसा मानना सरासर गलत होगा। आलोकधन्वा ने अपना दुख कुलपति जी को साझा किया, ज़ाहिर है कि उन्हें भी यह कृत्य अच्छा नहीं लगा था। लेकिन वे इसका सन्दर्भ जानते थे इसलिए चुप रहे। अवसर पाकर उन्होंने राजकिशोर को अतिथि लेखक के रूप में वर्धा आमन्त्रित किया। आमन्त्रण पाकर राय साहब से उनकी नाराज़गी दूर हो गयी थी। आलोकधन्वा से उनकी कोई दुश्मनी नहीं थी लेकिन वे चाहते थे कि वे भी विश्वविद्यालय का हिस्सा बनें। मैंने वर्धा में रहकर यह जाना कि आर्थिक आधार कमजोर हो जाने के कारण बुढ़ापे में पत्रकार दयनीय हो जाते हैं इसलिए वे इस प्रकार के जोड़तोड़ करते रहते हैं ताकि उनकी आय का स्त्रोत निरन्तर खुला रह सके। मैं पहले यह मानता था कि वेश्या और पहलवान बुढ़ापे में दयनीय हो जाते हैं लेकिन अब इसमें पत्रकार भी जुड़ गये हैं। कहना न होगा कि अब राजकिशोर भी आईपीएस के कथित हरम का हिस्सा हो चुके थे लेकिन जो ख़ुशी आलोकधन्वा को परिसर का हिस्सा बनकर हुई होगी, उससे अधिक ख़ुश राजकिशोर थे। वर्धा आने के बाद उन्होंने 'जनसत्ता' में लिखा 'वर्धा में बारिस'। यह टिप्पणी धन की बारिस पर थी या प्राकृतिक बारिस पर, कहना कठिन है लेकिन परिसर में इसकी चर्चा कई कारणों से बहुत दिनों तक होती रही। राजकिशोर जी से भी मैं पहली बार मिल रहा था। सांवले रंग के नाटे से आदमी जो हमेशा सिगरेट पीते रहते थे और इस जुगाड़ में रहते थे कि शाम को कहीं रसरंजन की व्यवस्था हो जाये। उनका व्यक्तित्व सामान्य था इसलिए वे किसी भी कोण से प्रभावित नहीं करते थे। जबकि आलोकधन्वा अपने कपडों और चमत्कारिक बातचीत से अपने प्रति आकर्षण उत्पन्न करते थे। बाद में राजकिशोर को प्रकाशन विभाग से जोड़ दिया गया था, जहाँ वे पूरे दिन अपने कार्यालय में बैठकर काम करते रहते थे। जिन कुलपति से उनकी नाराजगी थी, उन्हीं के सामने दिन में तीन बार हाज़िरी बजाने जाया करते थे। मैंने एक दिन राय साहब से कहा भी कि 'आपने राजकिशोर को अपना मातहत बनाकर उनकी सारी क्रान्तिकारिता को बधिया कर दिया है।' वे कुछ नहीं बोले, ऐसे अवसरों पर वे अक्सर चुप हो जाया करते हैं। लेकिन यह बात किसी से छिपी हुई नहीं थी। मध्यवर्गीय आदमी चाहे दूर से कितना भी बड़ा नज़र आता हो पर पैसे की चौखट पर वह बोना ही दिखाई देता है।

सुप्रसिद्ध कथालोचक विजय मोहन सिंह और कथाकार संजीव लगभग एक साथ अतिथि लेखक के रूप में कार्य कर रहे थे। तब तक 'नागार्जुन सराय' अतिथि

गृह के रूप में बनकर तैयार हो गया था, जो मेरे आवास के बहुत निकट था। दोनों इसी सराय में रहते थे लेकिन दोनों के अलग-अलग ध्रुव थे। विजय मोहन जी अपनी ठसक में रहते थे। इसी ठसक के कारण सराय में उनका अलग खाना बनता था। जबकि विश्वविद्यालय के नियमानुसार अतिथि को सराय की भोजनशाला में ही खाने की पाबन्दी थी। उनका खाना बनाने के लिये दोनों समय एक महिला आती थी। उनका बेटा पैरा मिलिट्री फोर्स में अफ़सर था इसलिए उनके लिये कार्टन भर शराब आती थी। सुबह और शाम वे अक्सर बाहर बैठा करते थे लेकिन शान्त भाव से। वे बहुत कम बोलते थे इसलिए उनके चेहरे पर हमेशा गम्भीरता छाई रहती थी। संजीव के बारे में उनकी अच्छी राय नहीं थी, वे मानते थे कि उनके पास कथा की भाषा नहीं है। इसलिए मुझे नहीं लगता कि कभी दोनों में दुआ-सलाम भी हुआ हो। कथाकार संजीव बहुत मिलनसार तो नहीं थे लेकिन नकचढ़े भी नहीं थे। वे उस समय विदर्भ में किसान आत्महत्याओं पर 'फांस' उपन्यास लिख रहे थे। इसलिए वे चाहते थे कि जहाँ-जहाँ आत्महत्या की घटना हों, वहाँ-वहाँ वे स्वयं जायें और प्रत्यक्ष अनुभव करके आयें। मैं उस समय विश्वविद्यालय का कुलानुशासक भी था इसलिए सारे सुरक्षा प्रहरी मेरे अधिकार क्षेत्र में थे। जब भी उन्हें घटना की जानकारी मिलती वे मुझसे किसी गार्ड को उनके साथ भेजने के लिये कहते, सारे गार्ड मराठी थे, उनके पास मोटरसाइकिलें थीं इसलिए संजीव जी को आने-जाने और मराठी समझने में सुविधा होती थी। संजीव जी हर समय अपने लेखन के लिये जीते थे, जब भी उनके मन में विचार अकुलाते वे गहरी नींद से उठकर लिखने लग जाते। उनका लिखने और सोने का कोई समय निश्चित नहीं था। उन्हें हड्डियों की बीमारी थी इसलिए चलने-फिरने में परेशानी होती थी। विडम्बना यह कि जहाँ उन्होंने सारी ज़िन्दगी नौकरी की, वहाँ से उन्हें पेंशन इत्यादि कोई सुविधा नहीं मिली थी इसलिए आर्थिक संकट नामक बड़ी बीमारी से भी वे पीड़ित थे। वर्धा में अतिथि लेखक के रूप में उन्हें प्रतिमाह पचास हजार रुपये मिलते थे, जिससे उन्हें तत्काल आर्थिक कठिनाइयों से भी मुक्ति मिली और उपन्यास भी अपनी गति पकड़ रहा था। कुलपति से कहकर वे एक वर्ष की जगह दो वर्ष तक निरापद भाव से वर्धा में रहे। निरापद भाव से इसलिए कि वे विश्वविद्यालय की अफवाहों और गतिविधियों से हमेशा निरपेक्ष रहते थे। वे मिलते सबसे थे लेकिन बातचीत के केन्द्र में साहित्य को ही रखते थे। वे अक्सर सुबह के समय घूमते हुये मेरे आवास पर आते और तमाम तरह की साहित्यिक गतिविधियों पर बातें करते। एक बार बातचीत में तय हुआ कि पूर्व में प्रकाशित मेरे दो कहानी संग्रह-'टीका प्रधान' और 'जंगल' को एक जिल्द में छपवाया जाये। इसकी भूमिका लिखने का दायित्व उन्होंने स्वयं स्वीकार किया।

वे मेरे दोनों कहानी संग्रह पढ़ने के लिये ले गये। एक दिन गुस्से में आये और मेरी पत्नी से कहा-'अस्सी के दशक में जब पालीवाल जी कहानियाँ लिख रहे थे, उस समय उनकी जो राजनीतिक समझ थी, वह समझ तो मेरे अन्दर भी नहीं थी।' इस बात से दुखी थे कि मैंने कहानियाँ लिखना क्यों छोड़ दीं और मेरी पत्नी से इसलिए नाराज़ थे कि उन्होंने लगातार कहानियाँ लिखने के लिये प्रेरित क्यों नहीं किया? यह कहना उनका बड़प्पन था लेकिन यह सच है कि मुझे कहानियाँ न लिख पाने का आज भी दुख है।

संजीव जी के खाते में कई महत्त्वपूर्ण कहानियाँ और उपन्यास हैं, वे आपातकाल के बाद उभरे समाज के ज़िम्मेदार लेखक हैं। उनसे बातचीत तो पहले भी होती रहती थी लेकिन उनसे मिलने और उनके साथ अन्तरंग बातचीत करने का यह पहला अवसर था। वे अपनी बातचीत में अपने समकालीन लेखकों, पत्र-पत्रिकाओं की पोलिमिक्स तथा राजनीतिक-सामाजिक ढलान पर चिन्ता व्यक्त करते थे। अधिकांश लेखक अपने लेखन पर केन्द्रित रहते हैं और यह मानकर दुखी रहते हैं कि उनकी प्रतिभा को किसी ने नहीं पहचाना लेकिन संजीव जी के मन में ऐसा कोई दुख नहीं था। अपने लेखन को लेकर भी कोई कुंठा उनके मन में नहीं थी। कई बार लोगों ने उन्हें चढ़ाने के लिये कहा भी कि 'नामवर जी तो आपके लेखन को एक प्रोजेक्ट के तहत लिखा मानते हैं इसलिए उसे गम्भीरता से भी नहीं लेते'। सार्वजनिक रूप से पता नहीं उन्होंने नामवरजी को जवाब दिया कि नहीं लेकिन बातचीत में उन्होंने बताया कि नामवरजी के बारे में उनकी भी राय अच्छी नहीं है। वे अपने लेखन से कितना सन्तुष्ट हैं, पता नहीं लेकिन लेखन के प्रति सजग और ईमानदार हैं, इसे मैंने बहुत निकट से देखा-जाना है।

संजीव जी के बाद हमारे आदरणीय मित्र और बड़े भाई से.रा.यात्री अतिथि लेखक के रूप में वर्धा आये। तब विजयमोहन सिंह जी वहीं थे। यात्री जी नागार्जुन सराय की जगह फादर कॉमिल बुल्के अतिथि गृह में ठहरे थे लेकिन भोजन इत्यादि के लिये वे नागार्जुन सराय ही आते थे। वे 'वर्तमान साहित्य' के सम्पादक मंडल के सदस्यों में से एक थे इसलिए हमारी मुलाकातें अक्सर होती रहती थीं। मैं जब जोधपुर में था, तब अनेक अवसरों पर यात्री जी हमारे घर आये, घर पर ठहरे और घर के बड़े सदस्य की तरह ठहरे। वे हमारे परिवार के आत्मीय और आदरणीय थे। राय साहब से उनका पुराना सम्बन्ध था, इतना पुराना कि उनके जन्म दिन के अवसर पर यात्री जी हमेशा उनके साथ होते थे। वर्धा में राय साहब का जन्म दिन पड़ा तो यात्री जी मेरे साथ खादी आश्रम गये और कहा कि 'सबसे लम्बा और सबसे चौड़ा कुर्ता दे दो।' यह सुनकर खादी आश्रम में काउंटर पर बैठा व्यक्ति भोंचक होकर

देखने लगा। लौटते हुये मैंने कहा 'यात्री जी आपने नाप बहुत अच्छा बताया' तो उन्होंने हँसते हुये कहा 'अरे भाई, राय साहब के नाप के लिये इसके अलावा और क्या कहा जा सकता था?' यात्री जी के आने के बाद विश्वविद्यालय का वातावरण और आत्मीय बन गया था। शाम के समय या तो वे राय साहब के घर जाते या मेरे यहाँ। इस बात को राय साहब भी अक्सर कहा करते थे कि 'परिसर में आने वाले लेखक या तो मुझे जानते हैं या आपको।' विश्वविद्यालय शहर से बहुत दूर तो नहीं था लेकिन आवागमन के साधन बिल्कुल भी नहीं थे इसलिए बाहर से आने वाले किसी भी अतिथि के लिये अकेले शहर जाना कठिन होता था। राय साहब का दिमाग उर्वर था इसलिए कई अवसरों पर उन्होंने यह प्रस्ताव रखा कि जो कर्मचारी अपने बेटों को अस्थायी नौकरी के लिये दबाव बनाते रहते हैं वे उन्हें टेक्सी या ऑटो क्यों नहीं दिलवा देते।' ज़ाहिर है कि परिसर में उपलब्ध टेक्सी या ऑटो से अतिथियों की ही नहीं बल्कि विद्यार्थियों की समस्या का भी समाधान हो जाता। यात्री जी हमेशा दुबले-पतले रहे हैं इसलिए उनके शरीर में फुर्ती रहती थी। वे प्रशासनिक भवन जाने या बाहर जाने के लिये ज़्यादातर किसी से कहते नहीं थे यह बात दूसरी है कि आते-जाते लोग उन्हें अपने वाहन में बैठा लेते थे। यात्री जी कभी दुनियादार नहीं रहे लेकिन विश्वसनीय हमेशा रहे। वे जिसके पास बैठते थे, उसी के होकर रहते थे। वे अद्भुत किस्सागो थे, उनके सम्बन्ध पुराने और नये लेखकों से प्रगाढ़ थे। वे सीमित साधनों में रहना जानते थे इसलिए किसी से मांगने की आदत नहीं थी। सीधे इतने थे कि जब वर्धा आने लगे तो बेटे ने रेल में बैठाते हुये कहा कि 'नागपुर से रेल चलने के बाद सेवाग्राम ही रुकेगी इसलिए आराम से उतर जाना।' दुर्भाग्य से आगे की लाइन क्लीयर न होने के कारण रेल सेवाग्राम से पहले सिंदी रेलवे स्टेशन पर रुक गयी। सुबह अभी हुई नहीं थी, सर्दियों के दिन थे इसलिए थोड़ा-थोड़ा कुहरा भी था यात्री जी सिंदी रेलवे स्टेशन पर उतर गये। रेल स्टेशन के बजाय बीच की पटरी पर थी, जिसका मतलब साफ़ था कि यहाँ रेल का ठहराव नहीं है लेकिन यात्री जी को जो बताया गया था, उसके अनुसार वे नागपुर के अगले स्टेशन पर उतर गये। बीच की पटरी से वे जैसे-तैसे करके मुख्य स्टेशन पर पहुँचे और सेवाग्राम के बारे में पूछ ही रहे थे कि रेल चल दी। बताने वाले ने कहा 'आप ग़लत ज़गह उतर गये हैं, सेवाग्राम तो यहाँ से तीस किमी है। अब आठ बजे दूसरी रेल आयेगी तब आप उसमें बैठकर सेवाग्राम चले जाना।' मैंने विश्वविद्यालय की कार और एक विद्यार्थी को उन्हें लेने के लिये सेवाग्राम स्टेशन भेज दिया था। रेल आयी और चली भी गयी लेकिन यात्रीजी कहीं नहीं दिखे। विद्यार्थी ने मुझे फ़ोन किया। यह सुबह का टहलने का समय था, राय साहब मेरे साथ ही थे इसलिए मैंने उन्हें यात्री जी के बारे में

बताया। यात्री जी को फ़ोन किया तो उनकी आवाज़ साफ़ नहीं आ रही थी। उन्हें फ़ोन लगाना भी नहीं आता था। इसलिए चिन्ता और बढ़ गयी। कुछ देर बाद उन्होंने किसी आदमी से कहकर फ़ोन किया तब मालूम हुआ कि वे तो सिंदी रेलवे स्टेशन पर उतर गये हैं। बहरहाल यात्री जी आये और अपने अन्दाज़ में आये। उन्होंने बताया कि यह घटना उनके लिये पहली नहीं है। हमारी चिन्ता दूर हुई और वे निश्चिंत होकर चुप बैठे थे। उनकी आदत थी कि वे जितनी रोटियाँ खाते थे, उतनी कुत्तों को भी खिलाते थे। गाजियाबाद के घर की सीढ़ियों से उतरते तो कुत्ते उन्हें घेर लेते थे और वे जेब से रोटियाँ निकालकर उन्हें खिलाते रहते थे। वर्धा में भी उन्होंने यही किया। नागार्जुन सराय से खाना खाकर निकलते तो परिसर के सारे कुत्ते इकट्ठे हो जाते और वे उन्हें कुर्ते की जेब से निकाल-निकालकर टुकड़ों में रोटियाँ खिलाते रहते। कई लोगों ने इस पर ऐतराज भी किया और मजाक भी बनाया पर यात्री जी मानने वाले नहीं थे इसलिए माने भी नहीं।

वे बताते थे कि उनके पिता इतने सीधे थे कि एक बार उनके चाचा ने कहा 'ये कपड़ों के थान हैं, इन्हें साइकिल पर रखकर आसपास के गाँवों में बेच आओ।' उन्होंने कभी व्यापार नहीं किया था इसलिए व्यापार की तरकीबें और चालाकियाँ भी नहीं जानते थे। लोगों ने कपड़े तो ले लिये लेकिन रुपये नहीं दिये। शाम को जब वे घर लौटे तो चाचा ने पूछा 'बेच आये', उन्होंने कहा 'बेच आया।' कितने रुपये मिले तो उन्होंने सहज भाव से कहा 'रुपया तो एक भी नहीं मिला।' यह सुनकर चाचा बहुत नाराज़ हुये और घर से निकाल दिया। वे नयी बनियान भी फाड़कर पहनते थे और पूछने पर कहते 'भाई नया कपड़ा नहीं पहना जाता।' यात्री जी भी बहुत सीधे थे और सज्जन भी। बचपन में उनके बड़े भाई जो पतरोल थे, ने कहा कि पढ़ने में मन नहीं लगता तो वैद्यगीरी सीख लो। बड़े भाई ने अपने परिचित वैद्य जी के पास उन्हें सीखने के लिये भेज दिया। यात्री जी बताते कि मेरी समझ में कुछ नहीं आता था इसलिए पुड़ियों में रखी दवाइयों में भी उलट फेर हो जाया करता था। मरीज शिकायत करते तो एक दिन वैद्य जी ने तंग आकर पतरोल साब से साफ-साफ़ कह दिया कि 'यह सीखने वाला नहीं है, इसकी कुछ समझ में ही नहीं आता है।' एक दिन पतरोल साहब ने कहा 'और कुछ नहीं तो हारमोनियम ही सीख ले।' यात्री जी के लिये पुराना हारमोनियम खरीदा गया। उनके गाँव की पैंठ में एक धुन्ना सर्दियों के दिनों में रुई धुनता था और गर्मियों के दिनों में गले में हारमोनियम लटकाकर गाने गाता था। यात्री जी उससे गानों की एक कितबिया ले आये और हारमोनियम पर रियाज करने लगे। एक दिन पतरोल साहब के यहाँ शाम को भजनों का कार्यक्रम था। लोग एक-एक कर भजन सुना रहे थे तब किसी ने कहा 'पतरोल साहब आपका

भाई भी तो गाता है।' बड़े भाई ने यात्री जी को बुलाया और पूछा तो उन्होंने सहज भाव से हाँ कर दी। जब उनसे सुनाने के लिये कहा गया तो उन्होंने गाया 'नारौ लइयो झब्बेदार'। कार्यक्रम में उपस्थित सारे लोग यह सुनकर सन्न रह गये और पतरोल साहब को इतना गुस्सा आया कि उन्होंने हारमोनियम उठाकर फेंक दिया तथा यात्री जी को ख़ूब खरी-खोटी सुनाईं। उस दिन के बाद उनका गाना-बजाना बन्द करवा दिया गया। सीधेपन के अनेक किस्से हैं, जिन्हें यात्री जी ऐसे सुनाया करते थे जैसे किसी और के किस्से हों। अपने अभावों और असफलताओं पर वे निस्पृह रहते थे, उन्हें इस बात का भी कोई अफसोस नहीं था कि उनके लेखन पर बहुत कम चर्चा होती है। अधिकांश लेखकों की इच्छा होती है कि अच्छे आलोचक उनका नोटिस लें पर यात्री जी ने अपने लेखन पर लिखने के लिये कभी किसी से नहीं कहा। वे अपने लेखन से कितने सन्तुष्ट थे, नहीं कहा जा सकता लेकिन इतना कहा जा सकता है कि लेखन के प्रति वे बहुत ईमानदार थे, उनके सम्पर्कों की लम्बी सूची थी, वे लगभग सारी प्रतिष्ठित पत्रिकाओं में प्रकाशित होते रहते थे। कई प्रतिष्ठित पुरस्कारों के निर्णायक भी रहते थे लेकिन विडम्बना यह कि उन्हें न कोई प्रतिष्ठित पुरस्कार मिला और न किसी बड़े आलोचक ने उनके कथा साहित्य पर लिखा।

'रघुवीर सहाय और उनका कवि कर्म' पर जवाहरलाल नेहरू विश्वविद्यालय, नयी दिल्ली से शोध कर पत्रकार बने सुरेश शर्मा नामवर जी की सिफारिश पर अतिथि लेखक के रूप में आये थे। नामवर जी ने राय साहब से कहा था कि 'विश्वविद्यालय में रहकर ये मेरे छूटे हुये कामों को पूरा करेंगे।' सुरेश जी पत्रकारिता से अवकाश ग्रहण कर चुके थे, बच्चे छोटे थे इसलिए उन्हें धन की ज़रूरत थी। वर्धा उनकी इस कमी को पूरा करने के लिये उचित जगह थी। वे हमेशा सक्रिय रहते थे इसलिए यात्री जी कहते थे कि 'सुरेश शर्मा तो चौबीस घंटे में बहत्तर घंटे दौड़ते ही रहते हैं। विश्वविद्यालय में लोग मज़ाक उड़ाते हुये कहते कि 'एक बार लेपटॉप कार के बोनट पर रखा था और वे कार चला रहे थे तो किसी ने उन्हें रोककर कहा कि लेपटॉप गिर जायेगा, इसे अन्दर रख लीजिये तो उन्होंने कहा आप रख दीजिये।' छोटे-से परिसर में उन्हें ढूँढ़ना कठिन था यदि कोई कहे कि शर्मा जी प्रशासनिक भवन में हैं तो जाने पर मालूम होता कि वे तो नाटक एवं फ़िल्म विभाग में पहुँच भी गये। धीरे-धीरे उन्होंने राय साहब को पटाना शुरू किया कि वे पत्रकार तो रोजी रोटी के लिये रहे हैं लेकिन मूलतः नाटक और फ़िल्म के आदमी हैं। संयोग से नाटक और फ़िल्म विभाग में प्रोफेसर का पद खाली था, उन्होंने आवेदन किया और उनकी नियुक्ति हो गयी। मैं उस चयन समिति में अधिष्ठाता के रूप में उपस्थित था। शर्मा जी बेचैन आत्मा हैं इसलिए जमकर बैठना उनके स्वभाव में नहीं है। राय साहब

के जाने के बाद नये कुलपति को ख़ुश करने के लिये उन्होंने दोहा बनाया 'बडनेरा आया तो वर्धा आया समझो, कुलपति सच है बाकी सबको माया समझो।'

सुरेश शर्मा के प्रोफेसर बनने के बाद अतिथि लेखक के रूप में विनोद कुमार शुक्ल, ऋतुराज और दूधनाथ सिंह आये। तीनों बड़े लेखक थे, तीनों की अपनी-अपनी तरह से ख्याति थी इसलिए राय साहब आशान्वित थे कि इनके रहने से विद्यार्थियों को लाभ मिलेगा। कुछ दिनों तक तीनों नज़ीर हाट में साथ-साथ दूध और कॉफी पीने जाते। दूधनाथ जी और ऋतुराज जी दस रुपये की कॉफी पीते तो विनोद जी पाँच रुपये की। ऋतुराज जी ने कभी विनोद जी की कंजूसी पर टिप्पणी कर दी होगी, यह बात दूधनाथ जी ने विनोद जी को बता दी। उन्हें बहुत बुरा लगा परिणामत: तीनों की खटपट शुरू हो गयी। तीनों अलग-अलग समय भोजन करने और सैर करने जाने लगे। कुछ दिनों के बाद विनोद कुमार शुक्ल की समझ में यह बात आ गयी कि परिसर में रहना ज़रूरी नहीं है। इसलिए वे महीने के आरम्भिक सप्ताह में आते, कुलपति से मिलते और बैंक से धनराशि लेकर लौट जाते। दूधनाथ जी ने इलाहाबादवाद फैलाया और कई अध्यापकों तथा विद्यार्थियों को अपना चेला बना लिया। वे उन्हें यह आश्वासन देने में सफल हुये कि कुलपति यानी विभूति तो उनके शिष्य हैं, जो कहेंगे वे करेंगे। अवसर का लाभ उठाकर वे कभी इलाहाबाद चले जाते तो कभी दिल्ली। उन दिनों 'वर्धा शब्दकोश' बन रहा था, जिसकी गति और प्रगति में तरह-तरह की बाधाएँ आ रही थीं। डॉ. रामप्रकाश सक्सेना इसके सम्पादक थे लेकिन वे जिस तरह से काम को आगे बढ़ा रहे थे, उससे कुलपति की यह समझ में आ गया था कि यह काम उनके कार्यकाल में पूरा हो पाना सम्भव नहीं है। इसलिए उन्होंने व्यवस्थित रूप से कार्य को आगे बढ़ाने का जिम्मा डॉ. शोभा पालीवाल को दे दिया, उन्होंने रात-दिन अथक परिश्रम कर 'वर्धा शब्दकोश' को साकार किया, जिसकी प्रशंसा विमोचन के समय स्वयं कुलपति ने की थी। शब्दकोश के निर्माण में प्राध्यापकों से लेकर शोधार्थी तक काम कर रहे थे। उसमें सहयोगी के रूप में नागपुर से एक महिला आती थीं और नागार्जुन सराय में ही ठहरा करती थीं। दूधनाथजी वाक्चतुर थे, इसलिए दोनों घंटों बैठे बातें करते रहते थे। जिस दिन शब्दकोश को अन्तिम रूप दिया जा रहा था, उस दिन रात के बारह बजे मालूम हुआ कि वह महिला न तो अपने कमरे में हैं और न उन्होंने निर्धारित सामग्री ही तैयार करके दी है। ज्ञानपीठ प्रकाशन के दो लोग उसी अतिथि गृह में ठहरे हुये थे, जिन्हें सुबह सारी सामग्री सौंपी जानी थी। कुलपति को जगाया गया तो उन्होंने कहा 'दूधनाथजी के कमरे में देखो।' चिन्तातुर लोगों ने दूधनाथ जी का कमरा खटखटाया तो देखकर आश्चर्यचकित रह गये कि दोनों आराम से बातें करने

में मगन हैं। दूधनाथ जी बातें बढ़ा-चढ़ाकर कहते थे, इस बारे में जब उनसे पूछा गया तो उन्होंने हँसते हुये कहा–'गल्प लिखता हूँ तो उसकी तरह बातें भी करता हूँ।' उनके अनेक किस्से हैं और उन किस्सों में दूधनाथजी अपने अलग-अलग अन्दाज़ में विद्यमान हैं। ऋतुराज जी अपने कार्यकाल के दौरान वर्धा में ही रहे, उनका कहना था कि उन्हें मिलने वाले मानदेय में रेलवे का ख़र्चा शामिल नहीं है। उन्होंने कुलपति को बताया कि वे आकाश में उड़ते हुये पक्षियों की संख्या गिन लेते हैं और पेड़ पौधों के बारे में उन्हें सघन जानकारी है। परिसर में जब भी नये पेड़ लगाने होते तो राय साहब उनसे मशबिरा लिया करते थे लेकिन पक्षियों की संख्या गिनने वाली बात पर वे उनका मज़ाक उड़ाया करते थे। ऋतुराज जी को पान खाने का शौक था इसलिए वे अपने कमरे में हमेशा सादा पान और चूना रखते थे। उन्हें सुबह-शाम घूमने का शौक था, भर बरसात में भी वे घूमते थे लेकिन घूमते हुये इस बात का ध्यान रखते थे कि कुलपति से भेंट हो जाये। इसलिए कई बार वे कुलपति के साथ दुबारा भी घूमने चले जाते थे। इन तीनों को आमन्त्रित करते समय कुलपति को जो उम्मीदें थीं, वह व्यर्थ साबित हुई और तीनों की परस्पर कटुता के कारण बड़े लेखकों के उदार होने की धारणा न केवल टूटी बल्कि उसके मिथ्या होने का संदेश भी प्रसारित हुआ ।

राय साहब का कार्यकाल समाप्त होने के बाद जो अतिथि लेखक आये, उनमें चित्रा मुद्गल के अलावा और कोई मुख्यधारा का लेखक नहीं था इसलिए परिसर में उनकी उपस्थिति का न कोई महत्त्व था और न कोई उपयोग ही। समृद्ध और सकारात्मक परम्पराएँ कैसे नष्ट होती हैं, यह परिसर ने बाद के दिनों में स्वयं देखा और अनुभव किया।

जिनसे मन मिले

जिस तरह जीवन के बारे में निश्चित तौर पर कुछ नहीं कहा जा सकता, उसी तरह जीवन मार्ग में कब कौन मिल जाये, तय नहीं होता। इसलिए बहुत अच्छे लोग भी मिलते हैं और बहुत बुरे भी। यह कहना कठिन है कि संसार में अच्छे लोग अधिक हैं या बुरे लोग। कहना न होगा कि बुरे लोग अपने दुष्प्रभाव छोड़कर चले जाते हैं लेकिन अच्छे लोग हमेशा साथ रहते हैं, वे हमेशा साथ रहने के लिये ही मिलते हैं। काल गणना में मनुष्य जीवन बहुत छोटा है लेकिन एक मनुष्य के लिये तो वह पूरा जीवन है जो कई तरह की घटनाओं और संयोगों से भरा-पूरा रहता है। हर आदमी की तरह मुझे भी कुछ लोग ऐसे मिले जो 'परहित घृत जिनके मनमाखी' की तरह थे लेकिन बहुत अच्छे, उदार और बड़े सोच वाले व्यक्ति ज़्यादा मिले, जो अब भी मेरे साथ हैं या मैं उनके साथ हूँ। एक तरह का जीवन एकरसता लाता है तो विविधतापूर्ण जीवन उमंग और उत्साह से भरा होता है। मैं जब गाँव से आया था, तब अलीगढ़ में अपने दो चाचाओं के अलावा और किसी को नहीं जानता था। अलीगढ़ ही नहीं शहर भी मेरे लिये नया था। इससे पहले मैं कभी न किसी शहर में गया और न रहा। बचपन में पिता जी और माँ के साथ जयपुर के पास अपनी ननिहाल आता था, जिसका रास्ता मथुरा, भरतपुर और जयपुर होकर जाता था लेकिन इन शहरों के रेलवे स्टेशनों तक ही हमारी यात्रा सीमित रहती थी। अलीगढ़ मेरे लिये पूरी तरह अपरिचित था इसलिए कभी अकेले में डरता तो कभी शहर में होने के सुख से आनन्दित रहता था।

अलीगढ़ ने मुझे तराशा और गढ़ा है। अलीगढ़ की साझा संस्कृति और धर्मनिरपेक्षता ने मेरे मन को विस्तार दिया है। आज इतने दिनों बाद जब मैं यह सोचता हूँ कि अलीगढ़ में व्यक्ति के रूप में मुझे कौन-कौन मिले तो मेरे सामने प्रो. कुंवरपाल सिंह, डॉ. नमिता सिंह, प्रो. इरफान हबीब, प्रो. क़ाज़ी अब्दुल सत्तार तथा प्रो. शहरयार साहब के अलावा और बहुत सारे लोग हैं, जिनसे मैं प्रत्यक्ष और अप्रत्यक्ष रूप से जुड़ा रहा। अध्ययनकाल के समय राजाराज किशोर उपाध्याय और

गंगाशरण सिंह ऐसे दो नाम हैं, जो अलग-अलग रूपों में मेरे साथ थे। राजाराज किशोर उम्र में बड़े थे, वे फौज से अवकाश ग्रहण कर पढ़ने आये थे, वे दुनियादार हो सकते थे लेकिन बिल्कुल भी नहीं थे। वे दोस्तों के दोस्त थे और शत्रुओं के सामने हिमालय की तरह खड़े रहते थे। वे कई अर्थों में विलक्षण थे। सामान्यत: वे बहुत सहज और सरल थे। गंगाशरण सिंह रेलवे स्टेशन के पास शहर की प्रतिष्ठित आबादी मैरिस रोड पर रहते थे। उनके दो मकान थे, एक में तेल का कारखाना और घर था तथा दूसरा गंगा के पास था। मैं जब एम.ए. कर रहा था तब वह एल.एल. बी. में पढ़ रहा था। वह मस्त और उदार था इसलिए उसके लिये संकायों की कोई सीमा नहीं थी। उसके यहाँ विधि के विद्यार्थियों के साथ अन्य संकायों के विद्यार्थी भी आते थे। एकाध रेलवे कर्मचारी के अलावा प्रेम सिंह नामक ऐसा व्यक्ति भी आता था, जो लोंड्री का काम करता था। गंगा सबसे उदारता से मिला करता था। उसके लिये विद्यार्थी, कर्मचारी और अपने धंधों में लगे लोगों में कोई अन्तर नहीं था। शहर में दंगों और कर्फ्यू के दौरान गंगा का घर हमारे लिये अपना घर ही हुआ करता था। अलीगढ़ में कर्फ्यू का मतलब पुराना शहर होता था इसलिए सिविल लाइंस और विश्वविद्यालय परिसर उन दिनों निरापद भाव से गुलजार रहा करते थे।

डॉ. वेदप्रकाश अमिताभ अलीगढ़ के धर्म समाज कॉलेज में हिन्दी के प्राध्यापक थे। वे पत्र-पत्रिकाओं में लगातार लिखा करते थे इसलिए उनकी पहचान पूरे हिन्दी जगत में थी। विश्वविद्यालय और महाविद्यालयों में तीन तरह के प्राध्यापक होते हैं- एक, जो अध्यापन के अतिरिक्त ज्ञान की परम्परा को आगे ले जाने के लिये लगातार पढ़ते और लिखते हैं, दो, जो अध्यापन तक सीमित रहते हैं और तीन, जो अध्यापन के अलावा और सारे काम करते हैं, उनके लिये अध्यापन और पठन-पाठन व्यर्थ की चीजें हैं। तीसरे तरह के लोग अतिरिक्त रूप से सावधान और चतुर होते हैं। बागला कॉलेज, हाथरस में अमिताभ जी के परिचित एक प्राध्यापक थे, जो कक्षाओं में पढ़ाते हुये विद्यार्थियों से कहा करते थे कि 'समझाने की मेरी गारंटी नहीं है, बाहर आ जा कुश्ती में चित करने की गारंटी पक्की है।' ऐसे प्राध्यापकों से शिक्षा जगत भरा हुआ है। महाविद्यालयों में प्राचार्य के अलावा उपाचार्य और कृपाचार्य भी होते हैं। प्राचार्य का काम सर्वविदित है, उपाचार्य का काम प्राचार्य के कार्य में हाथ बंटाना होता है और कृपाचार्य न प्रशासनिक कार्य करते हैं और न अकादमिक, उनका कार्य प्राचार्य को गोपनीय सूचनाएँ देना भर होता है। इसलिए वे न कभी अपनी कक्षाओं में पढ़ाते हुये पाये जाते हैं और न पुस्तकालय में पढ़ते हुये बल्कि वे हमेशा प्राचार्य कक्ष में अपने साथियों की निन्दा करते हुये अपना समय बिताते हैं। वेदप्रकाश जी इस प्रकार के प्राध्यापकों में से नहीं थे, वे बहुत सज्जन और पढ़े-लिखे व्यक्ति हैं।

दुर्भाग्य से उन्हें बाहर निकलने का अवसर नहीं मिला इसलिए धर्म समाज कॉलेज और उसका हिन्दी विभाग उनकी सीमा और ढाल दोनों बनकर रह गये। धर्म समाज कॉलेज और वार्ष्णेय कॉलेज में हिन्दी के कई प्राध्यापक थे लेकिन उन सबमें वेद जी ही ऐसे प्राध्यापक थे, जिन्हें लोग बाहर भी जानते थे। वे उदार और संवेदनशील व्यक्ति थे, उन पर भरोसा किया जा सकता था, इसके लिये वे हमेशा प्रतिबद्ध रहे। मुझे जब भी अवसर मिलता, उनके पास जाता और घंटों बातचीत करता था। वे मेरे आत्मीय मित्र और शुभचिन्तकों में से एक रहे हैं। अलीगढ़ में रतन रंगीला नामक एक विलक्षण व्यक्ति थे। जब रंगीन फोटोग्राफी बहुत ख़र्चीली थी और आम नहीं हुई थी तब उन्होंने अपने उद्यम से रंगीन फोटो की एक लैब खोली और वे अकेले उसमें कार्य किया करते थे। वे फक्कड़ स्वभाव के थे, उन्हें कोई लालच नहीं था। सन् 1980 में मेरे छोटे भाई का विवाह हुआ तो फोटोग्राफर का दायित्व उन्होंने ही सँभाला इसके लिये उन्होंने शर्त रखी कि भाई की तरह शादी में ले चलो तो चलूंगा, पेशेवर फोटोग्राफर की तरह नहीं। वे गये और अपना दायित्व ऐसे सँभाला जैसे उनके छोटे भाई की ही शादी हो। वे कविताएँ भी लिखा करते थे लेकिन मैंने जबर्दस्ती कविताएँ सुनाते हुये कभी नहीं देखा। मुझे जिस दिन विश्वविद्यालय नहीं जाना होता तो हमारी बैठकें सरदार जी की चाय की दुकान पर जमती थीं। सरदार जी वामपंथी थे और यह जानते थे कि साहित्य से जुड़े लोग कितने बेचैन आत्मा होते हैं, वे हम सबके मन को पढ़ना जानते थे इसलिए सब उनसे ख़ुश रहते थे। वे व्यापारी कम दोस्त अधिक थे। उनके यहाँ संस्कृत विभाग में शोध कर रहे गिरीश शर्मा भी आते थे, जो आजकल उ.प्र. कम्यूनिस्ट पार्टी के प्रदेश सचिव हैं। गिरीश शर्मा के बड़े भाई उमेश शर्मा संस्कृत के प्राध्यापक थे। दोनों भाइयों की उम्र में ज़्यादा फर्क नहीं था इसलिए उमेश जी हमारे बड़े भाई भी थे और दोस्त भी।

जोधपुर मेरे लिये दूसरे घर की तरह ही रहा है। मेरे जीवन का सर्वाधिक समय वहीं गुजरा और अच्छी तरह से गुज़रा। जोधपुर पश्चिमी राजस्थान का ऐसा शहर है जो परम्परागत रूप से अतीत पर गर्व करता है तो आधुनिकता में भी किसी से पीछे नहीं है। हर बड़े शहर में चुनाव करने की छूट होती है इसलिए मैंने जिन लोगों का चयन किया या संयोगवश जिन लोगों से मेरे सम्बन्ध रहे, वे अपने समय पर छाप छोड़ने वाले व्यक्ति रहे हैं। विश्वविद्यालय में मेरा सबसे पहला परिचय तो हिन्दी विभाग के सहयोगियों से ही हुआ लेकिन मुझे जल्दी ही उनकी सीमाएँ समझ में आ गयी थीं। सीमाओं में बँधकर रहने की मेरी आदत नहीं थी इसलिए मैं हिन्दी विभाग से बाहर निकला तो शिक्षक संघ में सर्वाधिक सक्रिय और लोकप्रिय मोहनस्वरूप माहेश्वरी जी से मेरा परिचय हुआ। वे शाम के समय सोजती गेट स्थित फ़िल्म

सोसायटी कार्यालय में बैठते थे, जो शिक्षक संघ का भी कार्यालय हुआ करता था। उनके यहाँ वरिष्ठ शिक्षकों से लेकर नये शिक्षकों की आवक लगातार जारी रहती थी। विश्वविद्यालय की शायद ही ऐसी कोई सूचना हो जो उनके यहाँ न पहुँचती हो इसलिए वे हमेशा अद्यतन रहते थे। साहित्य, राजनीति और फ़िल्म पर उनका असाधारण अधिकार था। वे भौतिक शास्त्र के प्राध्यापक थे लेकिन यह उनकी सीमा नहीं थी। वे अकेले ऐसे शिक्षक नेता थे, जो हर नये प्राध्यापक को यह भरोसा दिलाने में समर्थ होते थे कि वे उनके अपने हैं। वे जाति और प्रान्त से अलग हटकर राजनीति में विश्वास करते थे। जोधपुर विश्वविद्यालय के शुरूआती दिनों में उत्तर प्रदेश से बहुत सारे प्राध्यापक आये थे इसलिए स्थानीय लोगों के मन में यह बात बैठ गयी थी कि उत्तर प्रदेश वाले हमारी नौकरियाँ खा रहे हैं। ज़ाहिर है कि इससे स्थानीय लोगों के मन में कटुता रहती थी, जो गाहेबगाहे ज़ुबान पर भी आ जाती थी। मोहनस्वरूप जी और उनके शिक्षक संगठन के लोग इस प्रकार की संकीर्णताओं में विश्वास नहीं रखते थे इसलिए उनका संगठन प्रतिरोध का जीता-जागता नमूना था, जिससे विश्वविद्यालय का प्रशासन डरता था। सिंडिकेट के चुनावों में नियमानुसार दो शिक्षक प्रतिनिधियों का चुनाव होता था, इस चुनाव में प्रान्त, धर्म और जाति भी अपना काम करते हैं लेकिन मोहनस्वरूप जी ने कभी इस आधार पर वोट नहीं मांगे। उन्हें मालूम था कि कौन उन्हें या उनके प्रत्याशी को अपना मत देगा और कौन नहीं। उनके पास अपनी सूची होती थी, जिसे वे प्रति वर्ष अद्यतन किया करते थे। वे कई अर्थों में विरल थे, इस विरल व्यक्तित्व की वजह से उनका स्थान कोई नहीं ले सका इसलिए उनके जाने के बाद शिक्षक संगठन जाति और स्वार्थ में बिखरता चला गया।

हमारे कला संकाय में राजनीति विज्ञान विभाग में प्रो. लक्ष्मण सिंह राठौड़ थे, जो बाद में विश्वविद्यालय के कुलपति भी रहे। उनसे मेरा परिचय बहुत बाद में तब हुआ जब वे कुलपति थे और मेरी नियुक्ति विभागाध्यक्ष पद पर हुई थी। इससे पहले मैंने उनकी ख्याति सुनी थी और ख़ूब सुनी थी लेकिन व्यक्तिगत परिचय नहीं था। जब भी उनके चेम्बर के सामने से गुजरना हुआ तब अतिरिक्त रूप से सचेत होकर गुजरा क्योंकि संकाय में यह धारणा आम थी कि 'सर पढ़ रहे हैं।' संकाय के प्राध्यापकों को छोड़ दीजिये उनके अपने ही विभाग के प्राध्यापक उनसे बहुत कम मिलते थे या यह भी कह सकते हैं कि उनसे मिलने की कोई नौबत ही नहीं आती थी। विभाग और प्राध्यापकों के काम बगैर मिले ही हो जाते थे। अध्यक्ष का पदभार सँभालने के बाद स्वाभाविक रूप से उनसे भेंट होती थी। विश्वविद्यालय की कई संवैधानिक समितियों के अलावा शोध समिति इत्यादि में उनसे भेंट अपरिहार्य थी। कुलपति समितियों के चेयरमैन होते हैं और विभागाध्यक्ष पदेन सदस्य इसलिए भेंट

का यह सिलसिला तीन साल तक चलता रहा, जो बाद में निजी सम्बन्धों का आधार बना। कहना न होगा कि उनके आसपास के लोगों ने उनका ऐसा डरावना व्यक्तित्व निर्मित कर रखा था कि लोग उनसे डरते थे, उनकी अपनी जाति के राजपूत उनके बारे में कुछ सुनना नहीं चाहते थे। लेकिन उनसे मिलने और कई बार मिलने के बाद मैंने यह जाना कि उनकी जो छवि निर्मित की गयी थी, वे उससे एकदम अलग थे। उनके पढ़ने के बारे में जो आम धारणा थी, वह पुष्ट हुई। सुबह जल्दी उठकर पढ़ने बैठ जाना उनकी आदत में शुमार था और शाम को एसएमके स्थित खेल परिसर में नियमित जाना उनकी दिनचर्या में शामिल था। यह सर्वविदित है कि विश्वविद्यालयों में कुलपति का अधिकांश समय छात्र नेताओं से उलझने में ख़र्च हो जाता है। छात्र राजनीति में ऐसे विद्यार्थियों का वर्चस्व होता है, जो जातिगत आधार पर राजनीति करते हैं और इसके माध्यम से अपना भविष्य चमकाने में विश्वास करते हैं। राठौड़ साहब किसी से डरने वाले नहीं थे इसलिए जो बैठकें पहले पूरे-पूरे दिन चला करती थीं, वह अब बहुत कम समय में ज़रूरी काम निपटाकर समाप्त होने लगीं। एक बार छात्र संघ के अध्यक्ष के पद पर जाट विद्यार्थी चुना गया, ज़ाहिर है कि मारवाड़ में राजपूत और जाटों की सनातन शत्रुता है इसलिए लोगों को लगा कि अब राठौड़ साहब के सामने संकट आयेगा। अकादमिक परिषद की बैठक में छात्र संघ अध्यक्ष ने अपनी मांगें न माने जाने पर हड़ताल की धमकी दी तो राठौड़ साहब ने साफ़ साफ़ कहा कि 'मांग उचित नहीं है इसलिए नहीं मानी जा सकती।' कुलपति के दो टूक उत्तर से प्राध्यापक ख़ुश थे लेकिन छात्र संघ अध्यक्ष दुखी होकर चला गया। बाद में होना क्या था इसलिए कुछ नहीं हुआ। अपने पूरे कार्यकाल में वे हमेशा अपने ही आवास में रहे और बगैर किसी सुरक्षा पहरे के रहे। विश्वविद्यालय का प्रशासनिक कार्यालय 11 बजे खुलता था इसलिए उनका मन करता तो सुबह-सुबह वे कला संकाय में चले आते, जो उनके घर के सामने ही था। इससे संकाय में यह भय रहता था कि कुलपति कभी भी आ सकते हैं और यह सुविधा भी रहती थी कि उनसे मिलकर अपनी, विभाग की या संकाय की समस्या के बारे में कहा जा सकता था। वे सबकी सुनते थे और जहाँ तक सम्भव हो अपनी उदारता का परिचय देकर उलझे काम को सुलझाने का प्रयत्न भी करते थे। उनके कुलपति रहने से परिसर में तनाव रहित वातावरण था, किसी कर्मचारी या प्राध्यापक को इस बात की चिन्ता नहीं रहती थी कि उसे षड्यंत्रकारी ताकतों के द्वारा कभी फंसाया भी जा सकता है। वे प्रो. श्यामलाल जैदिया के बाद कुलपति बने थे, जो जोधपुर के ही दलित थे। जिस समय राठौड़ साहब कार्यभार सँभाल रहे थे, उस समय कुछ लोग 'रणबंका राठौड़' की जय के नारे भी लगा रहे थे। इस प्रकार के नारे अकादमिक जगत में

नकरात्मक प्रभाव ही उत्पन्न करते हैं लेकिन राठौड़ साहब ने अपने कार्यकाल में सबको निर्भय करके इन नारों की हवा निकाल दी थी। वे आज इस दुनिया में नहीं हैं, किसी बड़े व्यक्ति के न रहने पर भी यह दुनिया अपनी तरह से चलती रहती है, तब एक प्रश्न मेरे मन में हमेशा घुमड़ता रहता है कि ऐसा क्या था राठौड़ साहब में जिसने उनकी एक दूसरी छवि गढ़ी? कहना न होगा कि दूसरी छवि गढ़ने वाले लोग अपने राजपूत प्रोफेसर को जानते थे न कि उदार और सकारात्मक सोच के धनी एल.एस.राठौड़ साहब को। यह हर बड़े आदमी के साथ घटित होता है कि उनके आसपास के छुटभैये उन्हें अपने हित साधन के लिये इस तरह घेरे रहते हैं कि वे हमेशा उनकी परिधि में रहें।

हम बड़े लोगों से इसलिए प्रभावित होते हैं कि वे हमारे जीवन में चमत्कारिक रूप से आते हैं। यह ज़रूरी नहीं है कि उन्होंने हमें कभी संकट से उबारा हो या हमारे किसी काम आये हों लेकिन उनके उदात्त कार्यों से हम कभी न कभी भीगे अवश्य हैं। कुछ लोगों को आगे आने का अवसर नहीं मिलता फिर भी वे अपनी उपस्थिति से यादगार बने रहते हैं। जोधपुर विश्वविद्यालय के हिन्दी विभाग में दो कार्यालय सहायक थे, एक, चतुर सिंह और दूसरे अब्दुल अज़ीज़। दोनों के स्वभाव में ज़मीन आसमान का अन्तर था लेकिन एक समानता थी कि दोनों विभाग के प्रति बेहद ईमानदार और समर्पित रहते थे। चतुर सिंह राजपूत थे, मूँछें रखते थे, दुबले-पतले थे, बहुत साधारण कपड़े पहनते थे लेकिन अपनी राजपूती तुनक में रहते थे। पता नहीं ऐसा क्या था कि कोई कुलपति हिन्दी विभाग की तरफ़ से गुज़र भी जायें तो वे कहते 'ये चोर यहाँ कहाँ से आ गया?' यह उनकी कुंठा ही थी वरना कोई कुलपति न उन्हें जानता था और न वे किसी कुलपति को। वे न कभी किसी कुलपति से मिले थे और न मिलने का कोई अवसर ही आया। प्राध्यापक लोग खाली समय में कई बड़े लोगों का नाम लेकर उन्हें छेड़ते रहते थे और वे उन्हें आदतन गालियाँ देते रहते थे। वे जिन बड़े लोगों को गालियाँ देते थे आश्चर्य है कि चतुरसिंह का उनसे कोई लेनादेना नहीं था। फिर भी वे मन से बहुत साफ़ थे। किसी का बुरा करना और किसी के काम को अटकाना उनकी आदत में शामिल नहीं था। अब्दुल अज़ीज़ के कानों पर लम्बे बाल थे इसलिए वे अपनी स्कूटी से उतरने के बाद कानों के बालों पर कंघी किया करते थे, वे बहुत साफ-सुथरे प्रेस किये कपड़े पहना करते थे। उन्हें पान खाने का शौक था इसलिए एक पान खाकर आते और दूसरा बंधवाकर लाते थे। 1971 में उन्हें प्रो. नामवरसिंह ने विभाग में रखवाया था, तब से वे विभाग में ही रहे और सबके प्रिय बनकर रहे। वे अक्सर कहा करते थे कि मैं किसी व्यक्ति के प्रति नहीं बल्कि विभागाध्यक्ष की कुर्सी के प्रति जवाबदेह हूँ। मैं जब विभागाध्यक्ष बना

तो कुछ कनफूंकू लोगों ने मुझे उनके प्रति सावधान किया था। मेरे साथ दिक्कत यह थी कि कुछ प्राध्यापक मुझसे बहुत वरिष्ठ थे और स्थानीय भी। उन दिनों चयनित को नियमानुसार वरिष्ठ माना जाता था, वे प्रमोटी थे इसलिए वरिष्ठताक्रम में मैं विभागाध्यक्ष नियुक्त हुआ था। ज़ाहिर है कि इससे उनका अहम् सातवें आसमान पर था। विभाग में एक वरिष्ठ प्राध्यापक ऐसे भी थे जो कार्यालय सहायकों के साथ विभाग का काम किया करते थे। अब्दुल अज़ीज़ के वे प्रिय थे और दोनों में आत्मीयता भी बहुत थी। कई दिनों तक तो वे मुझसे तने रहे लेकिन बाद में अब्दुल अज़ीज़ ने कुछ मुझे समझाया और कुछ उन्हें तो काम सध गया। अज़ीज़ भाई अपने काम और काम की गोपनीयता के प्रति बहुत ईमानदार थे। प्रवेश के समय ऐसे कई अवसर आते थे, जब छात्र नेताओं से झड़प होना आम बात थी लेकिन अज़ीज़ भाई उस समय लौह दीवार की तरह विभाग तथा विभागाध्यक्ष के साथ खड़े रहते और समस्या के समाधान में अपने अनुभवों का उपयोग करते। किसी विभागाध्यक्ष को उन्होंने कभी अकेले नहीं होने दिया और न किसी प्राध्यापक को यह अहसास होने दिया कि वे उनके अपने नहीं हैं।

यथार्थवाद और प्रगतिवाद पर हिन्दी में सैद्धान्तिक पुस्तकें लिखने वाले प्रो. शिवकुमार मिश्र मेरी पी-एच.डी. की मौखिकी लेने के लिये अलीगढ़ आये थे। प्रो. मिश्र का नाम तो ख़ूब सुना था और ख़ूब पढ़ा भी था लेकिन मुलाकात नहीं हुई थी। वे हमारे गुरु प्रो. कुंवरपाल सिंह के मित्रों में से एक थे इसलिए उनके घर पर ही ठहरे थे। जितना उनका नाम था उतने ही गम्भीर आचार्य भी थे। मेरा शोध प्रबन्ध 'रेणु के कथा साहित्य' पर था इसलिए मौखिकी के दौरान उन्होंने प्रेमचन्द की परम्परा में रेणु का स्थान तथा ग्रामीण कथाकारों में रेणु का महत्त्व जैसे कई प्रश्न पूछे थे। शोध की मौखिकी बहुत औपचारिक होती है ज़ाहिर है कि मेरी मौखिकी भी बहुत औपचारिक सम्पन्न हुई। मुझसे जो पूछा गया, वह मैंने बताया। मैं उन दिनों नवलगढ़ में प्राध्यापक था इसलिए मौखिकी समाप्त होने के बाद मैं दिल्ली होते हुये दूसरे दिन सुबह नियत समय पर कॉलेज पहुँच गया था। उस दिन अलीगढ़ में ठहरता तो सम्भव है कि प्रो. मिश्र से कुछ बातें होतीं लेकिन यह मेरे लिये सम्भव नहीं था। जब मेरी नियुक्ति जोधपुर विश्वविद्यालय जो अब जयनारायण व्यास विश्वविद्यालय है, में हो गयी तब उन लोगों से निकट से परिचय हुआ, जिन्हें अब तक पढ़ता आया था या जिनका बहुत नाम सुना था। विश्वविद्यालय के नियमानुसार नियुक्ति के पाँच वर्ष बाद शोध निर्देशक बनाया जाता है। पाँच वर्ष बाद जब मैं शोध निर्देशक बना तब परीक्षक के रूप में उन लोगों को बुलाने का अवसर मिला, जिन्हें पढ़कर मैं यहाँ तक पहुँचा था। प्रो. शिवकुमार मिश्र को मैंने कई बार जोधपुर बुलाया, वे जब

भी आते मेरे घर पर ही ठहरते थे। उनके गांभीर्य की जो छवि मेरे मानस पर अंकित थी, वह धीरे-धीरे उनके सहज स्वभाव में विलीन होती गयी। एक बार हमारे संकाय के अधिष्ठाता और समाजशास्त्री प्रो. शिवकुमार लाल ने मुझसे कहा कि 'राहुल सांकृत्यायन पर भाषण कराना है, आपके विभाग में कोई ऐसे सज्जन आ रहे हों तो बताइयेगा।' मैंने कहा 'प्रो. शिवकुमार मिश्र आ रहे हैं और मैं समझता हूँ कि राहुल जी पर उनसे बढ़िया बोलने वाला शायद ही कोई और हो।' शिवकुमार जी आये और मेरे अनुरोध पर कला संकाय में राहुल सांकृत्यायन पर बहुत अच्छा और मनमोहक भाषण दिया। वे अध्येता तो अच्छे थे ही साथ ही वक्ता भी विरल थे। वे बहुत सधकर और धीरे-धीरे बोलते थे। उनकी भाव-भंगिमाएँ बहुत सारे अर्थ खोलती रहती थीं। वे शरीर से भारी भरकम थे इसलिए मंच तक पहुँचने और मंच पर खड़े होने तक की सारी स्थितियाँ बहुत सामान्य नहीं होती थीं। वे टिलिलि करते हुये हाथ की सबसे छोटी उंगली दिखाया करते थे, जबकि हम सब अंगूठे का इस्तेमाल करते हैं। वे जब कहते कि उसका विकास हुआ, तब वे अपने दोनों हाथ छाती पर रखकर इस प्रकार कहते जैसे छाती का विकास हुआ हो। धीरे-धीरे मैं उनसे बहुत खुल गया था इसलिए वरिष्ठता बोध के भय और संकोच की सीमाओं से बाहर आ गया था। मैंने एक दिन हँसते हुये कहा 'डॉ. साहब मंच पर आपके संकेत बहुत अश्लील होते हैं।' उन्होंने चिन्ता के साथ पूछा-कैसे? मैंने उन्हें उनके संकेतों के बारे में बताया तो वे हतप्रभ और दुखी हुये और कहा 'तुम्हारे अलावा आज तक किसी ने हमें नहीं बताया।' वे बैठे-बैठे अपने दायें हाथ को सिर के ऊपर से मूँछों तक लाते और आँखें बन्दकर मूँछों पर फिराते रहते। पता नहीं यह उनकी सोचने की मुद्रा होती थी या आदत। मैं जब भी वल्लभ-विद्यानगर गया, तब उनके आवास पर ज़रूर गया। वे बहुत साधारण तरीके से मिलते थे। एक बार उनकी पत्नी ने कहा कि 'शादी से पहले हम और ये कानपुर में आसपास ही रहते थे इसलिए बचपन से ही एक दूसरे को जानते थे।' उस समय के जानने और आज के जानने में तो बहुत बड़ा फर्क है लेकिन बचपन की स्मृतियाँ बुढ़ापे में लालित्य उत्पन्न करने के लिये ज़रूरी होती हैं। इसलिए बचपन चाहे कितने ही अभावों से भरा हो, वह याद आता है और बार-बार आता है। एक बार नामवर जी ने सागर विश्वविद्यालय छोड़ने की घटना को याद करते हुये कुछ लिखा तो शिवकुमार जी को गुस्सा आ गया। उन्होंने कहा कि यह झूठ है इसलिए मैं वास्तविकता बताऊँगा। उनके भाई प्रो. रमेश कुंतल मेघ ने उन्हें इस तरह उत्तेजित होकर न लिखने के लिये समझाया। वे मेघ जी का कहना मानकर उस समय चुप्पी लगा गये लेकिन शाम को रसरंजन के समय पूछने पर आनन्दित होकर सारी घटनाएँ एक-एक कर बताते थे। सागर से उन्होंने शोध भी किया था और

कुछ दिन पढ़ाया भी था इसलिए सारी घटनाओं के वे प्रत्यक्षदर्शी थे। शिवकुमार जी ने सरदार पटेल विश्वविद्यालय, वल्लभ विद्यानगर में हिन्दी विभाग की नयी और अलग इमारत बनावाई थी, वे इसके लिये यूजीसी से अनुदान लेकर आये थे। दो मंज़िल की यह इमारत कला संकाय के बराबर में थी लेकिन उससे अलग भी थी। कला संकाय से सम्बन्धित सारे विभाग संकाय की चारदीवारी के अन्दर थे लेकिन उन्नत हिन्दी विभाग अलग से दमकता था। राज्य पोषित विश्वविद्यालयों में इस प्रकार की सुविधाएँ कम मिलती हैं लेकिन शिवकुमार जी ने अपने प्रयत्नों से विभाग में तरह-तरह की परियोजनाओं से लेकर अन्य तमाम तरह की सुविधाओं को संचित करने का महत्त्वपूर्ण कार्य किया था ।

प्रो. रमेश कुंतल मेघ को मैंने सबसे पहले अलीगढ़ में देखा सुना था। वे शिवकुमार जी की तरह थुलथुल नहीं थे, वे लम्बे थे और उनकी मेघाच्छादित केशराशि थी, जो हवा के साथ लहराती रहती थी। वे शिवकुमार जी के चचेरे भाई थे। उनकी आँखें ज्ञान पकी थीं और चेहरे पर अन्दर की सौम्य मुस्कान दमकती रहती थी। वे मेघों की तरह गर्जना करने से पहले शान्त रहते थे। कहते हैं कि सौन्दर्यशास्त्र पढ़ाने के लिये वे अमेरिका इत्यादि कई देशों में बुलाये जाते थे। वे अन्तरानुशासनिक शोध के अधिकारी विद्वान थे। उनकी प्रकाशित कृतियों के शीर्षक हिन्दी की अन्य पुस्तकों की तरह सहज सामान्य नहीं हैं। उनके ग्रन्थों के शीर्षक चौंकाते हैं यथा- अथातो सौन्दर्य जिज्ञासा, साक्षी है सौन्दर्य प्राश्निक तथा कलाशास्त्र और मध्ययुगीन भाषिकी क्रान्तियाँ। उन्हें 2017 में उनकी कृति 'विश्वमिथकसरित्सागर' पर साहित्य अकादमी पुरस्कार मिला था। वे मेरे आमन्त्रण पर कई बार जोधपुर आये और मेरे घर पर ही ठहरे। वे अपने जीवन में बहुत अनुशासित थे इसलिए इतना काम कर पाये। मैं जब वर्धा पहुँचा तो वहाँ भी वे सुविधानुसार आये। एक बार मैंने देखा कि अतिथि गृह में उन्होंने अपनी उम्र 65 वर्ष दर्ज की थी तो मैंने उनसे पूछा। उन्होंने कहा 'मेरी उम्र के बारे में कुछ मत पूछो, अभी मुझे बहुत काम करना है।' उस समय वे 88 वर्ष के आसपास रहे होंगे लेकिन काम के प्रति उनके मन में युवाओं जैसा उत्साह था। उनकी भाषा को लेकर हिन्दी में कई तरह के चुटकुले चलते हैं लेकिन वे जानकर भी उनका कोई जवाब नहीं देते थे। कुछ लोग उनके गुरु आचार्य हज़ारी प्रसाद द्विवेदी का नाम लेकर उनकी भाषा पर चुटकुले सुनाते हैं तो कुछ अन्य प्रसंग जोड़कर। एक बार वर्धा में प्रेमचन्द मार्ग पर टहलते हुये प्रो. गंगाप्रसाद विमल ने बताया कि 'मैंने एक बार मेघ जी को कहा-गुरुदेव मैं अब आपको गुरुदक्षिणा देना चाहता हूँ। तो मेघ जी ने उत्सुकतावश पूछा-क्या दोगे तो विमल जी ने तुरन्त कहा-मैं आपकी पुस्तकों का सरल भाषा में अनुवाद करना चाहता हूँ।' मेघ जी के लिये यह

प्रसंग नया नहीं था, वे अपनी भाषा की कमजोरी और ताकत दोनों को भलीभांति जानते थे। वे मूलतः विज्ञान के विद्यार्थी रहे थे, अंग्रेज़ी पर अच्छी पकड़ थी इसलिए वे पारिभाषिक शब्दों को अपनी तरह से गढ़ते थे। जब मेरी नियुक्ति वर्धा में हुई तब मेघ जी ने अपने पुत्रवत प्राध्यापक से पूछा। उन्होंने मेरा नाम बताया तो मेघ जी बहुत प्रसन्न हुये और उनसे मेरी ख़ूब प्रशंसा की। यह बात उन प्राध्यापक ने वर्धा पहुँचने के कई दिन बाद मुझे बताई तो मैंने उन्हीं के सामने मेघ जी को फ़ोन किया, वे बहुत ख़ुश थे। उन्होंने मिथकों पर नायाब काम किया और स्वयं मिथक बन गये। विश्वसनीयता के क्षरण के दौर में वे बहुत विश्वसनीय और पारिवारिक थे।

प्रो. नवलकिशोर से मेरा परिचय पत्र-पत्रिकाओं के माध्यम से हुआ था जो क्रमशः आत्मीयता में बदलता चला गया। मैं जब भी उदयपुर गया, उनके घर जाकर मिला। वे बहुत सहज-सरल व्यक्ति थे। इस समय में एक किताब पढ़कर विद्वान कहलाने वाले आचार्यों से वे कोसों दूर थे। वे नये से नये को पढ़ते थे और उस पर लिखते भी थे। वे भाषण प्रवीण नहीं थे। लिखने में जितने संयत और सतर्क थे उतने ही मंच पर अव्यवस्थित। मैंने उन्हें कई बार सुना और कई बार अपने विश्वविद्यालय में भी पुनश्चर्या पाठ्यक्रम इत्यादि में बुलाया था। मैंने उनसे कहा भी कि 'आप जितना अच्छा लिखते हैं, उतना मंच पर बोल नहीं पाते।' वे हँसकर रह जाते थे। उनसे मिलकर कोई भी अपनी उम्र भूल सकता था, वे उम्र के दायरे से परे रहते थे। उनकी उदार आत्मीयता का दायरा बहुत बड़ा था, इसका उदाहरण उन्होंने 1996 में जयनारायण व्यास विश्वविद्यालय, जोधपुर में तब दिया, जब वे विषय विशेषज्ञ बनकर आये। हिन्दी विभाग में वरिष्ठ सहा. आचार्य से सह-आचार्य पद पर मेरा प्रमोशन होना था और विषय विशेषज्ञ प्रो. नवलकिशोर और प्रो. रामकुमार गरवा थे। दोनों ही मेरे परिचित थे लेकिन दोनों ने मुझे इसकी भनक तक नहीं लगने दी। जब मैं साक्षात्कार के लिये कुलपति चेम्बर में बुलाया गया तो दोनों को वहाँ देखकर अवाक् रह गया। सामान्य औपचारिकताओं के बाद कुलपति ने प्रो. नवलकिशोर से कहा कि आप पूछें। नवलजी ने पूछने की अपेक्षा कुलपति से कहा 'पालीवाल जी को तो हम पढ़ते रहते हैं, जो पूछना है उससे अधिक तो इनका लिखा पढ़ चुके है।' कुलपति ने आश्चर्य के साथ कहा कि 'आप इन्हें जानते हैं'। नवलजी ने कहा 'सिर्फ़ मैं ही नहीं हिन्दी के अधिकांश लोग जानते हैं।' कुलपति प्रो. श्यामलाल ज़ैदिया थोड़ी देर शान्त रहे फिर प्रो. गरवा से पूछने के लिये कहा तो उन्होंने भी वही उत्तर दिया। दृश्य बदल चुका था, कुलपति की समझ में नहीं आ रहा था कि अब क्या करें? यह ऐसी चयन समिति थी, जिसमें दोनों विषय विशेषज्ञ अभ्यर्थी को जानते थे, जानना तो कहीं भी सम्भव है पर ऐसा कोई कहता नहीं है लेकिन इन दोनों विषय

विशेषज्ञों ने तो औपचारिक बन्दिशों को तोड़ते हुये इसे सार्वजनिक भी कर दिया था। इसके सम्भावित खतरे भी थे, कुलपति चाहते तो चयन समिति को निरस्त भी कर सकते थे, पर नहीं किया। कुछ देर तक समकालीन साहित्य पर बातचीत होती रही और अन्त में कुलपति ने मुझे जाने के लिये कहा। दूसरे दिन शाम को मैंने नवलजी को फ़ोन किया और उनकी उदारता के प्रति कृतज्ञता प्रगट की तो उन्होंने पूछा 'मैंने कुछ गलत कहा था?' नवलजी के इस प्रश्न का मेरे पास कोई उत्तर नहीं था, आज भी नहीं है। नवलजी इतने ही बड़े आदमी थे, उनकी ऊँचाई को नापना सम्भव नहीं था। वे अपनी पीढ़ी के अकेले आचार्य थे, जो लगातार पढ़ते थे और लिखते थे। उनसे मिलकर भी अच्छा लगता था और पढ़कर भी।

'रंजिश ही सही' के बेबाक संस्मरणों से बनारस हिन्दू विश्वविद्यालय के बहुत सारे सोये हुये प्रेतों को जगाने वाले प्रो. कुमार पंकज कई अर्थों में अद्‌भुत व्यक्ति हैं। उनके पास किस्सों का अकूत खजाना है और उन किस्सों को सुनाने का अपूर्व साहस भी। वे मेरे गुरु प्रो. कुंवरपाल सिंह के प्रिय आचार्यों में से एक रहे हैं। दोनों में विश्वास की गाढ़ी दोस्ती थी। इक्कीसवीं सदी के आरम्भ में कई बार उन्होंने कुंवरपाल जी से कहा कि मैं बनारस चला जाऊँ। तब-तक मेरा उनसे कोई परिचय नहीं हुआ था लेकिन वे मेरे शुभचिंतक थे। जब मैं वर्धा गया तब वे अकादमिक कार्यों से वहाँ आये और हम एक दूसरे से घुले-मिले। बनारसी लोग उनके बारे में जो भी कहते हों लेकिन मुझे उनसे मिलकर हमेशा आश्वस्ति मिली। बाद में ऐसे कई अवसर आये जब हम दोनों कई कई दिनों तक साथ रहे और ख़ूब बातें करते रहे। वे निर्भीक होकर बोलते हैं और अपने कहे पर हमेशा कायम रहते हैं। वे कला संकाय प्रमुख थे और बीएचयू के नियमानुसार संकाय प्रमुख ही शोध परीक्षकों की सूची में से दो नाम टिक करता है। उस दौरान मुझे बनारस जाने के कई अवसर मिले इसलिए हमारे कुछ मित्र हँसते हुये कहते थे कि 'पंकज जी बहुत चूजी आदमी हैं, उनके मन को जो भा गया वे उसके प्रिय बनकर रहते हैं।' यह बात गम्भीरता से भी कही जाये तब भी उतनी ही खरी और सच है। लेकिन जिन्होंने उन्हें धोखा दिया, वे उसे 'तजिहहुँ ताहि कोटि बेरी सम' मानकर न केवल छोड़ देते हैं अपितु उसका नाम लेना भी पसन्द नहीं करते। वे विभागाध्यक्ष रहे, संकायाध्यक्ष रहे, अकादमिक स्टाफ कॉलेज के निदेशक रहे तथा कुलानुशासक रहे, सब जगह उनकी महफिलें जगमगाया करती थीं। इसलिए कुछ लोग उन्हें महफिलबाज़ भी कहते हैं। वरिष्ठता क्रम में अपने कार्य के प्रति समर्पित आचार्यों को कुछ ऐसी ज़िम्मेदारियाँ मिलती हैं,

जिनमें उनका अधिकांश समय गुजर जाता है और अवकाश ग्रहण करने के बाद महसूस होता है कि कितना समय हमने उन पदों की ज़िम्मेदारियाँ निभाते हुये ख़र्च किया। लेकिन इसके लिये किसी प्रकार का अफसोस नहीं होना चाहिये, इसलिए भी कि जिन्हें यह ज़िम्मेदारियाँ नहीं मिलतीं बुढ़ापे में उनकी कुंठायें खालीपन और टीस उत्पन्न करती हैं। पंकज जी को इस प्रकर की कोई कुंठा नहीं है, वे अब भी खुलकर हँसते हैं और मिलकर आत्मीयता बिखेरते हैं।

अनूठे कहानीकार और 'पहल' जैसी विरल पत्रिका के सम्पादक ज्ञानरंजन से मेरा परिचय बहुत बाद में जाकर हुआ। जोधपुर में हमारे विभागीय साथी सत्यनारायण पूरे विभाग में ज्ञानजी के किस्से सुनाया करते थे। उन्हें यह तक मालूम था कि ज्ञानजी की कौन-सी दवाई अमेरिका से आती है और कौन-सी सुदूर दक्षिण से। मैं मुद्दतों से 'पहल' का नियमित पाठक रहा हूँ लेकिन ज्ञानजी से बात न करने के पीछे सत्यनारायण जी के वे किस्से थे, जिनमें ज्ञानजी एक मिथ के रूप में हमारे सामने थे। जोधपुर से मैं वर्धा गया तो वहाँ भी 'पहल' पढ़ना छूटा नहीं लेकिन और बहुत सारे लेखकों की तरह मेरे मन में भी 'पहल' में छपने की इच्छा न तो मरी थी और न बहुत उछल ही रही थी। मैं कई मित्रों से यह सुनता रहता था कि हर लेखक के मन में यह इच्छा रहती है कि वह एक बार 'पहल' में छपे। मैं अपने बारे में सोचता और चुप रह जाता। मेरा न तो ज्ञानजी से परिचय था और न मेरे किसी मित्र ने ही कहा कि आपको 'पहल' में भी छपना चाहिये। 2016 की गर्मियों की किसी शाम घर में ही अकेले टहलते हुये मुझे अचानक लगा कि ज्ञानजी से बात करनी चाहिये। पता नहीं यह आत्मविश्वास कहाँ से आया, जबकि ज्ञानजी के बारे में सुना था कि वे हर किसी से बात नहीं करते। मैंने उन्हें फ़ोन कर अपना नाम बताया तो उन्होंने बहुत सहज होकर कहा 'कैसे हैं पालीवाल साहब? इन दिनों आप वर्धा में ही हैं न?' मैंने उनके प्रश्न का उत्तर देते हुये कहा कि 'ज्ञानजी मेरी इच्छा है कि मैं 'पहल' में समकालीन उपन्यासों पर लिखूँ।' ज्ञानजी ने कहा कि 'मैं भी चाहता हूँ कि आप लिखें। अगर कोई रूपरेखा आपने तैयार की हो तो बताइये।' मैंने उन्हें बताया कि 'संजीव के 'फांस' उपन्यास पर लिखना चाहता हूँ जो गत वर्ष ही प्रकाशित हुआ है और हिन्दी में किसान आत्महत्याओं पर महत्त्वपूर्ण उपन्यास है।' उन्होंने आत्मीय भाव से कहा कि 'लिखिये, बिल्कुल लिखिये, पहल में आपका स्वागत है।' फ़ोन रखने के बाद ज़ाहिर है कि मैं बहुत ख़ुश था। मैंने 'फांस' पर लिखकर भेज दिया, उन्होंने पढ़कर फ़ोन किया और कहा कि 'बहुत अच्छा लिखा है। इसी तरह आप समकालीन

उपन्यासों पर नियमित 'पहल' के लिये लिखिये।' 'पहल' अंक 5, नवम्बर, 2016 से अंक 125, अप्रेल, 2021 तक यानी पाँच वर्ष तक मैं नियमित 'पहल' में लिखता रहा। उन पाँच वर्षों में ज्ञानजी से मेरी बात केवल नये उपन्यास के चयन को लेकर होती थी, बाकी नहीं। उनसे मनचाहे जब बात करने का साहस मेरे अन्दर नहीं था। मैं उनसे कभी मिला भी नहीं था इसलिए एक संकोच मेरे अन्दर था, जो बाद तक बना रहा। उन पाँच वर्षों में मैंने यह देखा कि कई उपन्यासकार कहते कि ज्ञानजी तो मुझसे नाराज़ हैं, वे मेरे उपन्यास पर आपके लिखे को क्यों छापेंगे? मैं ज्ञानजी को बताता तो वे कुछ न छुपाते हुये कहते 'हाँ नाराज़गी है और वह अपनी जगह है लेकिन उपन्यास अच्छा है और आपको पसन्द है तो ज़रूर लिखिये, वह 'पहल' में छपेगा।' मेरे लिये यह एक तरह से नया अनुभव था। 'पहल' का अंक 125 अब तक का अन्तिम अंक है। सन् 2022 के मार्च महीने में कथाकार राजेन्द्र दानी जी का फ़ोन आया कि 'हम लोग 'पहल' के तत्वावधान में तरुण भटनागर के कहानी संग्रह 'प्रलय में नाव' पर आयोजन करना चाहते हैं। उन्होंने बताया कि ज्ञानजी और हम सब मित्रों की इच्छा है कि आप जबलपुर आयें। मैं तब-तक ज्ञानजी से नहीं मिला था इसलिए मेरे मन में कार्यक्रम से ज़्यादा ज्ञानजी से मिलने की ख़ुशी थी। हम दोनों यानी पत्नी के साथ मैं जबलपुर गया। कार्यक्रम ज्ञानजी के नेतृत्व में था जबकि वे अपने स्वभाव के अनुसार मंच पर न बैठकर सामने की पंक्ति में बैठे थे। कार्यक्रम का संयोजन कथाकार पंकज स्वामी कर रहे थे, उन्होंने मेरा प्राध्यापकीय परिचय देना शुरू किया तो मैं अपनी कुर्सी से उठकर उनके पास गया और मैंने हँसते हुये कहा 'मेरा परिचय सिर्फ़ इतना है कि मैं 'पहल' का लेखक हूँ।' कार्यक्रम के बाद ज्ञानजी ने दूसरे दिन सुबह नाश्ते पर हम दोनों को आमन्त्रित किया। ज्ञानजी का घर बहुत बड़ा नहीं है लेकिन किताबों से भरा हुआ है। ज्ञानजी की पत्नी आ. सुनयनाजी का आतिथ्य जबलपुर ही नहीं बल्कि सारे साहित्य जगत में चर्चित है, जिसको हमने प्रत्यक्ष अनुभव किया। हम जितनी देर ज्ञानजी और सुनयनाजी के साथ रहे, उतनी देर तक दोनों को यह लगता रहा कि क्या-क्या खिला दें और कौन-कौन-सी किताब दे दें। अधिकांश लेखक अपनी किताबों के अलावा और किसी की किताबें नहीं देते लेकिन ज्ञानजी ने मुझे कई किताबें दीं, जो अमूल्य धन की तरह मेरे पास सुरक्षित हैं। मुझे लगता है कि अपनी पीढ़ी के चारों कहानीकारों में ज्ञानरंजन और दूधनाथ सिंह ही ऐसे कहानीकार हैं, जिन्होंने अलग तरह से अपनी छाप छोड़ी है, काशीनाथ सिंह और रवीन्द्र कालिया अपने संस्मरणों के कारण जाने जाते हैं, महत्त्वपूर्ण कहानियों

के लिये नहीं। इन सबमें ज्ञानजी इसलिए विशिष्ट हैं कि उन्होंने 'पहल' जैसी पत्रिका का सम्पादन कर 'लघु पत्रिकाओं' के इतिहास में धवल अध्याय जोड़े। कहना न होगा कि साहित्य से जुड़े लोगों में जबलपुर की पहचान हरिशंकर परसाई और ज्ञान जी के रूप में ही है। बहुत सारे शहरों को यह सौभाग्य प्राप्त हुआ है कि वे अपने नामचीन साहित्यकारों के कारण जाने जाते है जैसे राजनादगाँव मुक्तिबोध और जगदलपुर शानी के कारण।

इस छोटे-से जीवन में ख़ूब सारे लोग मिले, जिनसे मिलकर अच्छा लगा और हमेशा लगता रहा। यदि ऐसे लोगों के नामों का उल्लेख करूँ तो सूची लम्बी और बोझिल हो जायेगी। पर उन सब लोगों का नाम मेरे मानस पटल पर अंकित है और आँखों में उनकी छवि अनवरत बनी रहती है।

शुचिता और पारदर्शिता के शिखर

विश्वविद्यालय की सीमा से बाहर जिन लोगों से मेरा परिचय हुआ जो बाद में पारिवारिक मित्रता में बदला, उनमें डॉ. भूपेन्द्र सिंह उल्लेखनीय हैं। 2001 में पुनश्चर्या पाठ्यक्रम का आयोजन था जिसका मैं संयोजक था। उसका उद्घाटन करने के लिये सुपरिचित कथाकार और पुलिस के आला अधिकारी विभूति नारायण राय आये थे। उद्घाटन समारोह के बाद विभाग के कार्यालय सहायक अब्दुल अज़ीज़ ने बताया कि आयोजन में जिला पुलिस अधीक्षक भी आये थे। मेरे लिये यह अविश्वसनीय सूचना थी। अविश्वसनीय इसलिए कि कोई जिला पुलिस अधीक्षक अपने अधीन ज़िले में इस तरह न तो चुपचाप आता है और न आकर चुपचाप चला जाता है। पुलिस का अपना रौबदाब होता है, जो सामान्यतः दिखाई देता है और जो दिखाई नहीं देता उसे दिखाने की कोशिश की जाती है। शाम को उनका फ़ोन आया, वे राय साहब से मिलना चाहते थे। राय साहब मेरे घर पर ही ठहरे थे, जो पुलिस अधीक्षक आवास के निकट ही था। वे आये और बहुत देर तक बातचीत करते रहे। राय साहब उन दिनों सीमा सुरक्षा बल के मुख्यालय में आई.जी. (जी) थे। मैंने देखा कि बातचीत थोड़ी देर तक औपचारिक रही लेकिन कुछ देर बाद साहित्य पर आ गयी। साहित्य में दोनों की रुचि थी और अध्ययन भी। शाम को राय साहब नयी दिल्ली के लिये लौट गये और मैं पुनश्चर्या पाठ्यक्रम में व्यस्त हो गया। एस.पी. साहब से यह बहुत औपचारिक भेंट थी, जिसमें मेरा कोई हस्तक्षेप नहीं था। कुछ महीनों के बाद उनका प्रमोशन जोधपुर में ही डी.आई.जी. एंटी करप्शन ब्यूरो के पद पर हो गया। उनका आवास अब कलक्टर, कमिश्नर से आगे और आई.जी. जोधपुर रेंज के सामने था, जो विश्वविद्यालय के केन्द्रीय कार्यालय के पास था। अख़बारों में उनकी धूम रहती थी, रोज़ाना कोई न कोई अपराधी पकड़ा ही जाता था। उन्हीं दिनों मुझे 'साहित्य और इतिहास-दृष्टि' पर तीन दिवसीय राष्ट्रीय संगोष्ठी करानी थी। उनकी साहित्यिक रुचि देखकर मैं उन्हें आमन्त्रित करने उनके आवास

पर गया। व्यक्तिगत रूप में यह मेरी पहली भेंट थी इसलिए संकोच और डर भी था। विश्वविद्यालय के प्राध्यापकों की एक विशेष मानसिकता होती है कि वे प्रशासनिक अधिकारियों से डरते भी हैं और अपने समूह में उन्हें कुछ न मानने का दंभ भी भरते हैं। संयोग से वे घर पर ही थे इसलिए मिल गये। इस दौरान मुझे बार-बार लगता रहा कि एंटी करप्शन ब्यूरो के जो डी.आई.जी. अख़बारों की ख़बरों के माध्यम से डराते रहते हैं, वह डर उनके पास बैठकर छू तक नहीं गया था। उस समय मेरे मन में यह बात नहीं आयी कि मैं क्यों डरूँ, मैं कोई अपराधी थोड़े ही हूँ! यदि यह विचार मेरे मन में तब आ जाता तो सम्भवत: मैं और खुलकर बातें कर सकता था लेकिन मध्यवर्ग का व्यक्ति बड़े आदमी से मिलते हुये हमेशा संकुचाया-सा रहता है, मैं भी इसका अपवाद न उस समय था और न अब हूँ। वे बढ़िया तरह से मिले और किसी प्रकार की सहायता के लिये उन्होंने अपनी तरफ़ से प्रस्ताव भी दिया। इस प्रस्ताव ने मेरे अन्दर अतिरिक्त विश्वास उत्पन्न कर दिया था। अब मैं निश्चिंत होकर आगे बढ़ रहा था। उनकी पत्नी डॉ. प्रतिभा याादव राजस्थान उच्च शिक्षा में प्राध्यापिका थीं और मेरी पत्नी डॉ. शोभा पालीवाल भी इसलिए दोनों जब मिलीं तो सनातन भायेले की तरह मिलीं। मेरी बेटी सलोनी तथा उनके छोटे बेटे विनायक की उम्र लगभग बराबर है इसलिए उन दोनों की दोस्ती भी हो गयी। कुछ समय के बाद उनका तबादला जयपुर हो गया। तब एंटी करप्शन ब्यूरो का कार्यालय जलेब चौक में था, जो हवा महल के पास था। मैंने उन्हें जयपुर आने की सूचना दी तो उन्होंने अपने कार्यालय में दोपहर के भोजन पर मिलने के लिये कहा। मैं उनके कार्यालय गया, वे अपने स्वभावानुसार प्रसन्न भाव से मिले। दोपहर के भोजन में दो तीन पुलिस अधिकारी और थे, सबने अपना-अपना टिफिन निकाला और एक साथ भोजन किया। मेरे लिये अतिरिक्त रूप से कोटा की हींग की कचौड़ी और मिठाई मंगाई गयी थी। उस दिन तो नहीं लेकिन बाद में वे अक्सर हँसते हुये कहते कि 'मथुरा के पण्डितों का भोजन बगैर मिठाई और पकवान के नहीं होता है।' यह बात सच है इसलिए मैं भी कोई प्रतिवाद नहीं करता, केवल हँसकर रह जाता हूँ। बाद में वे जोधपुर में नव स्थापित 'सरदार पटेल पुलिस, सुरक्षा एवं आपराधिक न्याय विश्वविद्यालय के प्रति-कुलपति नियुक्त हुये इसलिए फिर से जोधपुर आ गये। बाद में वे इस नये और अपने ढंग के विश्वविद्यालय के कुलपति भी बने लेकिन तब-तक मैं वर्धा जा चुका था इसलिए जोधपुर आने पर ही उनसे मुलाकात होती थी।

हमारे कुलपति प्रो. लक्ष्मण सिंह राठौड़ जब भी मिलते तब कहते कि 'पालीवाल साहब आपके दोस्त भूपेन्द्र सिंह बहुत ईमानदार पुलिस अधिकारी हैं, ऐसा ईमानदार पुलिस अधिकारी मैंने कोई दूसरा नहीं देखा।' राठौड़ साहब के एक भाई पुलिस

अधिकारी रहे हैं इसलिए पुलिस की कार्यपद्धति से वे बख़ूबी परिचित थे। मुझे यह सुनकर गर्व का अनुभव होता और लगता जैसे यह मेरे भाई के लिये ही कहा जा रहा है। इस समय ईमानदार होना किसी पर अहसान नहीं है बल्कि यह जीवन पद्धति है। यह एक प्रकार से अर्जित गुण है, जो बहुत दिनों की कठिन साधना के बाद उपलब्ध होता है। हमारी मानसिकता में यह बात मूलबद्ध हो गयी है कि पुलिस में रहकर कोई कैसे ईमानदार रह सकता है? मेरे एक मिलने वाले हैं जिनका भाई थानेदार बना तो गाँव वालों ने उनके पिता को बधाई दी कि 'आपका भाग्य खुल गया, अब तो रुपयों की नदियाँ बहेंगी।' इस बधाई की विडम्बना यह कि बड़ा बेटा विश्वविद्यालय में प्रोफेसर है लेकिन वहाँ कमाई का कोई साधन नहीं है इसलिए गाँव के लिये उनका कोई मतलब भी नहीं है जबकि थानेदार और प्रोफेसर के वेतन में कोई समानता नहीं है। दूसरी विडम्बना यह कि भाई के थानेदार बनते ही प्रोफेसर साहब की मान्यताएँ भी बदल गईं और वे कहने लगे कि 'पुलिस के किसी अधिकरी की ईमानदारी केवल दिखावा भर है।' उनके लिये पुलिस की नौकरी में मानक उनका भाई था। ऐसी बातों का कोई जवाब गांधीजी के पास भी नहीं था। लोग उनके बारे में भी न जाने क्या-क्या कहते रहते हैं और उनकी ईमानदारी पर प्रश्नचिह्न लगाते रहते हैं। गांधीजी की ईमानदारी, त्याग और सहिष्णुता पर प्रश्नचिह्न लगाने वाला यह समाज अपने समकालीन की ईमानदारी को कैसे सहन कर सकता है? यह दुखद है कि भ्रष्टाचार को लोगों ने सहज भाव से स्वीकार कर लिया है, किसी के भ्रष्टाचारी होने पर अब क्रोध नहीं आता बल्कि उसका वैभव देखकर वैसा ही बनने के सपने सजने लगते हैं। इस तरह के समाज को देखकर मैं जब भी दुखी होता तो डॉ. भूपेन्द्र सिंह से अपना दुख साझा करता। वे बड़े धैर्य से कहते 'कोई ईमानदार है तो उसका मन यह जानता है और जब मन जानता है तब किसी और को जानने की आवश्यकता ही कहाँ रह जाती है?' ऐसे अवसरों पर न जाने क्यों मुझे गांधी जी याद आ जाते हैं, वे अपने मन की बात सुनते थे। एक बार किसी ने गांधी जी से पूछा कि आपका ईश्वर कहाँ रहता है तो गांधी जी ने अपने हृदय पर हाथ रखते हुये कहा–'यहाँ।'

सन् 2004 के जून महीने में मेरे पिता जी की मृत्यु हो गयी। मृत्यु से कुछ महीने पहले वे मेरे छोटे भाई के साथ कश्मीर चले गये थे। वहाँ अचानक बीमार हुये और चल बसे। उनकी बीमारी के बारे में छोटे भाई ने मुझे बताया था। उस समय उनकी उम्र 85 वर्ष थी। डॉ. भूपेन्द्र सिंह को भी एक दिन बातचीत करते हुये मैंने पिता जी के अस्वस्थ होने की जानकारी दी थी। 14 जून को अचानक मेरे भतीजे ने पिता जी की मृत्यु की सूचना दी। तय हुआ कि जयपुर के पास मूंडिया रामसर में उनकी अंत्येष्टि और सारे धार्मिक कार्य सम्पन्न किये जायें। दो छोटे भाई पिता जी के पार्थिव

शरीर को लेकर जयपुर के लिये चल दिये थे। मुझे भी शाम तक सपरिवार जोधपुर से जयपुर पहुँचना था। घर में और कोई नहीं था, जिसे सुरक्षा के लिये छोड़ा जा सके। डॉ. भूपेन्द्र सिंह उन दिनों जयपुर में थे। मैंने उन्हें फ़ोन पर सूचना दी। सूचना देते हुये मैंने मन को बहुत मजबूत करने की कोशिश की लेकिन पिता जी की मृत्यु पर मजबूती काम नहीं आती है। उन्होंने जोधपुर के एस.पी. साहब को सहायता के लिये बोला और मुझसे कहा कि 'जब तक सुरक्षा की व्यवस्था न हो जाये, तब तक आप घर मत छोड़ियेगा।' बहुत कम समय में वह व्यवस्था हो गयी और हम बस द्वारा शाम तक जयपुर पहुँच गये। खाते-पीते मध्यवर्ग के इकलखोरे स्वभाव के कारण आजकल कॉलोनियों में सन्नाटा पसरा रहता है। जोधपुर की गर्मियाँ तपाती ही नहीं हैं बल्कि झुलसाती भी हैं इसलिए लोग घरों में घुसे रहते हैं और चोर रैकी कर सुनसान घरों में अपने हाथ साफ़ करते रहते हैं।

डॉ. भूपेन्द्र सिंह अपने बारे में कभी कुछ नहीं कहते। अपना बड़प्पन बघारने का तो सवाल ही पैदा नहीं होता। वे शान्त भाव से निडर होकर अपना काम करते हैं। इसलिए अक्सर कहा करते हैं कि 'मैं दुआ करता हूँ कि मेरा कोई दोस्त कभी ऐसा कोई काम न करे, जिससे मुझे शर्मिंदा होना पड़े।' उनके दोस्तों की सूची कितनी बड़ी है नहीं पता लेकिन उनके मिलने वाले और चाहने वालों की सूची बहुत लम्बी है। इस सूची में तमाम तरह के लोग हैं, जिनमें प्राथमिक विद्यालय के अध्यापकों से लेकर पत्रकार, लेखक, रंगकर्मी, सामाजिक कार्यकर्ता और ऐसा युवावर्ग जो उनमें अपना अक्स देखता है। उनके बड़े बेटे की शादी में मुझे जोधपुर का एक पुराना विद्यार्थी मिला, जिसे देखकर मैं हतप्रभ रह गया। उनके पद को देखते हुये आमन्त्रित लोगों की सूची छोटी थी लेकिन उस सूची में वह विद्यार्थी भी था। मुझे उस दिन लगा कि वह किसी नेता के साथ आ गया होगा। कुछ दिनों के बाद मैंने उनसे पूछा तो उन्होंने कहा कि 'वह बहुत उत्साही और प्यारा लड़का है, मैंने ही उसे आमन्त्रित किया था।' कहना न होगा कि उस आयोजन में पूर्व और वर्तमान मुख्यमन्त्रियों से लेकर तमाम मन्त्री और आला अधिकारियों के साथ वे मित्र भी शामिल थे, जिनसे उनका पारिवारिक रिश्ता है। उनके बेटे ने शादी अपनी मनपसन्द लड़की से की थी लेकिन उसे पारिवारिक और सामाजिक रूप देने का काम डॉ. भूपेन्द्र सिंह ने किया। सारे आयोजन में पुलिस अधिकारी की कोई छाया दिखाई नहीं दे रही थी इसलिए वे लोग ज़्यादा थे, जो उनके अपने हैं। यह महज संयोग नहीं है कि शादी में लड़की वाले भी अतिथियों की तरह ही शामिल हुये थे। लेकिन उन्होंने इस बारे में कभी कुछ नहीं कहा, मित्रों के पूछने पर भी नहीं। उनका छोटा बेटा विनायक अमेरिका पढ़ने गया और वहीं शादी भी कर ली लेकिन उसे सामाजिक पहचान देने का काम

डॉ. भूपेन्द्र सिंह ने अत्यन्त उदारता से किया। कई बार लोग दूसरों को तो राय देते रहते हैं लेकिन जब स्वयं निर्णय करने की बारी आती है तो जाति और समाज के बंधनों की दुहाई देने लगते हैं। लेकिन डॉ. भूपेन्द्र सिंह अपना उदाहरण स्वयं बनते हैं, वे दूसरों के निर्णयों में टांग नहीं अड़ाते पर मित्रों द्वारा किये गये निर्णयों में मजबूती से सहभागिता निभाते हैं। गत वर्ष मेरी बेटी की शादी थी तो मध्यवर्गीय पिता की तरह मैं भी अन्दर से डरा हुआ था। शादी इतना बड़ा आयोजन है कि उसमें ज़रा सी नुक्स सब कुछ किये धरे पर पानी फेर देती है। लेकिन मेन्यू और वेन्यू की सारी ज़िम्मेदारी डॉ. भूपेन्द्र सिंह ने स्वतः सँभाली और पूरे मन से सँभाली। अब मेरे लिये केवल अतिथियों का स्वागत और वैवाहिक कार्यक्रमों की निर्धारित ज़िम्मेदारियाँ बची थीं। बेटी की शादी में इस प्रकार की निश्चिंतता दुर्लभ है। इसलिए मेरे रिश्तेदार और मिलने वाले अक्सर कहते हैं कि 'बेटी की शादी में जितने रिलेक्स आप थे, उतना हमने किसी पिता को नहीं देखा।' उनका कहना एकदम सही है, मुझे पूरी शादी में किसी प्रकार की कोई चिन्ता नहीं थी, चिन्ता का समाधान करने वाले डॉ. भूपेन्द्र सिंह थे जो मेरे साथ खड़े थे।

डॉ. भूपेन्द्र सिंह की लगातार तरक्की होती रही। 2002 और 2016 में उन्हें राष्ट्रपति पुलिस पदक मिला, जो पुलिस विभाग की नौकरी में बड़ी उपलब्धि माना जाता है। वे 30 जून, 2019 को राजस्थान पुलिस के मुखिया अर्थात् पुलिस महानिदेशक नियुक्त हुये। मैं तब वर्धा में था। एक दिन पहले ही मेरी फ़ोन पर लम्बी बातें हुई थीं लेकिन उन्होंने इसका कोई ज़िक्र तक नहीं किया था। लेकिन मैं उत्साही था, मेरे उत्साह की वज़ह यह थी कि तब-तक मेरा कोई मिलने वाला डीजीपी नहीं बना था। जहाँ तक मेरे परिवार की बात है तो हमारे यहाँ बड़ा अफ़सर तो क्या कोई थानेदार तक नहीं बना। बचपन में गाँव में सिपाहियों और थानेदारों को देखा था, देखने से ज़्यादा उनके डर को अनुभव किया था। मेरे पिता जी गाँव प्रधान थे इसलिए वे सीधे हमारी बैठक में ही आते थे। थानेदारों के पास बुलेट मोटर साइकिल होती थी, जिसकी आवाज़ गाँव के शान्त वातावरण में दूर से ही सुनाई देती थी। थानेदार का अकड़कर चारपायी पर बैठना, चेहरे पर अतिरिक्त कड़कपन लाना और सामने वाले से इस तरह बोलना जैसे वह उसके सामने झींगुर है, मुझे डराता था। बचपन का भय बाद में ग्रन्थि बन जाता है, वह ग्रन्थि मेरे मन में अब भी जीवित है। झुंझुनू या जोधपुर से विश्वविद्यालय इत्यादि के काम के सिलसिले में जयपुर आना होता ही था, तब कई बार पुलिस महानिदेशक के आवास के सामने से गुजरता तो उसमें पुलिस की चाक चौबन्द व्यवस्था और भीड़ को देखकर मेरे मन में एक प्रकार का रोमांच होता था। मेरे कवि मित्र और पुलिस के अधिकारी रहे हरीराम मीणा

जी भी कई पुलिस महानिदेशकों के किस्से सुनाते थे, तब मेरे जैसे आदमी के लिये जो चौराहे पर खड़े पुलिस के सिपाही तक से डरता हो, उसके लिये पुलिस महानिदेशक तो स्वर्ग की खोज से कम नहीं था। 2019 की दीपावली पर मैं वर्धा से अपने छोटे भाई के साथ त्योहार मनाने के लिये जयपुर आया था। वर्धा से चलते हुये स्वाभाविक रूप से मेरे मन में था कि डीजीपी साहब से मिलेंगे। उनसे बगैर मिले जयपुर की मेरी यात्रा कभी पूरी नहीं हुई। राय साहब ने कहा था कि 'पूरे राजस्थान के मुखिया होने के नाते उनके पास अब उतना समय नहीं होगा।' राय साहब ख़ुद पुलिस के डीजी रहे हैं इसलिए उनके कहने पर अविश्वास करने का सवाल ही पैदा नहीं होता। मूंडिया रामसर आने के बाद मैंने डॉ. भूपेन्द्र सिंह को फ़ोन किया तो उन्होंने दीपावली के अगले दिन यानी अन्नकूट वाले दिन भोजन पर आने के लिये कहा। मैंने उनकी व्यस्तता का हवाला देकर मना भी किया लेकिन अन्ततः आने पर बात ख़त्म हुई। हम दोनों बेटी सलोनी के साथ कैब से उनके आवास पर गये तो रास्ते में मैंने अतिरिक्त उत्साह के साथ कैब के ड्राइवर से पूछा कि डीजीपी साहब का आवास देखा है न। उसने अनभिज्ञता प्रगट की मुझे लगा कि कितना मूर्ख है जो डीजीपी आवास को नहीं जानता है। थोड़ी देर बाद उसने कहा 'सर हमारा काम तो चौराहों पर खड़े सिपाहियों से पड़ता है अफ़सरों से नहीं।' उसके कहने में टीस थी, जिसने मेरे अतिरिक्त उत्साह को ठंडा कर दिया था।

पुलिस महानिदेशक का पदभार ग्रहण करते समय पत्रकारों ने उनसे भावी योजनाओं के बारे में पूछा तो उन्होंने सीधा जवाब दिया कि 'पारदर्शिता और संवेदनशीलता के साथ सब मिलकर काम करेंगे।' उन्होंने कई अवसरों पर यह स्पष्ट कहा कि 'पुलिस की अपनी सीमाएँ होती हैं, हर जगह पुलिस खड़ी नहीं रह सकती लेकिन हर जगह के लिये चौकन्नी रह सकती है।' आवागमन के त्वरित साधनों और संचार के व्यापक प्रसार के कारण अपराधों की न केवल संख्या बढ़ी है बल्कि अपराधियों के नये-नये प्रयोग भी बढ़े हैं। ज़्यादा से ज़्यादा धन कमाने, ईर्ष्या तथा दुश्मन से बदला लेने के कारण अपराध लगातार बढ़ते जा रहे हैं। एक समय तक राजस्थान देश का शान्त और सुरक्षित प्रदेश माना जाता था लेकिन बड़ी दुनिया से जुड़ने के बाद यह मानना कि अब भी वही शान्ति और सुरक्षा रहे, इसे मूर्खता के अलावा और क्या कहा जा सकता है? कुछ अतीतजीवी लोग इस प्रकार के स्वप्नजीवी हो सकते हैं लेकिन उनका वास्तविक दुनिया से कोई लेना-देना नहीं है। यह कहना सही नहीं होगा कि डॉ. भूपेन्द्र सिंह के पुलिस महानिदेशक बनने के बाद अपराध समाप्त हो गये और सारे अपराधी जेल में बन्द कर दिये गये। लेकिन यह सही है कि अपराध और अपराधी के प्रति पुलिस का रवैया बदल गया था।

अपराधी के मन में डर और नागरिकों के मन में अपनी सुरक्षा के प्रति सकारात्मक भाव पैदा करना ही पुलिस का काम है, वह हुआ। इसलिए कई बार राजनेताओं से लेकर मुख्यमन्त्री तक ने उनकी ईमानदारी को एक उदाहरण के रूप में पेश किया। यह नौकरी की ही नहीं बल्कि जीवन की भी बड़ी उपलब्धि है इसलिए भी कि पुलिस से न कभी कोई सन्तुष्ट होता है और न उसे ईमानदार मानने के लिये तैयार होता है। सामान्य मनुष्य के जीवन में कलक्टर इत्यादि प्रशासनिक अधिकारियों से मिलने के बहुत कम अवसर आते हैं लेकिन पुलिस के सिपाही से लेकर थानेदार तक मिलने के कई अवसर आते हैं। लोक में सहज स्वीकारोक्ति है कि कलक्टर महीने भर भी बाहर रहे तो आम जनता को कोई फर्क नहीं पड़ता लेकिन पुलिस का आला अफ़सर एक भी दिन शहर में नहीं रहे तो कानून व्यवस्था गड़बड़ा जाती है।

14 अक्टूबर, 2020 को राज्य सरकार ने डॉ. भूपेन्द्र सिंह का पुलिस महानिदेशक पद से स्वैच्छिक सेवानिवृत्ति का आवेदन स्वीकार कर उन्हें राजस्थान लोक सेवा आयोग का अध्यक्ष नियुक्त किया। पुलिस से सेवा निवृत्ति के बाद यह परम्परा है कि पुलिस के आला अधिकारी अपनी सज-धज के साथ अपने सेवा निवृत्त पुलिस महानिदेशक को उनके आवास तक छोड़ने जाते हैं लेकिन उन्होंने इस परम्परा को तोड़ा। उनका कहना था कि अब मैं पुलिस की नौकरी में नहीं हूँ इसलिए पुलिस के वाहन इत्यादि का उपयोग नैतिक आचरण के विरुद्ध होगा। उनकी पत्नी डॉ. प्रतिभा यादव अपनी निजी कार से उन्हें लेने आयीं और वे व्यक्तिगत नैतिकता के मानक गढ़ते हुये पत्नी के साथ अपने आवास पर पहुँचे। कहना न होगा कि राजस्थान के प्रमुख अख़बारों, मीडिया चैनल्स, चाय की थड़ियों और गाँव की चौपालों तक में यह ख़बर कई दिनों तक चर्चा में रही। पुलिस महानिदेशक का पद जितना चुनौतीभरा है, राजस्थान लोक सेवा आयोग के अध्यक्ष का पद उससे अधिक जोखिमभरा है। यह एक तरह से काजल की कोठरी है, वहाँ कितना भी सयाना आदमी जाये, बचना मुश्किल होता है। कहा जाता है कि भ्रष्टाचार अब कोई मुद्दा नहीं है, यह धारणा एक नयी बहस को जन्म देती है लेकिन यह चिन्ता तो हर जागरूक नागरिक को होनी चाहिये कि नैतिक मूल्यों के क्षरण में सामाजिक राजनीतिक व्यवस्था कब तक सुरक्षित रह सकती है? इस दौर में जब करोड़ों के घोटाले लोगों को चौंकाते नहीं है तथा राजनेताओं के ऊपर दर्ज तमाम तरह के संगीन मामले लोगों के मन में घबड़ाहट पैदा नहीं करते, तब ऐसे समय में किसी अधिकारी का ईमानदार होना और दिखना कितना खतरनाक और चुनौतीभरा हो सकता है? डॉ. भूपेन्द्र सिंह इस चुनौती से अनजान नहीं थे इसलिए उन्होंने जिस पारदर्शिता और व्यक्तिगत शुचिता के साथ काम किया, वह राजस्थान लोक सेवा आयोग के लिये मानक बना। मुझे व्यक्तिगत

तौर पर एक कार्यालय कर्मचारी ने बताया कि 'अब तक अध्यक्ष अपना काम करते रहे हैं लेकिन आयोग और कर्मचारियों के लिये सोचने और करने वाले डॉ. साहब अकेले थे।' आयोग ही नहीं बल्कि बहुत से बड़े कार्यालयों में छोटे कर्मचारियों पर काम का दबाव तो बहुत होता है लेकिन उनके सुख-दुख को जानने वाले अधिकारी बहुत कम होते हैं। सामान्य कर्मचारी अपने अध्यक्ष को अपना हितैषी और संरक्षक मानने लगे तो समझ लीजिये उन्होंने किस तरह काम किया होगा। किसी भी अधिकारी या अध्यक्ष के लिये इससे बड़ा तोहफा कोई और नहीं हो सकता।

62 वर्ष की अवस्था यानी दिसम्बर, 2021 में डॉ. भूपेन्द्र सिंह राजस्थान लोक सेवा आयोग के अध्यक्ष पद से सेवानिवृत्त हुये। सेवानिवृत्ति के अवसर पर विदा करने की रस्म महज औपचारिक होती है लेकिन उस दिन लोगों ने जो कहा, वह भारी मन से कहा। मेरी जानकारी में यह पहला और अनूठा अवसर था, जब अपने सर्वोच्च अधिकारी को विदा करते समय लोगों की आँखें भर-भर आ रही थीं। जब कहने को बहुत कुछ हो, तब ज़ुबान की ज़गह आँखें बोलती हैं। यह कार्य निष्ठा के साथ व्यक्तिगत शुचिता का भी सम्मान था। इतने बड़े पदों पर सेवा करने के बाद सहज रूप से बहुत दिनों तक पद और प्रतिष्ठा का 'हेंगऑवर' रहता है लेकिन डॉ. भूपेन्द्र सिंह ने उसी दिन सारी राजकीय सुविधाओं को तिलांजलि देकर सामान्य नागरिक के रूप में जीने का संकल्प लिया। पिछले दिनों उनके सरकारी आवास पर काम करने वाले एक कर्मचारी की तबियत ख़राब थी, वे अपनी पत्नी के साथ उनके घर गये। मेरा घर रास्ते में पड़ता था इसलिए लौटते हुये मेरे घर आये। कर्मचारी की हालत देखकर वे बहुत दुखी थे, उनकी आँखें बार-बार भर आ रही थीं। उन्हें सहज होने में बहुत देर लगी। मैंने पहली बार उन्हें अपने पिता की बीमारी और उनकी मृत्यु के समय इतना दुखी, खोया-खोया और अनमना देखा था। उनके पिता सीआरपीएफ में थे। ज़ाहिर है कि अपने सेवाकाल में वे घर से दूर ही रहे। घर में उनकी उपस्थिति का मतलब निधारित अवकाश के दिन या प्रतिमाह आने वाला धनादेश ही होता था। दैनन्दिन जीवन में घर में पिता की उपस्थिति का मतलब सामाजिक सुरक्षा भी होता है, जो बड़े होते बच्चों के लिये अपूर्व संबल देता है। वे अपने पिता का बहुत सम्मान करते हैं, जिसका अनुभव मैंने आरपीएससी में उनके कार्यालय में किया था। अपनी कुर्सी पर बैठने से पहले उन्होंने पिता की तस्वीर को प्रणाम किया और फिर अपने दैनिक कार्य की शुरूआत की। उनके अध्ययन कक्ष में पिता की तस्वीर अभी भी रखी हुई है, जो हमेशा उनके साथ होने का भरोसा देती है।

मशहूर शायर निदा फ़ाज़ली का एक शेर है 'हर आदमी में होते हैं दस बीस आदमी। जिसको भी देखना हो कई बार देखना'। मैंने डॉ. भूपेन्द्र सिंह को कई बार

नहीं बल्कि अनगिनत बार देखा है लेकिन मुझे वे हमेशा एक मज़बूत आदमी ही दिखे हैं। सेवा निवृत्ति के बाद वे अपने गाँव में पुस्तकालय का निर्माण करा रहे हैं और जयपुर में कैफे अर्नेस्ट में समकालीन चिन्ताओं के विचार-विमर्श के केन्द्र 'सबद निरन्तर' में हर रविवार को अपने मित्रों के साथ होते हैं। पुलिस विभाग की जो चादर उन्होंने कार्यभार ग्रहण करते हुये ओढ़ी थी, उसे सेवानिर्वृति के समय जस की तस उतारकर रख दिया-बिना किसी दाग़ या धब्बे के।

नामवरजी को देखते-सुनते हुये

डॉ. नामवर सिंह कई दशकों से हिन्दी जगत के लिये केवल उनके अपने नामवर जी थे। जहाँ विश्वविद्यालयों और महाविद्यालयों के प्राध्यापकों में ख़ुद को डॉक्टर साहब कहलाने की होड़ मची रहती है, वहाँ हिन्दी का प्रतिभा पुरुष इस उपाधि को कभी का त्याग चुका था। नामवर जी जब-तक जीवित रहे तब-तक यह प्रश्न मेरे मन में नहीं आया कि उनकी अपनी एक विशेषता क्या है? आज उनके न रहने पर यह प्रश्न बार-बार बेचैन कर रहा है। मुझे लगता है कि वे विरोध में रहना अधिक पसन्द करते थे, जहाँ विरोध की जरूरत भी नहीं होती थी, वहाँ भी वे अपना विरोधी चुन लेते थे और उसके विरोध में अपनी आलोचना के हथियार पैनाते थे। यह कहना गलत नहीं होगा कि उनकी प्रतिभा विरोध में धारदार होती थी। अपनी बात के पक्ष में मैं जोधपुर विश्वविद्यालय का उदाहरण दूँगा जहाँ वे सागर विश्वविद्यालय की नौकरी ख़त्म होने के लगभग एक दशक बाद स्थायी आचार्य नियुक्त हुये थे। यह सब वी.वी.जॉन जैसे मेधावी कुलपति के कारण ही सम्भव हुआ था। बिना नौकरी के लम्बा समय गुज़र जाने के बाद किसी भी व्यक्ति को यह लगना चाहिये कि अब सीधी-सहज ज़िन्दगी जीना ही उचित है। लेकिन वे इस प्रकार के दुनियादार नहीं थे इसलिए जोधपुर में आकर उन्होंने पाठ्यक्रम परिवर्तन किये तो उसमें 'आधागाँव' भी लगा दिया। उनके विरोधी पहले से ही विभाग में सक्रिय थे, वे स्वयं आचार्य बनना चाहते थे इसलिए नामवरजी के विरोध का जीवंत मुद्दा उन्हें घर बैठे मिल गया था। उन्होंने आनन-फानन में एक छोटी-सी किताबिया छपवाई जिसमें 'आधागाँव' की गालियाँ चुन-चुनकर इकट्ठी की गयी थीं। इस किताबिया को उन्होंने घर-घर बंटवाया और मौखिक प्रचार किया कि अब आपकी बेटियाँ हिन्दी नहीं बल्कि हिन्दी के नाम पर गालियाँ पढ़ेंगी। कहना न होगा कि एम.ए. में पढ़ने वाले विद्यार्थियों की जो उम्र होती है, उसमें इस प्रकार की गालियाँ आकर्षित तो करती हैं लेकिन चोरी-छुपे पर हिन्दी विभाग के अध्ययन कक्ष में इन गालियों का पारायण होना अप्रत्याशित था।

ज़ाहिर है कि उनके इस निर्णय का बहुत विरोध हुआ। सारी दक्षिणपंथी ताकतें एक होकर नामवरजी का विरोध करने लगीं। यह भी सही है कि कुलपति प्रो. वी.वी. जॉन और कुछ प्रगतिशील अध्यापक नामवरजी के साथ थे पर जैसे ही निर्णय की घड़ी आयी नामवरजी आगरा के केएमआई होते हुये जेएनयू चले गये। कुछ लोगों का कहना है कि नामवरजी ने जोधपुर को जेएनयू की सीढ़ी बनाया था अन्ततः तो उन्हें दिल्ली ही जाना था। यह तो बाद के तर्क हैं जो कई बार ईर्ष्या द्वेष से भी उत्पन्न होते हैं। लेकिन यह सच है कि नामवरजी नया पाठ्यक्रम नहीं भी बनाते तब भी दक्षिणपंथी ताकतें उनका विरोध करतीं। जोधपुर जैसे पश्चिमी राजस्थान के परम्परागत शहर में उनका रह पाना सम्भव नहीं था। यही कारण है कि 70 के दशक में प्रो. वी.वी.जॉन जिन आला प्रोफेसरों को चुन-चुनकर जोधपुर लाये थे, वे जॉन साब के जाते ही अकेले पड़ते गये और अन्ततः चले भी गये।

नामवर जी ऐसे वक्ता रहे हैं कि वे कई बार अपनी ही स्थापनाओं को काटते नज़र आते थे या कई बार वे ऐसी स्थापनायें देते थे कि सामने वाले चौंक जायें। 2009 के सितम्बर महीने में वे 'लोकतन्त्र और प्रतिपक्ष' विषय पर भाषण देने के लिये महात्मा गांधी अन्तरराष्ट्रीय हिन्दी विश्वविद्यालय, वर्धा में आये थे। तब श्री विभूतिनारायण राय कुलपति थे और नामवरजी विश्वविद्यालय के कुलाधिपति। इस आयोजन का जिम्मा मुझे सोंपा गया था। तब तक विश्वविद्यालय में अलग-अलग विभागों के लिये इमारतें नहीं बनी थीं और न ही कोई सभाकक्ष था। इसलिए एकमात्र इमारत अनुवाद विद्यापीठ की छत पर खुले में शाम के समय यह कार्यक्रम रखा गया था। तब नामवरजी ने नक्सलियों को क्रान्तिकारी बताते हुये उनकी तुलना भगतसिंह से की थी। मैंने संचालन करते समय इस बात का उल्लेख किया था कि 'यह वक्तव्य ऐसी जगह दिया गया है, जहाँ से नक्सलवादी क्षेत्र चन्द्रपुर और बस्तर बहुत दूर नहीं हैं।' मुझे यह भी लगा कि वर्धा चूंकि बहुत छोटा-सा कस्बा है इसलिए यहाँ मीडिया भी उतना जागरूक नहीं है, इसका लाभ उन्होंने उठाया था वरना दिल्ली जैसे महानगर में शायद नामवरजी इस प्रकार की स्थापना नहीं देते। यह चौकाने वाला ही नहीं बल्कि हतप्रभ करने वाला वक्तव्य था, जिसकी उम्मीद एक प्रगतिशील आलोचक से नहीं की जा सकती लेकिन नामवरजी को ऐसे ही वक्तव्यों में आनन्द आता था। उनके रहते और उनके जाने के बाद भी कई दिनों तक इस वक्तव्य की चर्चा होती रही पर परिसर के अन्दर ही। हिन्दी विश्वविद्यालय का यह दुर्भाग्य है कि यहाँ से कोई विचार बाहर नहीं जाता। विचार-विमर्श की सीमा परिसर की चारदीवारी में ही सिमटकर रह जाती है। अब तो फेसबुकिये बड़ी संख्या

में सक्रिय हैं जो एक-दूसरे को गालियाँ देते रहते हैं और इसी को बड़ी क्रान्ति और बड़ा क्रान्तिकारी दर्शन मानते हैं।

2011 में अज्ञेय, नागार्जुन, केदारनाथ अग्रवाल तथा शमशेर का शताब्दी वर्ष था। तब मैंने शताब्दी वर्ष समारोह का आगाज करने के लिये एक बड़ी संगोष्ठी आयोजित की थी, जिसमें सारे नामचीन विद्वान आये थे। संगोष्ठी का उद्घाटन नामवरजी ने किया तथा मुख्य अतिथि निर्मला जैन थीं। नामवरजी ने अपने उद्घाटन भाषण में कहा कि 'लोग वैसे ही चिल्लाते रहते हैं कि अज्ञेय प्रयोगवादी हैं जबकि उनमें कोई प्रयोग नहीं हैं बल्कि सारे प्रयोग नागार्जुन में हैं।' और नागार्जुन की कविता जिसे वे एक पर्ची पर लिखकर लाये थे, पढ़ी 'जले ठूंठ पर बैठकर गयी कोकिला कूक, बाल न बांका कर सकी शासन की बन्दूक।' इसे उन्होंने प्रयोग माना और नागार्जुन को प्रयोगधर्मा कवि। तब मंच पर बैठीं निर्मला जी ने कहा कि 'आपने लिखा है कि राजनीति में जो नेहरू युग है वही कविता में अज्ञेय युग है। सच कहो, कहा है कि नहीं।' नामवरजी चुप और निर्मला जैन लगातार उनकी ओर इस आशा में देख रही थीं कि वे कोई जवाब देंगे। खचाखच भरे हबीब तनबीर सभागार में सारे दर्शक उनकी इस चुहल का आनन्द ले रहे थे। नामवरजी की ओर से कोई उत्तर न आता देख निर्मला जी ने ही कहा कि 'आपकी चुप्पी बता रही है कि आपने कहा है।' नामवरजी फिर भी कुछ नहीं बोले। लेकिन सुना है कि महीने भर के भीतर ही बनारस में उन्होंने अज्ञेय को प्रयोगवादी और प्रयोगधर्मा कवि सिद्ध किया था। ऐसा नहीं है कि एक महीने में उनकी स्थापनाएँ बदल गयी हों, स्थापनाएँ उनकी अपनी हैं इसलिए ऐसा भी नहीं कहा जा सकता कि अपनी कही गयी बात को भूल जाते हों क्योंकि एनडीटीवी पर अपने साक्षात्कार में वे अपनी स्मृति पर गर्वित होते हैं। निश्चित रूप से उनकी स्मृति असाधारण थी। वे इस प्रकार के वक्तव्य केवल चौंकाने के लिये या लोगों के बीच चर्चा के केन्द्र में बने रहने के लिये देते हों, ऐसा भी नहीं कहा जा सकता लेकिन यह तय है कि हिन्दी के सुधी श्रोताओं के पास इस प्रकार के परस्पर विरोधी वक्तव्यों की लम्बी सूची है। क्या इसका कारण यह हो सकता है कि लिखना छूटा तो बोलने में आनन्द आने लगा और इस प्रकार के वक्तव्य चर्चा के केन्द्र में बने रहने के लिये दिये जाने लगे? कुछ कहा नहीं जा सकता लेकिन यह प्रश्न मौजूं है कि उनके लेखन का जब भी मूल्यांकन होगा तब यह प्रश्न भावी अध्येताओं को बेचैन करेगा। यही नहीं पिछले कई वर्षों से उनके दिये गये भाषणों को पुस्तक रूप में छपवाने का जो क्रम शुरू हुआ है, उससे पाठकों में निश्चित ही भ्रम फैलेगा और भावी पीढ़ी के सामने यह संकट पैदा होगा कि वह उनकी कौन-सी स्थापना को सच माने ।

1993 में अलीगढ़ मुस्लिम विश्वविद्यालय, अलीगढ़ के हिन्दी विभागाध्यक्ष प्रो. कुंवरपाल सिंह ने 'भक्तिकाल' पर एक राष्ट्रीय संगोष्ठी आयोजित की थी। ज़ाहिर है कि उसका भी उद्‌घाटन नामवरजी ने किया तब यूजीसी के पूर्व अध्यक्ष और इतिहास के आला दर्जे के विद्वान प्रो. सतीश चन्द्र ने कहा कि 'कुंवरपाल नामवरजी के भाषण से पहले टेप की व्यवस्था कर लो। अलीगढ़ की इस संगोष्ठी में मुसलमान अधिक हैं इसलिए नामवरजी ऐसा वक्तव्य देंगे, जिसे वे दिल्ली में नहीं दे सकते।' सतीश साब का यह कहना केवल चुहल नहीं थी बल्कि उनके अपने अनुभव थे कि नामवरजी अपने वक्तव्यों को श्रोता देखकर बदलते रहते थे। एक बार नामचीन सम्पादक और कथाकार भैरव प्रसाद गुप्त से नामवरजी के किसी वक्तव्य के बारे में पूछा तो उन्होंने कहा 'पहले यह बताओ कि सामने कौन-कौन बैठे थे। नामवरजी तो टोपी देखकर वक्तव्य देते हैं।' नामवरजी के बारे में इस प्रकार के विचार हिन्दी जगत में अधिकांश लोगों के हैं, जो तब दबी ज़बान से कहे सुने जाते थे लेकिन अब उन पर खुलकर चर्चा हो रही है।

बात 2002 की है जब उनका पिचहत्तरवां जन्म वर्ष मनाने के लिये प्रभाष जोशी और वे जगह-जगह व्याख्यानों के लिये जा रहे थे। कहना न होगा कि इस जोड़ी को राजेन्द्र यादव मज़ाक में 'दो हँसों की जोड़ी' कहा करते थे। तब जोधपुर विश्वविद्यालय के कुलपति प्रो. लक्ष्मणसिंह राठौड़ ने मुझसे नामवरजी को आमन्त्रित करने के लिये कहा। तब मैं हिन्दी विभाग का अध्यक्ष था इसलिए सारी ज़िम्मेदारी के साथ मैंने व्याख्यान आयोजित किया। पर मुझे आश्चर्य हुआ कि जो विषय उन्होंने दिया था और जो विषय आमन्त्रण पत्र में छपा था, नामवरजी उस पर नहीं बोले। उन्होंने कहा कि 'एक राग को मैं बार-बार नहीं गाता। इस विषय पर एक जगह भाषण दे चुका हूँ इसलिए दूसरे विषय पर बोलूँगा।' मंच पर कुलपति के साथ मैं भी था हमने एक दूसरे की ओर देखा और आश्चर्य के साथ नामवरजी को देखते रहे। कहना न होगा कि मंच की परम्परा में तो यही है कि जिस विषय पर वक्ता को आमन्त्रित किया जाता है, वह उसी पर बोलता है और श्रोता भी उनसे यही सुनने के लिये आते हैं। भाषण ख़त्म हुआ पर कई दिनों तक मेरे मन में यह प्रश्न टकराता रहा कि विषय बदलने का कारण क्या था? यदि एक जगह इस विषय पर उन्होंने भाषण दे भी दिया था तब सुनने वाले जोधपुर के श्रोता तो वहाँ नहीं थे और यदि उन्हें लगा कि दूसरी बार इस विषय पर बोलना ठीक नहीं है तो उन्होंने विषय क्यों दिया? जिस विषय पर वे बोले थे यह भी ज़रूरी नहीं है कि उस पर उन्होंने कहीं नहीं बोला हो? लेकिन इस प्रकार अपनी प्रतिभा और ज्ञान से चौंकाने में उन्हें आनन्द आता था। वे यह मानकर चलते थे कि श्रोता तो उनके कारण आये हैं इसलिए उनका मन

जिस विषय पर बोलना चाहें, बोलें। बाद में चाय पीते हुये और बाद में विभाग में कई लोगों ने चिन्ता के साथ यह प्रश्न मुझसे कई बार पूछा लेकिन मेरे पास स्वयं कोई उत्तर नहीं था सिवाय इसके कि वे नामवरजी हैं जिस विषय पर भी बोलें, वह भाषण नामवरजी का ही होगा। किसी दूसरे वक्ता में यह साहस नहीं कि वह ऐसा निर्णय ले सके।

नामवर जी 2016 में अन्तिम बार वर्धा आये थे तब उनके पटु शिष्य सुरेश शर्मा ने 'सौन्दर्यशास्त्र' पर बोलने के लिये उन्हें बुलाया था। तब राय साहब कुलपति नहीं थे और न वे कुलाधिपति। पर वे आये और 'कामायनी' की प्रति हाथ में लेकर एक छंद उसमें से मद्धिम आवाज़ में पढ़ा और बहुत संक्षिप्त-सी व्याख्या की। मैंने पहली बार उन्हें बहुत कम बोलते हुये सुना था, जिस वाक्चातुर्य और भाषण प्रवीण के रूप में वे जाने जाते थे, वह इस भाषण में कहीं नहीं दिखा बल्कि यह लगा कि वे अब थक और चुक गये हैं। भाषण के बाद जब हम चाय पी रहे थे तब संयोग से मैं उनके पास ही बैठा था। अचानक उन्होंने कहा कि 'कृष्णदत्त पालीवाल आपके रिश्तेदार हैं।' मैंने कहा नहीं। तब उन्होंने बच्चों की तरह हँसते हुये कहा कि 'वह चींटा है।' और बहुत देर तक हँसते रहे। क्यों हँसते रहे, कोई पुराना प्रसंग उन्हें याद आ रहा होगा वरना वहाँ तो इस प्रकार का कोई सन्दर्भ नहीं था। नामवरजी को अपनी गम्भीरता के लिये भी जाना जाता है, उनसे कोई अतिरिक्त लाभ नहीं ले सकता, वे जितना कहना चाहते हैं, जितना लिखकर देना चाहते हैं तथा जितना आपके साथ चलना चाहते हैं, उससे अधिक की उम्मीद उनसे कोई नहीं कर सकता था। उनकी आँखें चतुर-सुजान थीं, जो चश्मे के अन्दर से साफ़ दिखाई देती थीं। लेकिन कई बार वे ऐसे फँसते भी थे कि उन्हें ही निकलने का कोई रास्ता नज़र नहीं आता था। 2011 में कुलपति राय साहब ने फादर कामिल बुल्के अतिथि गृह के कुलाधिपति कक्ष में उनके सम्मान में रस रंजन का कार्यक्रम रखा। इस कार्यक्रम में हैदराबाद वाले विजेन्द्र नारायण सिंह भी आये थे, राय साब ने उन्हें भी रस रंजन के लिये आमन्त्रित किया था। वे यह भूल गये विजेन्द्र जी 'पाखी' पत्रिका में नामवरजी के ख़िलाफ़ अभी हाल ही में लिख चुके हैं। संयोग या दुर्योग यह कि एक छोटी-सी टेबल के आमने सामने दोनों बैठकर पीते रहे पर दोनों ने आपस में न एक दूसरे की ओर देखा और न कुछ कहा। रस रंजन की स्थिति यह थी कि दोनों यह भी भूल गये कि वे अपना कोटा कब का ख़त्म कर चुके हैं। राय साब को कुछ देर बाद इस बात का अहसास हो गया था लेकिन तब वे कुछ कर सकने की स्थिति में नहीं थे। बाद में नामवरजी बाहर निकले तो वहाँ कुर्सियों पर गप्प मारते खगेन्द्र ठाकुर मिल गये, खगेन्द्र जी उन्हें देखकर उठे तो नामवर जी ने उनके कन्धे पर हाथ रखकर कहा

'अरे खगेन्द्र जी हमारी हालत तो ब्राह्मण समाज में ज्यों अछूत' जैसी है। खगेन्द्र जी की कुछ समझ में नहीं आया, वे चुप रहे पर नामवरजी दो-तीन घंटे की चुप्पी और घुटन को बाहर निकालना चाहते थे इसलिए सुरूर में हँसते और बोलते रहे। खगेन्द्र जी हिन्दी के अकेले ऐसे विद्वान हैं जो मंच पर सोने जैसी अवस्था में रहते थे लेकिन जब उनसे बोलने के लिये कहा जाता तो उठकर तुरन्त बोलना भी शुरू कर देते थे। यह कहना कठिन है कि वे सोते थे या आँखें बन्द कर ध्यानपूर्वक सुनते रहते थे।

नामवर जी जब-तक कुलाधिपति रहे, तब-तक विश्वविद्यालय में आते रहे और राय साब बड़े सम्मान के साथ उन्हें बुलाते भी रहे, जबकि कई वर्ष पहले जब उनके छोटे भाई डॉ. काशीनाथ सिंह ने नामवरजी से 'वर्तमान साहित्य' का सम्पादक बनने के लिये पूछा था तब नामवरजी ने उत्तर में पत्र लिखकर कहा था कि 'श्री विभूतिनारायण राय के बारे में जो कुछ सुना है उससे उनके बारे में मेरी राय अच्छी नहीं है। मुझे भय है कि तुम्हें वे किसी चक्कर में न फँसा दें।' राय साब इस बात से परिचित थे पर उन्होंने कभी भी इस प्रतिकूल टिप्पणी को अपने व्यवहार और आचरण में नहीं आने दिया। वे उन्हें अत्यधिक सम्मान देते थे और उम्मीद करते थे कि वे विश्वविद्यालय के अकादमिक जगत का नेतृत्व करते रहें। पर प्रत्यक्ष रूप में मैंने कभी ऐसा नहीं देखा कि वर्धा यात्रा के समय वे किसी विभाग के पाठ्यक्रम या अन्य अकादमिक गतिविधि में रुचि लेते हों। वे जब भी आते भाषण के अलावा कुलाधिपति कक्ष में ही रहते। जबकि प्राध्यापक और विद्यार्थी यह चाहते थे कि वे सुबह या शाम घूमते मिल जायें तो उनके साथ बातचीत हो जाये लेकिन यह अवसर कभी नहीं आया। जब राय साहब ने अपने कार्यकाल का दीक्षांत समारोह आयोजित किया तब नामवर जी को कुलाधिपति के रूप में आना ही था। समारोह में मुख्य अतिथि के लिये मॉरीशस के राष्ट्रपति अनिरुद्ध जगन्नाथ को आमन्त्रित किया गया। नामवर जी एक दिन पहले आ गये थे और फादर कामिल बुल्के अतिथि गृह के कुलाधिपति कक्ष में ही ठहरे हुये थे। राय साब का फ़ोन आया कि 'नामवरजी आ गये हैं इसलिए आप कुलपति चेम्बर में आ जायें तो दोनों साथ मिलने चलते हैं।' हम दोनों नामवरजी से मिलने गये तो बातचीत में नामवरजी ने कुलपति जी से पूछा कि 'डिग्रियाँ तो मुझे ही वितरित करनी हैं न?' राय साब थोड़ी देर के लिये चुप हो गये, वे शायद इस प्रश्न के लिये इस औपचारिक मुलाकात के समय तैयार नहीं थे। उन्होंने तुरन्त मुझसे पूछा 'क्यों डीन साहब विश्वविद्यालय का नियम क्या कहता है?' मैंने सहज भाव से उत्तर दिया कि 'डिग्रियाँ तो कुलपति के साथ मुख्य अतिथि ही वितरित करते हैं, कुलाधिपति तो समारोह की अध्यक्षता भर करते हैं।' तब नामवरजी ने धीरे-से कहा 'ठीक है।' राय साब हमेशा मुझे पालीवाल जी कहकर ही सम्बोधित

करते रहे हैं लेकिन जब नियम की बात आयी तो उन्होंने पहली बार 'डीन साहब' कहकर सम्बोधित किया। विदेशी राष्ट्रपति के आने की औपचारिकताएँ बहुत होती हैं इसलिए पूरा परिसर सुरक्षा पहरे में था। शाम को कुलपति आवास पर मॉरीशस के राष्ट्रपति महोदय का डिनर था, जिसमें नामवर जी, प्रतिकुलपति और मुझे भी आमन्त्रित किया गया था। उस अवसर पर महामहिम राष्ट्रपति के साथ आये एक सज्जन और थे। महामहिम ने रसरंजन कार्यक्रम में शामिल होने से मना कर दिया था इसलिए हम लोग राय साब की स्टडी में बैठे थे। उस समय महामहिम के साथ आये सज्जन ने नामवरजी की जाँघ पर हाथ रखकर कहा 'चचा मॉरीशस आ जाओ तीस साल का युवा बना दूँगा।' प्रति-कुलपति नदीम साहब यह सुनकर एकदम चौंके और कहा 'मियाँ आपको पता भी है कि आप किससे बातें कर रहे हैं?' उन्होंने अपनी तरंग में उत्तर दिया 'अपने चचा से।' और चुप हो गये लेकिन नामवरजी ने कुछ नहीं कहा, वे सिर्फ़ मुस्कुराते रहे। लेकिन मुझे यह देखकर आश्चर्य हुआ कि महामहिम राष्ट्रपति के साथ डिनर करने से ज़्यादा महत्त्व उन्होंने रसरंजन को दिया।

नामवरजी विगत 50-60 वर्ष की आलोचना में अकेले बैठे हैं, सारे रास्ते उनके पास से निकलते हैं, उनसे बचकर कोई जा नहीं सकता। उन जैसी लोकप्रियता हिन्दी में शायद ही किसी को मिली हो पर क्या कारण हैं कि जब मूल्यांकन करने की नौबत आती है तो विश्वास डिग जाता है। कविता ही नहीं कहानी में भी उनकी आलोचना का जब भी मूल्यांकन होगा, तब लगेगा ज़रूर कि उन्होंने अपनी रणनीति के तहत कितने कवि और कथाकारों को सिंहासन पर बैठाया और कितनों की उपेक्षा की? पाठक और श्रोताओं के मन में उनके प्रति गहरा सम्मान है लेकिन यह प्रश्न भी उनके मन में है कि उन्होंने कई प्रगतिशील कवियों और उभरती हुई नयी पीढ़ी के साथ न्याय नहीं किया। अपनी प्रतिभा और स्मृति के बल पर वे चाहते तो आधुनिक हिन्दी साहित्य का इतिहास भी लिख सकते थे, पर नहीं लिख पाये।

महात्मा गांधी की छाया में पोदार कॉलेज

पोदार, सेकसरिया, मोरारका, छावछरिया, गोयनका और परसरामपुरिया सेठों के लिये विख्यात नवलगढ़ अपनी हवेलियों के लिये भी जाना जाता है। विशाल हवेलियों के भित्तिचित्र अपने वैशिष्ट्य के कारण अब भी पर्यटकों को आकर्षित करते हैं। शेखावाटी के सेठों ने कलकत्ता और बम्बई में व्यापार किया, ख़ूब पैसा और यश कमाया, इसके साथ अपने गाँव और कस्बों में शिक्षा की अलख भी जगाई। इसलिए अनजान से गाँव में भी बड़े विद्यालय और कस्बों में बड़े महाविद्यालय खोलकर संचालित करने का काम सेठों ने किया। सेठों के लिये कहा जाता है कि 'उदारता से दान देने वाला ही सेठ होता है।' नवलगढ़ में सेठ आनन्दीलाल पोदार ने 1921 में सेठ ज्ञानीराम बंसीधर पोदार ब्रह्मचर्याश्रम की स्थापना की जो 1942 में महाविद्यालय बना। इस महाविद्यालय के पहले मुख्य ट्रस्टी महात्मा गांधी थे और अन्य ट्रस्टियों में मदनमोहन मालवीय, जमनालाल बजाज और आनन्दीलाल पोदार थे। जब यह महाविद्यालय बना तब राजस्थान में कोई विश्वविद्यालय नहीं था इसलिए यह आगरा विश्वविद्यालय से सम्बद्ध था। 1947 में राजस्थान विश्वविद्यालय बनने के बाद यह महाविद्यालय इससे सम्बद्ध हुआ। पंजीकरण के हिसाब से यह जीबी पोदार कॉलेज है लेकिन लोक में इसे पोदार कॉलेज, नवलगढ़ ही कहा जाता है। लम्बे समय तक इस महाविद्यालय की प्रतिष्ठा वाणिज्य के क्षेत्र में थी, इसलिए दूर-दूर से विद्यार्थी यहाँ वाणिज्य पढ़ने आते थे। इसका अपना छात्रावास था और अन्य सुख-सुविधाएँ भी पर्याप्त मात्रा में उपलब्ध थीं। महाविद्यालय की इमारत किलेनुमा है जो अपनी भव्यता और विशालता में आकर्षित करती है। नवलगढ़ बस स्टेंड और रेलवे स्टेशन से कस्बे की ओर जाने वाले मुख्य मार्ग के दाहिनी ओर यह आकर्षित इमारत आज भी पर्यटकों को आमन्त्रित करती है।

मैं 1982-83 में पोदार कॉलेज के हिन्दी विभाग में सहायक आचार्य के पद पर रहा था। उस समय हिन्दी विभाग में चार अध्यापक थे, दो पुराने और दो नये। पुराने अध्यापकों में विजयानन्द शर्मा और केदार मिश्रा थे और नये में मैं और नन्द कुमार दवे। विजयानन्द जी छावछरियों की पुरानी और बड़ी हवेली में रहा करते थे और केदार जी अपने बारे में कुछ बताते नहीं थे। वे बहुत खुलकर किसी से बातचीत भी नहीं करते थे। उनके कई रहस्यों के बारे में स्टाफ रूम में अक्सर गुपचुप चर्चा होती रहती थी। बाद में उन्हें मानसिक बीमारी हुई इसलिए इतिहास विभाग के मोहनलाल शर्मा उन्हें जयपुर उनके गुरु डॉ. विश्वम्भरनाथ उपाध्याय के घर लेकर गये। उपाध्याय जी ने बाद में बताया कि केदार से अधिक तो उन्हें लाने वाला पागल लग रहा था। बहरहाल अकेले और अपने रहस्यों को छुपाये रहने वाले किसी भी आदमी का पागल होना स्वाभाविक है। विजयानन्द जी सामाजिक प्राणी थे। उनकी बड़ी बेटी बीमार रहती थी इसलिए उसके इलाज में उन्होंने इतना पैसा ख़र्च किया कि वे हमेशा कर्ज़ में रहने लगे। कर्ज़ उतारने के लिये वे सहारा इंश्योरेंस के एजेंट बन गये और हर नये आने वाले अध्यापक से इंश्योरेंस कराने के लिये दबाव बनाने लगे। विजयानन्द जी ने प्रेम विवाह किया था, आश्चर्य की बात यह कि इतने लम्बे समय के बाद भी प्रेम और विवाह दोनों बने हुये थे। वे भावुक व्यक्ति थे, सामाजिक जितने थे, उससे अधिक जताने की कोशिश करते थे। उनकी पत्नी पहली बार देखने में घमंडी लगती थीं लेकिन कई बार मिलने के बाद लगता था कि घर की बड़ी भाभी की तरह हैं, बहुत स्नेहिल और बहुत उदार। विजयानन्द जी के चचेरे भाई नित्यानन्द शर्मा जोधपुर विश्वविद्यालय के हिन्दी विभाग में थे। नन्दकुमार दवे उनके विद्यार्थी थे और ग़रीब परिवार से थे इसलिए नित्यानन्द जी के कहने पर वे विजयानन्द जी के घर पर ही रहते थे। नवलगढ़ में तब-तक ऑटो आ तो गये थे लेकिन कस्बे से कॉलेज जाने वाले अध्यापक और विद्यार्थी पैदल ही आते जाते थे। एक दिन शाम को चौराहे पर मैं, ए.के.सिंह. एस.एन.शर्मा और पी.के. सिंह राठौड़ कुल्फी खा रहे थे तो कॉलेज से आते हुये दवे दिख गये। ज़ाहिर है कि उनसे खाने के लिये पूछना ही था, पूछा तो वे तैयार हो गये। हम लोगों ने यह नहीं पूछा कि भांग वाली लेंगे या सामान्य। कुल्फीवाले ने उन्हें भांग वाली कुल्फी दे दी। खाकर हम सभी लोग अपने-अपने घर चले गये। उन दिनों फ़ोन वगैरह किसी के पास नहीं थे इसलिए विजयानन्द जी शिकायत करने मेरे घर तक पैदल चलकर आये। मैं उनके साथ उनके घर पर दवे को देखने गया तो मालूम हुआ कि वे चारपायी पकड़कर बैठे हैं। उन्हें लगातार चक्कर आ रहे थे और लग रहा था

जैसे चारपायी घूम रही है। मेरे पास सफाई के लिये कोई शब्द नहीं थे सिवाय चुप रहने के। मैं बहुत देर तक बैठा रहा, नीबू पानी इत्यादि उन्हें पिलाये गये और थोड़ी देर बाद वे सो गये। सुबह पूरे कॉलेज में भांग के किस्से तैर रहे थे और लोग मज़े ले लेकर हँस रहे थे। कॉलेजों का स्टाफ रूम ज़्यादातर इसी तरह के हँसी मज़ाक के काम आता है, वहाँ अकादमिक बहस या चर्चा की उम्मीद करना बेमानी है।

कॉलेज के प्राचार्य एम.पी. माथुर थे, जो अजमेर के रहने वाले थे। सुना था कि उनका बेटा रवि माथुर आई.ए.एस. है। पुराने अध्यापकों के दो ग्रुप थे, एक में आर.के.शर्मा, श्योराज सिंह, के.के. माथुर इत्यादि थे और दूसरे में पी.के.गुप्ता, आर.सी. शर्मा, दीनदयाल शर्मा और भल्ला साहब थे। आर.के.शर्मा वाला गुट प्राचार्य के साथ था। कॉलेज के विद्यार्थियों में जाट अधिक थे और वे श्योराज सिंह जी से संचालित होते थे। कई बार छात्र आन्दोलन होते तो प्राचार्य गुट पहले शान्त रहता, विद्यार्थियों का समूह दूसरे गुट को भला-बुरा सुनाता। सारे अध्यापक मय प्राचार्य के आंदोलित छात्रों के सामने खड़े रहते, कोई कुछ नहीं बोलता। बाद में पानी सिर से उतरता देख श्योराज सिंह आगे आते और जोर से कहते 'बहनचो... सुनते ही विद्यार्थियों के बीच हँसी की लहर दौड़ती और चुप्पी छा जाती। इस दृश्य को पहली बार देखकर मैं अवाक् रह गया था। कई दिनों तक मैंने अपने साथियों से पूछा तो उन्होंने भी हँसते हुये बताया कि 'श्योराज जी के अलावा उन्हें कोई शान्त भी नहीं कर सकता।' जातिवाद का यह नंगा और वीभत्स रूप था, जो पोदार कॉलेज में मनचाहे तब उपस्थित होता रहता था। इस दृश्य का कोई निर्देशक नहीं था लेकिन यह जिस त्वरित गति से घटित होत था, वह आश्चर्यजनक था।

हम 17 नये अध्यापक थे पर हमारे साथ कुछ ऐसे पुराने अध्यापक जुड़ गये थे, जिनकी उम्र लगभग हमारे बराबर ही थी। इनमें डी.पी. शर्मा, पी.के.सिंह राठौड़, छज्जूसिंह राजावत और के.सी. शर्मा इत्यादि थे। कॉलेज में एक मैस चलता था, जिसमें हम लोग दोनों समय का भोजन करते थे। हम सब युवा थे और सबकी अच्छे खाने में रुचि थी इसलिए ज़्यादातर अच्छा पौष्टिक खाना बनता था। इतवार को खीर पूड़ी आवश्यक रूप से बनती थीं। खाना बनाने वाला प्रभुराम सैनी था, जो बड़े मन से खाना बनाता था। एस.एन.शर्मा अंग्रेज़ी विभाग में अध्यापक थे, मथुरा के पास के रहने वाले थे। उनका एक भाई रामनिवास शर्मा आगरा में बैंक में नौकरी करता था। मैंने एक दिन हँसते हुये कहा 'शर्मा जी आप दोनों भाइयों के नाम ऐसे हैं जैसे किसी मकान के नाम हों।' वे चुप होकर रह गये लेकिन अन्य अध्यापक जोर से ठहाका मारकर हँसे। एक दिन रामनिवास ने उनसे गम्भीरतापूर्वक कहा

कि 'आप अंग्रेज़ी पढ़ाते हो तो क्यों नहीं आई.ए.एस. की तैयारी करो, कॉलेज की अध्यापकी तो कभी भी मिल जायेगी।' एस.एन.शर्मा सीधे आदमी थे, वे अपने छोटे भाई को ख़ुद से अधिक समझदार मानते थे। इसलिए उन्होंने प्रतियोगी परीक्षाओं की तैयारी शुरू कर दी। वे पी.के. सिंह के सामने एक ही मकान के दूसरे हिस्से में रहते थे। शर्मा जी ने सबसे पहला काम यह किया कि वे बाज़ार से लगभग पचास देवी देवताओं के चित्र लेकर आये और रात में जब पीके सिंह सो गये तब दीवाल पर चिपका दिये। सुबह उठकर वे हर चित्र के सामने हाथ फैलाकर प्रतियोगी परीक्षाओं में उत्तीर्ण होने की भीख मांगा करते थे। भीख मांगते हुये उनका चेहरा भी भिखारियों जैसा दयनीय हो जाता था। शर्मा जी का ध्यान अपने शरीर पर अधिक रहता था, उनका मानना था कि स्वस्थ शरीर में स्वस्थ मस्तिष्क रहता है। वे कॉलेज के सामने चाय की दुकान वाले बोदू महाराज से पाँच लीटर दूध लिया करते थे, जो स्टील के जगों में भरा रहता था। हम लोग जब भी उनके घर जाते तो दूध पीकर उसमें पानी मिलाकर आ जाते थे। और फिर कॉलेज में उनसे गम्भीर मुद्रा बनाकर कहते 'शर्मा जी कुछ कमजोर हो रहे हो।' वे अपनी बांह पर जोर से मुक्का मारते और कहते कि बोदुआ की बदमाशी है, वह दूध में पानी मिला रहा है। सुनते ही वे सीधे कॉलेज के सामने बोदू महाराज की दुकान पर जाते और उससे दूध में पानी की शिकायत करते। बोदू महाराज की चाय और पेड़ों की दुकान थी, जहाँ हम लोग चाय पीने जाया करते थे। शर्मा जी के बाद हम लोग भी वहाँ पहुँच गये और दोनों की लड़ाई का आनन्द लेते रहे। बोदू सीधा आदमी था, वह बार-बार कसम खा-खाकर अपनी ईमानदारी की दुहाई देता रहा लेकिन शर्मा जी उसे बेईमान सिद्ध करने पर तुले हुये थे। शर्मा जी प्रतियोगी परीक्षाओं में बैठे लेकिन परिणाम नकारात्मक आया। शर्मा जी कई दिनों तक बड़े उदास रहे और हम सब भी जो उनके मित्र थे। धीरे-धीरे उन्होंने देवी-देवताओं के चित्र उतार दिये लेकिन दूध पूरा लेते रहे। परीक्षाओं के समय परीक्षा कक्ष में शर्मा जी अक्सर कुर्सी पर ही बैठे रहते थे, जिसकी शिकायत किसी ने प्राचार्य से कर दी। एक दिन प्राचार्य एम.पी.माथुर परीक्षा कक्षों के निरीक्षण के लिये निकले तो शर्मा जी के कमरे के दरवाजे पर आकर रुक गये। शर्मा जी अक्सर चप्पलें उतारकर कुर्सी पर बैठा करते थे, उन्होंने प्राचार्य को दरवाजे पर देखा तो वे बगैर चप्पल के नंगे पैर ही चल दिये। प्राचार्य ने उन्हें इंगित करते हुये कहा 'अरे अंग्रेज़ चप्पलें तो पहन लो।' शर्मा जी ने कुछ नहीं कहा, जब-तक प्राचार्य वहाँ रहे वे नंगे पैर ही घूमते रहे।

अंग्रेज़ी के दूसरे अध्यापक ए.के.सिंह थे, उनके पिता बुलंदशहर के किसी

कॉलेज में अंग्रेज़ी ही पढ़ाते थे। वे लम्बे और सुढौल थे। वे अक्सर कैप लगाये रहते थे। उन दिनों विल्स सिगरेट अच्छी मानी जाती थी इसलिए उनके मुँह में अक्सर विल्स सिगरेट सुलगती रहती थी। महीने के अन्तिम दिन प्रभुराम को लेकर वे हम सबके घरों से यह कहकर अख़बार ले जाया करते थे कि 'अख़बार शराब की दुकान की ओर।' यह लोगो 'प्रशासन शहर की ओर' की तर्ज पर बनाया गया था। हम सब कुछ कहते उससे पहले वे प्रभु से कहकर अख़बार उठवा लिया करते थे। वे खट-खट की आवाज़ करने वाले जूते पहना करते थे इसलिए एस.एन. शर्मा उन्हें मज़ाक में 'घोड़ी' कहा करते थे। यह अधिकार केवल शर्मा जी के पास ही सुरक्षित रहता था कि वे किसी को कुछ भी कहें पर कोई बुरा नहीं मानता था। इसलिए उन्होंने अपने साथ के ज़्यादातर अध्यापकों के उपनाम रख लिये थे जैसे-शेखावत को भैंसा, अतुल माथुर को कुंटल की बोरी, दीनदयाल शर्मा को तानसेन, केदार मिश्रा को बरसात की मारी भेड़ तथा केसी शर्मा को संघ की गाय इत्यादि। उन्हीं दिनों मैंने अन्य किताबों के साथ 'महाभोज' उपन्यास मंगवाया था, जिसकी तारीफ एके सिंह से की। उन्होंने उसे पढ़ने के लिये मांगा। मैंने सहर्ष दे दिया लेकिन कई महीनों के बाद भी जब उन्होंने नहीं लौटाया तब मैंने मांगा। उन्होंने हँसते हुये कहा 'छत पर पढ़ रहा था कि अचानक बारिस आ गयी मैं भागकर नीचे आ गया लेकिन उपन्यास छत पर ही रह गया। अब वह इस हालत में नहीं है कि उसे लौटाया जा सके।' मैं उनका चेहरा देखता रहा और वे हँसते रहे। इन सबके बावजूद वे हमारे अच्छे मित्र थे। शर्मा जी अक्सर उन्हें कुछ न कुछ कहते रहते थे लेकिन वे मुस्कुराकर सारी बातों को मित्रवत् टाल जाया करते थे। बाद में उनका हरियाणा में उच्च शिक्षा विभाग में चयन हो गया और वे फरीदाबाद के सरकारी कॉलेज में चले गये।

पी.के.सिंह राठौड़ अर्थशास्त्र के अध्यापक थे। वे फर्रुखाबाद के रहने वाले थे इसलिए उनका उच्चारण फर्रुखाबादी था, वे जल्दी-जल्दी बोलते ही नहीं थे बल्कि जल्दबाजी उनके हर काम में होती थी। वे जब दाढ़ी बनाते तो एकाध जगह उनका गाल कट जाता, वे जब नहाते तो लोटा सिर से लेकर शरीर के किसी भी अंग में टकराकर चोटिल कर देता था। चाय पीते हुये उन्हें यह लग जाये कि चाय अच्छी नहीं है तो वे उसे तुरन्त फेंक देते थे। उन दिनों हम सब पान खाते थे लेकिन पीके को लग जाये कि पान अच्छा नहीं है या उसमें तम्बाकू उचित मात्रा में नहीं है तो वे तुरन्त थूक देते थे। बचपन के बारे में उन्होंने बताया कि उन्हें सोते हुये थप्पड़ मारने की आदत थी। एक दिन घर पर मेहमान आ गये ज़ाहिर है कि चारपाइयाँ कम पड़

गयीं इसलिए वे पिता जी के साथ सोये, सोते-सोते उन्होंने पिता के गाल पर थप्पड़ जड़ दिया तो पिता को गुस्सा आया और रात में ही चारपायी से नीचे पटककर ख़ूब कूटा। एक दिन वे अपनी कक्षा में पढ़ा रहे थे और मैं एके सिंह तथा एसएन शर्मा के साथ चाय पीकर कॉलेज में घुस ही रहा था कि पीके सिंह की जोर-जोर से बोलने की आवाज़ सुनी। हमें लगा कि पीके का किसी से झगड़ा हो गया है। हम तुरन्त उनके कक्ष के सामने पहुँचे और उन्हें बाहर आने के लिये कहा। पोदार कॉलेज में हर कक्ष में बड़े-बड़े तख्तों पर अध्यापकों को बैठने के लिये कुर्सी मेज रखी रहती थीं। ये तख्त ब्रह्मचर्याश्रम के छात्रावासों के रहे होंगे जो अब इस रूप में काम आ रहे थे। पीके बाहर आये और कहा क्या बात है? हमने झगड़ा होने के अंदेशे के बारे में बताया। तो वे हमारी चिन्ता को अनसुना करके कक्ष में अन्दर चले गये। क्लास ख़त्म होने के बाद दोस्तों की परम्परा के अनुसार हम सबने उनके ऊपर जुर्माना लगाया और शाम के समय उनसे बोदू महाराज की दुकान के पेड़े खाये और पान खाकर बस स्टेंड की तरफ़ चले गये। एक दिन हम लोग कॉलेज से सीधे पीके के साथ उनके घर जा रहे थे रास्ते में दीनदयाल शर्मा का घर पड़ता था जो बड़ी हवेली के ऊपर वाले हिस्से में था। दीनदयाल शर्मा पीके के विभाग में ही उनके वरिष्ठ थे, हालाँकि कॉलेजों में अध्यक्ष का विधिवत् कोई पद नहीं होता लेकिन सम्मान के लिये उन्हें अध्यक्ष कह दिया जाता है। जैसे ही हम उनकी हवेली के नीचे पहुँचे तो ऊपर से हारमोनियम के साथ दीनदयाल जी के गाने की आवाज़ आ रही थी। पीके ने तुरन्त कहा 'तानसेन जी गा रहे हैं।' हम लोग धीरे-से हँसकर आगे बढ़ गये। दीनदयाल जी का प्रिय गाना था 'झनक झनक तोरी बाजे पायलिया' इसे वे अक्सर गाया करते थे और हम लोग कई अवसरों पर गम्भीर होकर उनसे गाने की मांग किया करते थे। गाते हुये उनका चेहरा रेल के डिब्बे में गाने वाले पेशेवर गवैयों जैसा दयनीय हो जाता था। वे अर्थशास्त्र के बारे में कितना जानते थे, नहीं मालूम लेकिन उनके साथ स्टाफ रूम में बैठने के बाद हम यह जान गये थे कि वे दुनियादार आदमी हैं, अपने काम से काम रखते हैं, बाकी दुनिया से उनका कोई लेना-देना नहीं है। सज्जनता की आड़ में व्यक्तिवाद सुरक्षित रूप से पनपता है। कहना न होगा कि पुराने अध्यापकों के लिये अर्थशास्त्र एडम स्मिथ तक सीमित रहता है, उनकी परिभाषाएँ पढ़कर वे अध्यापक बनते हैं और उन्हीं परिभाषाओं को पढ़ाते हुये वे अवकाश प्राप्त कर लेते हैं। इस बीच अर्थशास्त्र में कौन आया, कौन गया, इससे उनका कोई मतलब नहीं था। आज के समय में जब पूरी दुनिया विश्व बाज़ार में बदल गयी है, तब पुरानी परिभाषाओं को रटने और रटाने का कोई

मतलब नहीं रह गया है लेकिन दीनदयाल जी जैसे अध्यापक अपनी दुनिया तक सीमित रहने के लिये अभिशप्त हैं।

इतिहास विभाग में मोहनलाल शर्मा थे, बहुत प्यारे और सज्जन व्यक्ति। ऐसे सज्जनों के लिये यह दुनिया उनके अपने परिसर तक सीमित रहती है। वे इतिहास पढ़ाते थे पर इतिहास पर कोई बात करते हुये मैंने उन्हें कभी नहीं सुना। उनकी आदत थी कि वे जो कपड़े पहनते थे यदि उसकी किसी ने तारीफ़ कर दी तो वे बाज़ार जाकर उसी तरह के कई कपड़े खरीदकर ले आया करते थे। कॉलेज में तो यह अक्सर होता था लेकिन एक बार राजस्थान विश्वविद्यालय, जयपुर में केन्द्रीय मूल्यांकन हो रहा था, वे जो क़मीज़ पहने हुये थे, उसकी किसी ने तारीफ कर दी। वे शाम को बाज़ार गये और उसी तरह की तीन क़मीज़ और ले आये। यह भेद तब खुला जब वे रोज़ाना एक ही तरह की क़मीज़ पहनकर मूल्यांकन केन्द्र पर आने लगे। लोगों ने हँसते हुये उनसे पूछा तो उन्होंने इस राज को खोला। ऐसा काम कोई समझदार आदमी नहीं करता लेकिन वे ऐसे ही सज्जन समझदार थे। उन्हें हम सब दद्दा कहकर सम्बोधित किया करते थे। वे हमारे सहयोगी डीपी शर्मा के चाचा थे इसलिए हम लोग उनका सम्मान करते थे। वैसे भी मोहनलाल शर्मा का स्नेही स्वभाव और निर्विकार भाव सम्मान का अधिकारी था। मैंने उन्हें कभी किसी के बारे में कुछ इधर-उधर करते न सुना और न देखा। एक अच्छी-सी मुस्कुराहट उनके चेहरे पर हमेशा विद्यमान रहती थी। हम उनके घर कभी नहीं गये और न उन्होंने कभी घर आने के लिये आमन्त्रित किया जबकि नवलगढ़ में घर जाने और गप्पें मारने की परम्परा थी। दरअसल, वे बहुत सीधे थे इसलिए उन्हें लगता होगा कि घर पर बुलाना क्या, जिसका मन करे आये। यह सम्बन्धों का सरलीकरण था लेकिन वे इसे ही सच मानते थे। वे स्थायी पद पर थे लेकिन न पुराने अध्यापकों के साथ थे और नये अध्यापकों के साथ, जो मिल गया उससे दो-चार बातें हँसकर कर लीं बाकी अपने काम से काम। ऐसे अध्यापक कम पाये जाते हैं लेकिन जो कम पाये जाते हैं उनमें भी मोहनलाल शर्मा अपवाद थे।

डी.पी. शर्मा कॉमर्स में अध्यापक थे और एन.सी.सी. प्रशिक्षित थे इसलिए मेजर साब कहलाये जाते थे। वे फ़ौज में कभी नहीं रहे लेकिन आचार-व्यवहार में फौजी थे। वे छह फुट से अधिक लम्बे थे और देहयष्टि भरी-पूरी थी। अपने विषय के बारे में उन्हें कितनी जानकारी थी, नहीं मालूम पर व्यावहारिक जानकारी ख़ूब सारी थी। बातें करते हुये उनकी सज्जनता और दंभ दोनों झलक-झलककर आते थे। सज्जनता उनके स्वभाव में थी लेकिन दंभ मेजर साब का था। वे अक्सर

हम लोगों के साथ ही रहते थे और साथ रहने को दिखाने का संकेत भी देते थे। एन.सी.सी. में मैं कभी नहीं रहा इसका कारण मेरी समझ में कभी नहीं आया। अपने अध्ययनकाल में मुझे कोई ऐसा विद्यार्थी नहीं मिला जो एनसीसी में हो या जिसने मुझसे कभी उस ओर जाने के लिये कहा भी हो। बहरहाल, दामोदर प्रसाद शर्मा उर्फ मेजर डी.पी. शर्मा हमारे ग्रुप के मेजर साहब थे। वे और कॉमर्स के ही दूसरे अध्यापक छज्जूसिंह राजावत उर्फ सी.एस. राजावत हमारे मित्र थे। राजावत साहब अकेले रहते थे इसलिए हम लोगों की मंडली अक्सर वहीं जमती थी और मेजर साब से भेंट भी अक्सर वहीं होती थीं। राजावत साहब पेट के मारे थे, पेट की बीमारियों से वे त्रस्त रहते थे। दुबले पतले राजावत साहब को हमने कभी खुलकर हँसते नहीं देखा। वे यदि जोर से हँसने की कवायद भी करते तो उनका चेहरा साथ नहीं देता था। वे मन से निर्मल थे इसलिए एसएन शर्मा की बदमाशियों को सहज होकर सहन करते थे। राजावत साहब का नामकरण उन्होंने 'बरसात की मारी भेड़' किया था, जिसे उन्होंने यह कहकर स्वीकार कर लिया कि 'अब शर्मा जी जैसे आदमी को कौन क्या कहे?' शर्मा जी जैसे आदमी का मतलब निर्विकार आदमी। डीपी शर्मा और राजावत साहब की जोड़ी में कोई समता नहीं थी–एक लम्बा और दूसरा औसत क़द का, एक हृष्टपुष्ट और दूसरा कमज़ोर, एक मेजर के पद जैसा कड़क और चुस्त तो दूसरा सहमा-सा और सुस्त, एक बोलने में माहिर तो दूसरा शर्मीली-सी हँसी में दबकर रह जाने वाला। लेकिन दोनों में अच्छी मित्रता थी और दोनों एक दूसरे का साथ निभाने वाले अच्छे दोस्त थे। कॉमर्स विभाग में ही एक भल्ला साहब थे, जो दिल्ली के रहने वाले थे। उनके मन में राज्य पोषित निजी महाविद्यालय में नौकरी करने की हीनभावना थी जबकि राजस्थान में पोदार कॉलेज जैसे कॉलेज सरकारी कॉलेजों से कई मायनों में अच्छे थे, समय पर वेतन, समय पर इंक्रीमेंट और नौकरी की कोई चिन्ता नहीं। चिन्ता इसलिए नहीं थी कि मैनेजमेंट का सीधा हस्तक्षेप नहीं था, वे बड़े व्यापारी थे, बाहर रहते थे इसलिए हस्तक्षेप करने का न उनके पास समय था और न इच्छा ही। इसलिए शिक्षक मज़े से पढ़ाते और आनन्दित रहते थे। सरकारी कॉलेजों में स्थानान्तरण बड़ी बीमारी है, जब देखो सर पर तलवार लटकी रहती है। वैचारिकता के बिना जीवन पशुवत् है और वैचारिकता स्थानान्तरण का बहुत बड़ा कारण बनती है। कुछ अध्यापक हैं जो दोनों की हाज़िरी बजाकर चैन से रहते हैं। भल्ला साहब मस्त-मौला पंजाबी थे, अपनी मस्ती में वे कभी हवाई चप्पलें पहनकर कॉलेज आ जाते तो स्टाफ रूम में लोग उन्हें टोकते। वे कहते 'पोदार कॉलेज में तो चप्पलें ही ठीक हैं लेकिन सरकारी

कॉलेज में चला गया तो जूते मौज़े पहन टाई लगाकर जाया करूँगा। यह उनका ख्वाब था या मन बहलाब का ज़रिया कहा नहीं जा सकता लेकिन पोदार कॉलेज में रहकर वे कभी उदास और दुखी नहीं दिखे।

छोटे-से कस्बे नवलगढ़ में यह हमारी निर्गुट टोली थी, जो अपने हाल में मस्त रहती थी। स्थायी अध्यापकों के दोनों गुट एक-दूसरे से भयंकर नफरत करते थे इसलिए एक-दूसरे को गरियाते रहते थे। हम लोगों को आर.के.शर्मा वाले यानी प्राचार्य के गुट ने अपनी ओर करने की कोशिश भी की लेकिन वे सफल नहीं हो पाये। उनकी असफलता के पीछे मुख्य कारण हमारी अपनी स्वायत्तता और स्वतन्त्रता थी, जिसे खोने को हम किसी भी कीमत पर तैयार नहीं थे। हम लोग जिस मस्ती के साथ रहते, खाते-पीते और मिलते-जुलते थे, वह वहाँ जाकर सम्भव नहीं थी। कॉलेज की स्थितियों में यह हमारा सामान्य निर्णय था लेकिन हमारे लिये यही सहज और मौजूं भी था। नवलगढ़ चारों ओर से छोटे-छोटे गाँवों और ढाणियों से घिरा हुआ है तो ज़ाहिर है कि विद्यार्थी भी गाँव और ढाणियों से ही ज़्यादा आते थे। यह जाट बाहुल्य क्षेत्र है इसलिए ज़्यादातर विद्यार्थी जाट समुदाय के थे। कस्बे के कुछ बनिये और ब्राह्मणों के विद्यार्थी भी थे, जो संख्या में बहुत कम थे। जाटों को शहर में रात में ठहरने की अनुमति नहीं थी । वे दिन में ऊँट गाड़ी लेकर आते, ज़रूरी सामान खरीदते और शाम को वापस अपनी ढाणियों में चले जाते थे। जाट मेहनती और स्वाभिमानी कौम है इसलिए आज़ादी के बाद उन्होंने जिस तरह प्रगति की है, वह सुखद और आश्चर्यजनक है। धनबल, जातिबल के साथ शिक्षाबल में भी वे बहुत आगे चले गये हैं। पोदार कॉलेज, नवलगढ़ में सेठ मोतीलाल कॉलेज, झुंझुनूं से अलग तरह का माहौल था। गाँव और जाटों के लड़के वहाँ भी उतनी ही संख्या में पढ़ने आते थे लेकिन वहाँ इस तरह का वातावरण नहीं था। प्राचार्य एम.पी.माथुर प्रतिनियुक्ति पर आये थे इसलिए वे अधिकांश समय कॉलेज में रहते भी नहीं थे और रहकर भी ज़्यादा परेशानी मोल लेने के हामी नहीं थे। उन्होंने अपना सारा दायित्व शिवराज सिंह और आर.के.शर्मा को सोंप रखा था। प्राचार्य से असन्तुष्ट गुट में ज़्यादातर अध्यापक ब्राह्मण और बनिये थे इसलिए उनमें विरोध करने का न साहस था और न इच्छा शक्ति ही। इसलिए वे अपमान और उपेक्षा सहकर भी चुप रहते थे।

इन सब स्थितियों के बावजूद पोदार कॉलेज में मेरा और मेरे साथियों का अनुभव बहुत समृद्ध, सुखद और आनन्ददायक रहा है। हम लोग अपने अध्ययन और अध्यापन पर अधिक जोर देते थे इसलिए विद्यार्थियों में हमारी छवि बहुत

अच्छी थी, बाकी कॉलेज की गुटबाजी से हमारा कोई लेनादेना नहीं था। हम न किसी से नफ़रत करते थे और न किसी को गालियाँ देते थे इसलिए बेवजह हमें कोई छेड़ता भी नहीं था। छेड़ता इसलिए नहीं था कि हमारी संख्या ठीकठाक थी जो संगठित और मजबूत थी। हम एक दूसरे के सुखदुख के साथी थे इसलिए हमें इस मित्रता पर उस समय भी गर्व था और आज भी है। मुझे इस बात पर भी गर्व है कि मैं जिस कॉलेज में प्राध्यापक था, उसके प्रथम मुख्य ट्रस्टी महात्मा गांधी थे।

झुंझुनू वाया राणी सती

यह 1981 के नवम्बर की हल्की-सी सर्दियों की बात है जब मैंने पहली बार झुंझुनू का नाम सुना था। उन दिनों घरों में टेलिफ़ोन सहज रूप में उपलब्ध नहीं थे, मोबाइल का तो नामोनिशान भी नहीं था और गूगल तथा नेट इत्यादि को कोई जानता तक नहीं था। मैं अलीगढ़ से रेल द्वारा दिल्ली आया और दिल्ली के अन्तर्राज्यीय बस अड्डे पर झुंझुनू जाने वाली बस को ढूँढ़ता रहा। सुबह के दस बजे वाली बस मिली, जिसने शाम को 6 बजे मुझे झुंझुनू पहुँचाया। झुंझुनू का नया बस अड्डा कुछ वर्ष पहले ही बना था इसलिए बाहर निकलते ही रेत थी, जिसमें पैर धंस रहे थे। उन दिनों ऑटो कम थे लेकिन घोड़ा तांगे ख़ूब थे इसलिए मैंने एक तांगे वाले से पूछा तो, वह बोला 'शहर चलोगा के' मैंने हाँ में सिर हिलाते हुये चौक तक चलने के लिये कहा। तब-तक झुंझुनू चौक तक ही सिमटा हुआ था। चौक से ही राणी सती मन्दिर की तरफ़ बड़ी-बड़ी हवेलियों के बीच से सड़क जाती थी, जिसके दोनों ओर रेत था। हल्की-सी सर्दी में डूबी शाम की खामोशी में झुंझुनू की हलचल सिमटती जा रही थी। मुझे राणी सती रोड पर तुलस्यान गेस्ट हाउस जाना था, जहाँ कॉलेज के प्राचार्य श्री अमरनाथ सक्सेना रहते थे। मेरी उच्च शिक्षा अलीगढ़ मुस्लिम विश्वविद्यालय में हुई थी इसलिए कॉलेज और उसके प्राचार्यों से मेरा कोई परिचय नहीं था लेकिन युवावस्था का जोश मेरे अन्दर था, जिसके कारण मैं सीधे उनके घर पहुँच गया। तुलस्यान गेस्ट हाउस लोहे के बड़े दरवाजे के अन्दर था। दरवाजा बन्द था लेकिन झुककर जाने वाला छोटा-सा गेट खुला था। मैं अन्दर चला गया, उस समय कुत्ते पालने का शौक बड़े लोगों को भी नहीं था। बाहर खड़े आदमी से मैंने पूछा तो उसने कहा अन्दर चले जाओ दाहिने हाथ पर दो कमरे हैं दूसरे कमरे में साब बैठे हैं। मैंने कहा 'ऐसे कैसे चला जाऊँ? साब से पूछ लो, मेरा नाम बता दो यदि वे कहें तो मैं अन्दर चला जाऊँगा।' उसने मेरे चेहरे की तरफ़ आश्चर्य से देखा लेकिन मैं शान्त था। मुझे बाद में पता चला कि झुंझुनू में और ख़ासतौर पर सक्सेना साब के यहाँ

इस प्रकार का न तो कोई पर्दा है और न औपचारिकता ही। बहरहाल उस आदमी ने सक्सेना साब को कहा तो वे बाहर आये और मुझे बाहर बने एक छोटे-से कमरे में ले गये। सक्सेना साब छः फीट लम्बे, गोरे-चिट्ठे और तीखे नाक-नक्श वाले व्यक्ति थे। उन्होंने मेरी शैक्षणिक योग्यता से लेकर परिवार इत्यादि के बारे में तमाम तरह की जानकारियाँ लीं। चाय के लिये किसी आदमी को पुकारा, थोड़ी देर बाद चाय आयी। मैं चाय पीकर उठा ही था कि उन्होंने कहा 'कल सुबह कॉलेज आ जाइये।' और उसी आदमी को फिर पुकारकर कहा कि 'साब को अमुक जगह छोड़ आओ।' जिस जगह मुझे रहने के लिये पहुँचाया गया था, उस जगह पर अर्थशास्त्र के प्राध्यापक के.सी. शर्मा जी रहते थे। शर्मा जी से मैं एक बार जयपुर में मिल चुका था इसलिए वे मुझे देखते ही पहचान गये थे और मैं भी। शर्मा जी हाथरस के रहने वाले थे, उनका क़द छोटा था और रंग सांवला। जो व्यक्ति मुझे छोड़ने आया था वह कॉलेज का चपरासी सुरेश था, जो पहाड़ का रहने वाला था।

सेठ मोतीलाल कॉलेज प्रसिद्ध राणी सती मन्दिर के ठीक सामने है। कई दशक पूर्व इसे झुंझुनू के सेठ मोतीलाल झुनझुनवाला ने बनवाया था, जो उस समय चाँदी के प्रमुख व्यापारी थे। झुंझुनू में प्रचलित था कि आजादी के बाद पं. नेहरू बम्बई गये तो उनके स्वागत में सेठ मोतीलाल ने चाँदी की बड़ी-बड़ी सिलों से द्वार बनवाये। पण्डित जी ने पूछा कि 'ये सब चाँदी किसकी है' लोगों ने बताया तो उन्होंने कहा 'नये-नये स्वाधीन हुये देश का खजाना खाली है सेठजी से कहो राष्ट्र के नाम दान कर दें।' सेठजी को जब यह बात मालूम हुई तो उन्होंने कहा 'ले जाओ।' उन्हीं सेठ जी ने यह कॉलेज बनवाया था, जो पहले हाई स्कूल तक था लेकिन झुंझुनू में और कोई कॉलेज नहीं था इसलिए सेठजी ने इसे कॉलेज बनवा दिया। उस समय यह कॉलेज शहर के लगभग बाहर था, पीछे और आगे तक पहाड़ थे पर आबादी नहीं थी। सेठ मोतीलाल स्कूल के हेड मास्टर निद्धालाल गुप्ता थे, जो कॉलेज बनने के बाद उसके पहले प्राचार्य बनाये गये। निद्धालालजी नाक के स्वर में बोलते थे और धीरे बोलते थे। उनका व्यक्तित्व प्रभावी नहीं था। इसलिए जब भी कोई बाहर से आता, विद्यार्थियों में असन्तोष होता या निदेशालय का कोई काम होता तो वे सक्सेना साब को ज़िम्मेदारी सौंपकर निश्चिंत हो जाते थे। मैं उनसे जब मिला तब वे कॉलेज के प्राचार्य पद से सेवानिवृत्त होकर प्रबन्ध समिति के सचिव बना दिये गये थे। तब उन्हें हर्निया की बीमारी हो गयी थी और वे दुखी होकर ज़्यादातर समय उसी के बारे में बताते रहते थे कि कैसे वे घर से चलने के बहुत पहले तक पानी नहीं पीते, लंगोट बाँधकर घर से निकलते हैं। सक्सेना जी को वे अमरनाथजी कहा करते थे। मुझे किसी ने बताया कि 'एक बार दोनों पिलानी के बिट्स में किसी कार्यक्रम में गये

तो गार्ड ने निद्धालाल जी को अन्दर जाने से रोक दिया। सक्सेना साब थोड़ा पीछे थे, निद्धालाल जी ने उनसे कहा तो वे आगे आये और चौकीदार से कड़क आवाज़ में कहा 'प्रिंसिपल सेठ मोतीलाल कॉलेज, झुंझुनू।' चौकीदार ने सलूट किया और बड़े अदब से अन्दर आने को कहा। सक्सेना साब ने निद्धालाल जी की तरफ़ देखकर कहा–'आइये।' सक्सेना साब सिर पर फ्लैट हैट और हाथ में छड़ी लेकर गये थे। कहा जाता है कि वे जब कॉलेज में साक्षात्कार देने आये थे तब रेलवे स्टेशन से एक तांगे को पूरे दिन के लिये किराये पर ले आये थे। तांगे वाला और उसका घोड़ा पूरे दिन कॉलेज में पेड़ के नीचे आराम करता रहा लेकिन जब यह बात कॉलेज के प्राध्यापकों और कर्मचारियों को मालूम हुई तो सबको घोर आश्चर्य हुआ।

कॉलेज की इमारत बड़ी और दो मंजिल की थी। पोर्च से सीढ़ियाँ चढ़ते ही बायें हाथ को प्राचार्य का चैम्बर था और दायें हाथ पर उपाचार्य के कमरे के अलावा कार्यालय कक्ष था। दोनों के बीच की जगह बहुत बड़ी थी इतनी कि देखने पर एक हॉल लगता था। दाहिने हाथ पर नीचे और ऊपर बड़े-बड़े कमरों में पढ़ाई होती थी, जिनके अन्त में दो बड़े कमरे स्टाफ रूम थे। कॉलेज के बाईं तरफ़ बड़ा अतिथि गृह था, जो राणी सती मेले के अवसर पर ही अतिथियों के लिये खुलता था। शेखावाटी के अधिकांश सेठ कलकत्ता और बम्बई मे बड़े व्यापारी थे इसलिए इस पूरे अंचल में वाणिज्य की पढ़ाई को श्रेष्ठ माना जाता था। झुंझुनू से लगभग 40 किमी नवलगढ़ के पोदार कॉलेज की प्रसिद्धि केवल वाणिज्य के कारण ही थी। बाहर हम जिन्हें मारवाड़ी कहते हैं, उनमें से ज़्यादातर सेठ शेखावाटी के ही हैं। मैंने एक बार स्टाफ रूम में खेतान के बारे में पूछा तो किसी ने कहा कि 'खेतान की शेखावाटी में अभी कोई खास पहचान नहीं है।' जिस अंचल नें बिरला, पोदार, बजाज, पीरामल, साहू जैन, मोरारका, सेकसरिया, सिंघानिया एवं झुंझुनवाला जैसे सेठ हों, उसमें नये-नये सेठों को कोई नहीं पूछता।

सेठ मोतीलाल कॉलेज के अधिकांश अध्यापक पुराने थे। पुराने लोगों के पास खट्टा-मीठा इतिहास होता है, जिसका पारायण वे ज़्यादातर समय करते रहते हैं। कॉमर्स की कक्षाएँ सुबह-सुबह लगती थीं ताकि व्यापारियों के बेटे पढ़कर दुकानों पर बैठ सकें। कला संकाय का अध्यापन 11 बजे के आसपास शुरू होता था, जिसमें अधिकांश विद्यार्थी बाहर से यानी आसपास के गाँवों से आते थे। कॉलेज में सबसे अधिक स्टाफ रूम गुलजार रहता था, हमेशा हँसी-मज़ाक चलता रहता या जो प्राध्यापक वहाँ न होता उसके बारे में तरह-तरह के किस्से रस ले-लेकर सुनाये जाते। कला संकाय के प्राध्यापकों का कॉलेज पहुँचने का समय तब होता जब वाणिज्य संकाय के प्राध्यापकों का घर जाने का। कला संकाय के प्राध्यापक

तब चहक रहे होते और वाणिज्य संकाय के चुप। के.सी.शर्मा का उच्चारण साफ़ नहीं था, वे स्टाफ रूम में पहुँचते ही जोर से कहते 'गुड मोर्निंग टू ऑल शर्श।' सब लोग हँसकर कहते आइये शर गुड मोर्निंग। वाणिज्य संकाय के वरिष्ठ प्राध्यापक बी.एल.सोनी घर जाने से पहले थोड़ी देर स्टाफ रूम में बैठते और कला संकाय के प्राध्यापकों से मिलकर ही जाते थे, यह उनकी दिनचर्या में शामिल था। इसके बारे में तरह-तरह की अफवाहें उनके पीछे उड़ती रहतीं थी। सोनी जी की हँसी तेज गति से दौड़ती उस मालगाड़ी की तरह होती जिसमें किन्हीं कारणों से अचानक ब्रेक लगा दिए गए हों। वे हँसमुख और वाक्चतुर तो नहीं थे पर जोर लगाकर रुक-रुककर हँसते थे। उनकी हँसी बीच-बीच में रुकती और फिर से उसी गति से चलने लगती, जिसकी पुनरावृत्ति कई बार होती थी। सामने वाले को उनकी हँसी में साथ देने में दिक्कत आती कि वह कब-तक जोर-जोर से हँसे। स्टाफ रूम के बाहर निकलते ही सीढ़ियाँ थीं, जिनसे विद्यार्थी अक्सर आते-जाते रहते थे, वे सोनी जी की हँसी देखकर थोड़ी देर के लिये स्टाफ रूम के अन्दर झाँकते और ऊपर चढ़ जाते। यह क्रम स्टाफ रूम और उसके बाहर रोज चलता था इसके अलावा वे जहाँ भी मिलते, वहीं कोई न कोई बात कहकर हँसने लगते थे। सोनी जी पुराने आदमी थे इसलिए उनके पास किस्सों की कई नयी किस्में थीं। वे झुंझुनू के ही रहने वाले थे और इसी कॉलेज में पढ़े भी थे। सोनी जी और समाजशास्त्र के प्राध्यापक आर.सी.वर्मा की न जाने क्या दुश्मनी थी कि एक दूसरे को देखते ही उनके मुँह फूल जाते थे। एक बार सोनी जी कक्षा में पढ़ा रहे थे और वर्मा जी थोड़ा जल्दी कॉलेज आ गये थे तब स्टाफ रूम की तरफ़ जाते हुये वर्मा जी ने सोनी जी को पढ़ाते हुये देखा तो उन्होंने अपना मुँह फुलाकर सुनार की तरह हवा निकालनी शुरू की। सोनी जी उनकी इस हरकत को देखकर चुप रहे और विद्यार्थी हँसने लगे। सोनी जी क्लास रूम से बाहर निकले और सीधे प्राचार्य कक्ष में गये। उन्होंने सक्सेना साब से वर्मा जी की शिकायत की और सीधे साइकिल उठाकर घर चले गये। दोपहर में वे फिर से कॉलेज आये और वर्मा जी की क्लास के सामने खड़े होकर नाई की तरह दाढ़ी बनाने का प्रहसन करने लगे। वर्मा जी ने भरी हुई क्लास के सामने जोर से चिल्लाकर कहा 'व्हाट नोनसेंस'। सोनी जी नीचे उतर आये और सीधे घर चले गये। सोनी जी ने सुबह की घटना के बारे में प्राचार्य के अलावा और किसी को नहीं बताया और न वर्मा जी ने किसी से चर्चा की पर दोपहर बाद तक स्टाफ रूम में यह चर्चा का विषय बन चुका था। मुझे आश्चर्य यह देखकर हुआ कि जो लोग वर्मा जी के मित्र थे, वे भी उनका मज़ाक उड़ा रहे थे। एक-दूसरे के पीछे मज़ाक उड़ाना यहाँ आम बात थी।

कॉलेज के सामने राणी सती मन्दिर के बराबर में स्टाफ कॉलोनी थी, जिसमें अधिकांश पुराने प्राध्यापक रहा करते थे। वर्मा जी सोमवार को सफ़ेद कपड़े पहनकर धतूरे और आक की पूजा करने जाते थे, उस समय कॉलोनी की खिड़कियाँ खुल जातीं और लोग धीरे-से कहते कि 'देखो बगुला भगत जा रहा है।' वर्मा जी वाक्पटु थे, वे स्वयं को हमेशा युवा ही मानते थे इसलिए कभी छींट की शर्ट तो कभी युवाओं जैसे पेंट पहनकर कॉलेज आते थे। उनके बाल सफ़ेद होने शुरू हो गये थे और ध्यान से देखने पर सिर के बीचोंबीच से उड़ने भी लगे थे। उनका कहना था कि वे कानपुर के कायस्थ हैं पर लोगों का कहना था कि ये कानपुर के खटीक हैं। लोगों ने उनके घर का पता मालूम कर लिया था, जिसे उन्होंने अंग्रेज़ी की चाल में ढालकर 'मुहल्ला खटकियान' कर दिया था। पर लम्बे समय के साथ में चीजें छुपती नहीं हैं और वे चीजें तो बिल्कुल भी नहीं जिन्हें आप छुपाना चाहते हैं। वर्मा जी जिन चीजों को छुपाना चाहते थे, वे उनके कॉलेज से जाने के बाद मज़ाक का विषय होती थीं। राजनीति विज्ञान के प्राध्यापक डी.के.शर्मा और वर्मा जी स्टाफ कॉलोनी में ही रहते थे, वैसे तो वे दोनों एक-दूसरे के मित्र थे पर एक-दूसरे की अनुपस्थिति में दोनों एक-दूसरे के बारे में मज़ाक उड़ाया करते थे। शर्मा जी की पत्नी पुनीताजी राणी सती स्कूल की प्रधानाचार्या थीं, जिसका उन्हें बहुत गर्व था। अपने इस गर्व में वे कॉलेज के प्राध्यापकों को भी कुछ नहीं समझती थीं, इसलिए उनके चेहरे पर रूखापन हमेशा छाया रहता था। जब निद्धालालजी कॉलेज के प्राचार्य थे तब शर्मा जी उनके चेम्बर के सामने उनकी ही आवाज़ में जोर से कुछ कहकर आ गये थे, जिसके बारे में प्राचार्यजी ने पूछताछ की तो बहुत बाद में किसी चपरासी ने उन्हें गोपनीय ढंग से बताया था। वे शर्मा जी से नाराज़ रहते थे पर पुनीताजी और उनके परिवार से सम्बन्धों की वजह से कुछ कह सकने की स्थिति में नहीं थे। शर्मा जी अक्सर मिमिक्री के मूढ में रहते थे लेकिन विद्यार्थियों के सामने उनकी कोशिश रहती थी कि वे कड़क प्राध्यापक के रूप में पेश आयें, अक्सर इस प्रहसन में वे सफल भी रहते थे। लेकिन वास्तविकता यह थी कि विद्यार्थी उनकी असलियत को भलीभांति समझते थे।

हिन्दी विभाग में मुझसे वरिष्ठ दो प्राध्यापक थे-विमलेशजी और मांगीलाल जी गोयल। विमलेशजी राजस्थानी के लोकप्रिय और व्यस्त हास्य कवि थे, इसलिए वे ज़्यादातर बाहर ही रहते थे। एक बार सर्दियों के दिनों में वे कक्षा में पढ़ा रहे थे कि एक लड़का दारू पीकर कमरे के दरवाजे पर झूमते हुये आया और विमलेशजी से पूछा 'गुरू जी भवानीसिंह है के'। विमलेशजी ने विद्यार्थियों से पूछा कि 'कोई भवानीसिंह यहाँ है क्या?' विद्यार्थियों ने मना कर दिया। विमलेशजी ने उसे बता दिया

कि यहाँ कोई भवानीसिंह नहीं है। वह चला गया। लेकिन थोड़ी देर बाद फिर आकर पूछने लगा तो विमलेशजी ने फिर कक्षा में पूछा और मना कर दिया। जब वह तीसरी बार आया तो विमलेशजी बिना कुछ कहे क्लास छोड़कर नीचे आ गये। स्टाफ रूम में बैठे प्राध्यापकों ने बीच में आने का कारण पूछा तो उन्होंने सारी घटना बताई और कहा कि ऐसी भयानक ठंड में उनका भी मन पीने को कर रहा है इसलिए वे घर जा रहे हैं। विमलेशजी जब झुंझुनू में होते तो कवि सम्मेलनों की थकान मिटाने के लिये आंगन में चारपायी डालकर आराम करते थे। सर्दियों के किसी रविवार को मैं उनसे मिलने गया तो उन्होंने आपातकाल के बाद बनी जनता सरकार की मद्य निषेध नीति के समय का किस्सा सुनाया कि 'भरत व्यास आये और बोले कि यार विमलेश मैंने शराब के विरोध में जोरदार कविता लिखी है जिसे तुम्हें सुनाने का मन है इसलिए तुम बढ़िया-सा पेग बनाओ।' विमलेशजी के पास बैठकर मुझे नीरज जी याद आते रहे जो कवि सम्मेलनों से लौटकर घर के बाहर तख्त पर मसनद के सहारे अधलेटे होकर पीते रहते थे। गोयल साहब की प्रिंटिंग प्रेस थी इसलिए क्लास पढ़ाने के लिये उनके पास समय की कमी थी। उनके बारे में विद्यार्थी बताते थे कि साल के अन्त में वे दस प्रश्न लाकर दे देते हैं, जिनमें से कम से कम पाँच प्रश्न पत्र में मिल ही जाते हैं। इसलिए विद्यार्थियों को उनसे कोई शिकायत नहीं थी। दिक्कत तब हुई जब मेरे पहुँचने के बाद सक्सेना जी ने हिन्दी में एम.ए. की कक्षाएँ प्रारम्भ कर दीं। बी.ए. तक के विद्यार्थियों को गोयल साब मीठा बोलकर या मोस्ट-मोस्ट प्रश्नों का प्रलोभन देकर पटा लिया करते थे पर एम.ए. के विद्यार्थियों ने उन्हें पढ़ाने के लिये बाध्य किया। बात सक्सेना जी तक पहुँची तो गोयल साहब ने साफ़ कहा कि 'मैं एम.ए. की कक्षाएँ पढ़ाने में असमर्थ हूँ।' उन्होंने दो कारण बताये-एक, वे स्वयं संस्थागत विद्यार्थी की तरह नहीं पढ़े हैं और दो, प्रेस पर ध्यान न दें तो आर्थिक नुकसान होगा, जिसकी भरपायी किसी तरह सम्भव नहीं है। सक्सेना जी उन्हें भलीभांति जानते थे इसलिए उनका स्पष्टीकरण सुनकर कुछ नहीं बोले।

राजनीति शास्त्र के प्राध्यापक अमरनाथ त्रिहन का घर कॉलेज के बगल में ही था। उनके बेटे की गांधी चौक पर जनरल स्टोर की दुकान थी। त्रिहन साब घर से दुकान और दुकान से घर के कई चक्कर पैदल करते रहते थे। इसका क्या कारण था, पूछने पर वे हँसकर टाल दिया करते थे। स्टाफ रूम में त्रिहन साब को कम ही देखा जाता था, कहते हैं कि उनके पास बहुत पुराने नोट्स हैं, जिनके कागज पीले पड़ गये हैं, उन्हीं नोट्स की फोटो कॉपी कराकर त्रिहन साब विद्यार्थियों को दे देते हैं। उनकी माँ की मृत्यु के बाद जब पहला श्राद्ध पड़ा तो उन्होंने कई लोगों से इसके बारे में पूछा। ज़ाहिर है कि सबने अपनी-अपनी तरह से उन्हें राय दी। वे

शहर में रहने वाली एक बुजुर्ग ब्राह्मण महिला के पास गये और उन्हें श्राद्ध खाने के लिये आमन्त्रित किया। त्रिहन साब ने खाने के बारे में पूछा तो उस बुजुर्ग ब्राह्मणी ने कहा कि 'जो आपकी माँ को पसन्द था, वही बनवा लो।' त्रिहन साब ने साफ़-साफ़ बता दिया कि 'माँ को तो मटन और एगकरी बहुत पसन्द थी।' ब्राह्मणी ने उनकी ओर आश्चर्य से देखकर कहा 'तो ठीक है किसी तुरकिन को बुला लो।' त्रिहन साब की बात समझ में नहीं आयी। वे सीधे स्टाफ रूम में आये और सारा वाकया बताया। इतिहास के प्राध्यापक अग्रवाल साब दुनियादार थे। उन्होंने त्रिहन साब की तरफ़ देखते हुये कहा 'आपको इतना भी साफ़ नहीं कहना चाहिये था, आप जानते हैं कि झुंझुनू जैसे छोटे कस्बे में ज़्यादातर लोग पारम्परिक जीवन जीते हैं, सम्भव है महानगरों में ऐसी ब्राह्मणी मिल जाये जो मटन खाती हो पर झुंझुनू में यह अगले पचास साल में भी सम्भव नहीं होगा।' त्रिहन साब को लगा कि वे सच बोलकर फंस गये हैं इसलिए उदास हो गये। अग्रवाल साब ने ही रास्ता सुझाया कि कॉलेज के चपरासी जोशी की पत्नी को बुला लें और खीर, पूरी, सब्जी तथा रायते का भोजन करा दें। अग्रवाल साब की वणिक बुद्धि ऐसे अवसरों पर अक्सर काम आती थी। वे शेयर का काम करते थे इसलिए स्टाफ रूम में बैठकर शेयर के बारे में बताते रहते थे। अलीगढ़ में इतिहास विभाग बहुत बड़ा है, बड़ा केवल प्राध्यापकों की संख्या के आधार पर ही नहीं है बल्कि अपने मानक शोध के लिये भी विख्यात है। मैंने एक दिन जिज्ञासावश उनसे प्रो. इरफान हबीब और उनके काम के बारे में पूछ लिया तो वे हँसकर चुप हो गये। हँसते हुये उनके आगे के दो नुकीले दांत बाहर निकल आते थे, उनके दोनों होंठ चोंच जैसी शक्ल अख्तियार कर लेते थे और आँखें मिचमिचाकर बन्द हो जाती थीं। कहते हैं त्रिहन साब को दहेज में कार मिली थी। स्टाफ रूम में अक्सर उस कार से अधिक उनकी बीवी की बदसूरती के किस्से रस ले-लेकर सुनाये जाते थे। एक दिन उनकी कार रास्ते में ख़राब हो गयी तो उन्होंने रास्ते चलते कुछ विद्यार्थियों से धक्का लगाने को कहा। यह बात जब स्टाफ रूम में पहुँची तो उसके पंख लग गये। साथियों ने कहा कि पत्नी को देखकर अन्दाज़ लगा लेते कि कार भी ऐसी ही होगी। मध्यवर्ग में पत्नियों को लेकर इस प्रकार के किस्से आनन्द का विषय होते हैं। गोयल साब वैसे तो स्टाफ रूम में आते नहीं थे लेकिन कभी आये होंगे तो उनके लिये किस्सा प्रचलित था कि जब उनकी पत्नी मर गयीं और अर्थी की तैयारी होने लगी तो पत्नी ने इशारा करके कहा कि 'मच्छरदानी के बांस बेकार छत पर पड़े हैं, उन्हें ले लो, बाज़ार में पैसे ख़र्च करने की ज़रूरत नहीं है।' यह किस्सा सुनाकर गोयल साब भी जमकर हँसे और उपस्थित सभी साथी प्राध्यापक भी।

वाणिज्य संकाय के प्राध्यापक एच.पी. महेश्वरी ब्याज पर रुपये उठाते थे इसलिए अक्सर प्राचार्य कक्ष में घर से फ़ोन आता कि 'कोई मेहमान आये हैं' तो सक्सेना साब महेश्वरी जी को बुलवाते और कहते कि घर से फ़ोन आया है कि कोई ब्याज पर पैसे लेने आया है।' महेश्वरी जी मुस्कुराते हुये जल्दी-जल्दी घर चले जाते। उनका घर कॉलेज से बहुत दूर नहीं था। वे नाक के स्वर में बोलते थे। स्टाफ रूम में उनके बारे में चर्चा थी कि वे एक पाव दूध लेते हैं, जिसमें चाय भी पी लेते हैं और दूध भी। उनकी कंजूसी इतनी थी कि पिछले कई वर्षों से दो पेंट और तीन शर्ट के अलावा और कोई कपड़ा पहने उन्हें किसी ने नहीं देखा। एक दिन वर्मा जी ने मज़ाक में कहा कि 'महेश्वरी जी मैं दीपावली पर आपको एक पेंट और शर्ट भेंट करना चाहता हूँ' तो वे आश्चर्य से वर्मा जी की ओर देखने लगे। वर्मा जी ने यह बात बहुत गम्भीर बनकर उनसे कही थी लेकिन स्टाफ रूम में बताते हुये उनकी हँसी रुक नहीं रही थी। वाणिज्य में ही एक और दूसरे महेश्वरी सी.डी.महेश्वरी थे जो उम्र में एच.पी. महेश्वरी से छोटे थे लेकिन मस्त थे। वे राधास्वामी मत के अनुयायी थे। मैंने उन्हें किसी प्राध्यापक के बारे में या कॉलेज के बारे में अच्छी या बुरी टिप्पणी करते हुये कभी नहीं सुना। वे अपने हाल में मस्त रहते थे। एक दिन अपने जाति भाई एच.पी. महेश्वरी के घर गये तो बहुत देर बाद उन्होंने पूछा कि 'चाय चलेगी' तो सीडी महेश्वरी ने हँसते हुये जवाब दिया कि 'अब तो सीडी ही चलेगा।' यह कहते हुये दोनों जोर से हँसकर एक दूसरे से विदा हुये। वाणिज्य संकाय में एक भीमसिंह जी थे, जो अपने ढीलढोल में भीम ही नज़र आते थे। वे बहुत धीमे किस्म के व्यक्ति थे, चलते हुये पैरों को सधकर उठाते और रखते थे। उनके बारे में स्टाफ रूम में कई किस्से मज़े लेकर सुनाये जाते थे। कहा जाता है कि एक दिन वे अपने किसी विद्यार्थी की दुकान पर अंडर बीयर का कपड़ा लेने गये तो उन्होंने पूछा कि फटेगा तो नहीं। विद्यार्थी ने उनकी ओर आश्चर्य से देखा और कहा कि 'गुरू जी और कुछ फट जाये पर कपड़ा नहीं फटेगा।' यह कुछ कहते हुये उसने अश्लील इशारा किया लेकिन भीम जी ने कहा कि 'जद ठीक है'। भीमसिंह जी के अध्यापन के बारे में विद्यार्थियों की राय अच्छी नहीं थी। एक दिन वे पढ़ा रहे थे कि कुछ चीजें ईश्वर प्रदत्त हैं जो हमें मुफ्त में मिलती हैं जैसे मतीरा। विद्यार्थियों के एक समूह ने इसका विरोध करते हुये कहा कि 'मतीरा तो बाज़ार में पैसों से मिलता है।' भीम जी के लिये यह प्रश्न बेढंगा था, उनके गाँव में मतीरे की कोई कीमत नहीं थी। वे निरुत्तर होकर नीचे आ गये और विद्यार्थी उनके ज्ञान की बानगी का आनन्द उठाते रहे।

उन दिनों झुंझुनू छोटा-सा कस्बा था, जिसे झुंझुनू के लोग शहर कहते थे। शेखावाटी में बाहर का आदमी चाहे दिल्ली या बम्बई का भी हो तब भी तांगे वाले

पूछते थे 'गाँव जा रहा हो के?' और आप बस स्टेंड या रेलवे स्टेशन पर झुंझुनू जाने के लिये सामान लेकर खड़े हैं तो तागे वाले पूछते 'शहर चलोगा के।' अरब देशों की कमाई से ऑटो रिक्शा अभी आये ही थे, जो बहुत कम थे इसलिए यातायात का साधन तांगे थे। माल ढुलाई के लिये गधा गाड़ियाँ प्रचलन में थीं जो राणी सती मेले के अवसर पर सवारी ढोने के काम भी आती थीं। गधों को गाड़ियों में भी इस्तेमाल किया जा सकता है, यह मैंने पहली बार देखा और देखकर मुझे आश्चर्य भी हुआ। झुंझुनू के लोग मज़ाक में कहते थे कि 'हम गधों को खच्चर बनाकर इस्तेमाल करना जानते हैं।' झुंझुनू का बाज़ार चौक के इर्दगिर्द सिमटा हुआ था। उन दिनों झुंझुनू में कोई रेस्टोरेंट नहीं था, चाय की थड़ियाँ थीं और मिठाई की दुकानें जबकि चूरू में उन्हीं दिनों एक अच्छा रेस्टोरेंट था, जहाँ डोसा तक मिल जाता था। नया बस स्टेंड अभी बना ही था, जिसके चारों ओर रेत था। रेलवे स्टेशन शहर से बहुत दूर था इसलिए उसकी चर्चा ही नहीं होती थी, बहुत कम लोग थे जो रेल में बैठना पसन्द करते थे। जयपुर और दिल्ली आने-जाने का साधन बसें थीं, जो आराम से सवारियाँ लेती हुई चलती थीं। छोटे क़स्बों में व्यक्ति से अधिक उसकी छवि मायने रखती है, जो लम्बी साधना के बाद बनती है। छवि के नाम पर यहाँ सक्सेना साहब का पूरा कस्बा सम्मान करता था। उच्च शिक्षा से सम्बन्धित कोई काम हो तो लोग सीधे उनके घर पहुँच जाते थे। उनके घर पर कई पहाड़ी नौकर रहते थे, जिन्हें वे अवसर पाकर कॉलेज या अन्य कहीं नौकरी पर लगा देते थे। एक बहुत पुराने पहाड़ी रमेश जोशी के बारे में वे ख़ुद बताया करते थे कि 'जब रमेश आया था तब उसकी ठीकठाक उम्र थी। हाई स्कूल परीक्षा के लिये प्रामाणिक उम्र का होना ज़रूरी था इसलिए मैं रमेश को सिविल सर्जन के पास लेकर गया। तो सिविल सर्जन ने आश्चर्य व्यक्त करते हुये कहा कि इस आदमी को कैसे बछड़ा बनाओगे?' बहरहाल सक्सेना जी का काम कहाँ रुकने वाला था इसलिए सिविल सर्जन ने जो प्रमाण पत्र दिया उसमें उनकी उम्र 14 वर्ष थी। इस आधार पर रमेश ने हाई स्कूल पास किया और वे शिक्षाा विभाग में क्लर्क बन गये। सक्सेना जी के बड़े समधी उस समय झुंझुनू में जिला शिक्षा अधिकारी थे, ने एक मुसलमान लड़के को अपना बेटा बनाकर पढ़ाया और फिर आरपीएस बनवा दिया। सक्सेना साब खाने-पीने, दूसरों की सहायता करने और आगे आकर लोगों से मिलने-जुलने में विश्वास रखते थे। वे अक्सर कहा करते थे कि यदि आपके पास धन है तो जरूरतमंद लोगों की सहायता करिये ईश्वर आपको और ज़्यादा देगा। ऐसा वे अक्सर करते रहते थे। उनके यहाँ तामझाम बहुत नहीं था पर किंचित सुविधाओं में वे ज़िले के अधिकारियों को घर बुलाकर खाना खिलाते हुये ख़ुश होते थे और अधिकारी उनके सहज रहन-सहन पर आश्चर्य प्रगट करते हुये

अपने बंगलों की ओर प्रस्थान करते थे। एक बार किसी जिला एवं सत्र न्यायाधीश की बेटी को हिन्दी में एम.ए. करना था तो उन्होंने सक्सेना साहब से सहायता के लिये कहा होगा। उन्होंने मुझसे कहा तो मैं साइकिल लेकर उनके बंगले पर चला गया। दूसरे दिन सक्सेना साहब ने मुझसे पूछा कि 'तांगे में कितने पैसे लगे?' मैंने कहा कि मैं तो साइकिल से गया था। सुनकर वे दुखी हुये और मुझसे बोले 'जब भी किसी बड़े अधिकारी के पास जाना हो तो तांगे या ऑटो से ही जाना चाहिये।' मैंने कोई उत्तर नहीं दिया लेकिन यह तय है कि वे यदि आज होते तो कहते कि 'अपनी कार या टैक्सी' से ही जाना चाहिये। वे ख़ुद जब जयपुर में होते तो टैक्सी से ही आते-जाते थे। उनका खुला हाथ और बड़ा दिल था, जिसका सम्मान पूरा झुंझुनू करता था।

झुंझुनू के कलकत्ता स्थित शाह परिवार की दिली इच्छा थी कि उनकी जन्मस्थली में एक कन्या महाविद्यालय खोला जाये। इसके लिये सक्सेना जी से उपयुक्त और कोई व्यक्ति झुंझुनू में नहीं था। इसलिए उन्होंने सक्सेना जी को इस महनीय कार्य की ज़िम्मेदारी सौंपी। देखते-देखते जेबी शाह गर्ल्स कॉलेज न केवल अस्तित्व में आया बल्कि वह दूसरे कन्या महाविद्यालयों को टक्कर देने लगा था । यह वह समय था जब मान्यता प्राप्त कॉलेजों में वेतन सरकार से आता था और सरकार के बराबर मिलता था। यही नहीं नियुक्तियाँ भी उच्च शिक्षा निदेशालय से संस्तुत पदों पर ही हो सकती थीं। सरकारी प्राध्यापकों को तबादले का डर हर समय सताता रहता है जो यहाँ नहीं था। झुंझुनू भारत के नक्शे पर सबसे ज़्यादा फौजियों और व्यापारियों के लिये जाना जाता है पर उसकी पहचान राणी सती मन्दिर के बिना सम्भव नहीं है। एक समय में जब झुंझुनू में बिजली नहीं थी, तब मन्दिर से ही बिजली की आपूर्ति हुआ करती थी, मन्दिर का वार्षिक मेला सरकार के लिये रेवेन्यू और शहर के आम लोगों तथा व्यापारियों के लिये आय का प्रमुख साधन हुआ करता था। उन दिनों झुंझुनू की आबादी से ज़्यादा लोग बाहर से आते थे, जिससे पूरे शहर में अप्रत्याशित भीड़ होती थी। लेकिन इस भीड़ में छोटा-सा शहर झुंझुनू खोता नहीं था बल्कि और अधिक सजग रहता था।

सूर्यनगरी जोधपुर

पश्चिमी राजस्थान का सिंह द्वार जोधपुर प्रदेश का दूसरा बड़ा शहर है। यह महानगर होते हुये भी गाँव जैसी अपणायत और इकलखोरे समय में भी सामूहिकता की भावना से दमकता रहता है। लगभग साढ़े पाँच सौ वर्ष पहले राव जोधा ने जब चिड़ियाटूक पहाड़ी पर विशाल मेहरानगढ़ किले का सपना देखा था तब उन्होंने शायद ही सोचा होगा कि वे एक ऐसे किले और शहर के निर्माता होंगे जो अपने आप में अनूठा होगा। 12 मई, 1459 को किले की नींव का पहला पत्थर रखा गया और धीरे-धीरे विशाल दुर्ग तैयार हो गया। एक दिन राव जोधा के दरबार में उनके पुत्र बीका अपने काका से बातें कर रहे थे तो राव जोधा ने हँसते हुये कहा कि 'काका भतीजे एक दूसरे से ऐसे बातें कर रहे हो जैसे कोई नयी रियासत बसाने जा रहे हो।' राव बीका ने उसी समय संकल्प लिया और बीकानेर बसाया तो राव दूदा ने मेड़ता। मध्यकाल में भक्ति, वैराग्य और विद्रोह की कवयित्री मीराबाई राव दूदा की पौत्री थीं। राव जोधा के पिता राव रणमल मंडोर के शासक थे, जो जोधपुर से 9 किमी दूरी पर स्थित है। लोक में मंडोर को मंदोदरी का पीहर और रावण की ससुराल भी माना जाता है इसलिए श्रीमाली ब्राह्मणों के कुछ गोत्रों में रावण को पूज्य माना जाता है। जोधपुर को सूर्यनगरी भी कहा जाता है, सूर्य के अपार ताप से बचने के लिये यहाँ घरों को नीले रंग से पोता जाता है जो मेहरानगढ़ किले की ऊँचाई से झांकने पर स्पष्ट दिखाई देता है। मारवाड़ में अकाल के दुर्दिनों में लोगों की सहायता करने के लिये महाराजा उम्मेद सिंह ने उम्मेद पैलेस का निर्माण किया, जो लगभग 1943 में बनकर तैयार हुआ। यह दुनिया के बड़े निजी महलों के साथ अपनी स्थापत्य कला में बेजोड़ है, इसे जोधपुर को प्रकृति के वरदान के रूप में मिले छित्तर पत्थर से बनाया गया है।

साढ़े पाँच सौ वर्ष के मारवाड़ के इतिहास में वीर दुर्गादास का त्याग और वीरता उसका उज्ज्वल पक्ष है। कहना न होगा कि प्रेमचन्द ने उनके गुणों से प्रभावित होकर उनकी जीवनी लिखी थी। दुर्गादास जी ने महाराजा जसवंत सिंह प्रथम की

मृत्यु के बाद रानी के गर्भ में पल रहे अजीत सिंह को बचाकर एक ओर मारवाड़ के वारिस की रक्षा की तो दूसरी ओर लगातार युद्धरत रहकर मारवाड़ को गुलाम होने से बचाया। दुर्गादास की सूझबूझ और अपनी रियासत के प्रति अनन्य श्रद्धा के सामने इतिहास में कोई दूसरा उदाहरण शायद ही हो। वे चाहते तो औरंगजेब से समझौता करके मारवाड़ के राजा बन सकते थे लेकिन यह उनके स्वभाव में नहीं था। जब अजीतसिंह बड़े हुये तो उन्होंने ऐसा कुछ कहा कि दुर्गादास मारवाड़ छोड़कर चले गये। कहते हैं कि महाराणा ने उन्हें मेवाड़ आने का आमन्त्रण भेजा था पर उन्होंने यह कहकर मना कर दिया कि 'मैंने तो मारवाड़ की बाजरी खाई है'। मारवाड़ की बाजरी खाने के मुहावरे का मतलब मेवाड़ के आमन्त्रण को ठुकराना था। उनकी मृत्यु उज्जैन में शिप्रा के तट पर हुई थी। उनकी मृत्यु का चित्र ब्रिटिश चित्रकार ए.एच. मुलर ने 1893 में बनाया था, जिसमें वे घोड़े पर बैठे हुये हैं, भाले पर माथा टिका हुआ है और नीचे मांस पक रहा है। वह दुर्लभ चित्र आज भी मेहरानगढ़ संग्रहालय, जोधपुर और सरकारी संग्रहालय, बीकानेर में सुरक्षित है। आर्य समाज के प्रवर्तक स्वामी दयानन्द सरस्वती की हत्या जोधपुर में ही हुई थी। स्वामीजी मारवाड़ के महाराजा जसवंत सिंह द्वितीय के आमन्त्रण पर जोधपुर आये थे, उस समय उनका इतना प्रभाव था कि स्वयं महाराजा उनका प्रवचन सुनने आया करते थे। महलों में उनका आना-जाना निर्बाध था इसलिए एक दिन उन्होंने देखा कि महाराजा की प्रिय नन्हीं वैश्या उनकी गोदी में बैठी हुई है। लोक मान्यता है कि स्वामीजी यह देखकर क्रोधित हुये और कहा 'शेर होकर कुतिया को गोदी में बैठा रखा है।' इस स्त्री विरोधी वक्तव्य से नन्हीं इतनी आहत हुई कि उसने रसोइये के साथ मिलकर स्वामी जी को दूध में कांच पीसकर पिला दिया। इलाज के लिये उन्हें अजमेर ले जाया गया लेकिन वे बच नहीं पाये। अस्सी के दशक के आरम्भिक वर्षों में जब मैं पहली बार जोधपुर पहुँचा था तब वहाँ पानी की बहुत कमी थी। तीसरे दिन या कभी-कभी चौथे दिन पानी आया करता था, घरों में लॉन या पौधे लगाना तो अपराध माना जाता था। इसलिए जोधपुर विश्वविद्यालय के कुलपति प्रो. एस.एन.मेहरोत्रा ने नये परिसर में बड़ी मात्रा में नीम के पेड़ लगवाये थे और उनकी परवरिश के लिये दो ऊँट और पानी की दो मश्क़ें खरीदी थीं। आज भी जोधपुर में सर्वाधिक नीम के पेड़ ही जीवित हैं। विश्वविद्यालय के पुराने परिसर के आसपास, पुलिस लाइन के अलावा नये परिसर में नीम के पेड़ों की इतनी हरियाली है कि बहुत सारे राहगीर, पशु और पक्षी भयंकर गर्मी से बचने के लिये उनकी छाया में बैठे रहते हैं।

मैं 31 अक्टूबर, 1984 को झुंझुनू से जयपुर होते हुये जोधपुर के लिये रवाना हुआ तो सीकर में किसी ने बताया कि प्रधानमन्त्री श्रीमती इंदिरा गांधी की हत्या कर

दी गयी है। रींगस पहुँचते-पहुँचते तो 'राजस्थान पत्रिका' का सप्लीमेंट अख़बार ही आ गया था। शाम को जयपुर पहुँचा तो देखा कि पूरे शहर में मुर्दनी छाई हुई है। रेलवे स्टेशन पर भी बहुत भीड़ नहीं थी। चारों ओर इंदिराजी की हत्या की चर्चा थी, लोग हतप्रभ और दुखी थे। रात की रेल से चलकर मैं सुबह जोधपुर पहुँचा तो देखा कि शहर मातम में डूबा हुआ था। लगभग दो महीने पहले साक्षात्कार देने आया था तब यह शहर गुलज़ार था। रेलवे स्टेशन के समीप होटल में कमरा लिया और तैयार होकर विश्वविद्यालय जाने लगा तो मालूम हुआ कि आज शहर में सब कुछ बन्द है इसलिए पैदल ही विश्वविद्यालय गया लेकिन वह भी बन्द था। नये शहर में जहाँ किसी से कोई जान पहचान न हो वहाँ भूख का पहली बार अहसास हुआ पर कोई रास्ता नहीं था। होटल वाले ने भी हाथ खड़े कर दिये थे। सम्भव है वह कांग्रेसी न भी हो लेकिन वह इंदिराजी की हत्या से आहत और आक्रोशित था। शाम को स्टेशन के सामने वाली गली में एकाध दुकान खुली। उसमें खाने के बहुत विकल्प नहीं थे इसलिए जो मिला खा लिया। इससे पश्चिमी राजस्थान के एकमात्र बड़े शहर का मिजाज़ समझ में आ गया था कि यह शहर जितना बड़ा है उतना ही सुख-दुख में सघन और संवेदनशील भी है। दूसरे दिन यानी 2 नवम्बर को उप-कुलसचिव, स्थापना के कार्यालय में कार्यभार ग्रहण कर बाहर आया ही था कि सामने मुस्कुराते चेहरे पर आत्मीयता का भाव लिये एक सज्जन आगे बढ़े और अपना परिचय देते हुये कहा कि 'मैं जगदीश शर्मा हूँ हिन्दी विभाग में सह-आचार्य। अभी आ. शुक्ल पर 'मधुमती' में आप द्वारा आयोजित परिचर्चा पढ़ी थी।' 'जी धन्यवाद के अलावा मुझे उस समय और कुछ कहने के लिये सूझा ही नहीं था।' वे मुस्कुराते रहे तो मैं भी मुस्कुराता रहा पर हमारी बातचीत का सिलसिला बहुत लम्बा नहीं खिंच पाया। मुझे हिन्दी विभाग जाना था, जो पुराना परिसर यानी एसएमके में था। केन्द्रीय कार्यालय से एसएमके परिसर लगभग पाँच किमी था। एसएमके शहर के मुख्य बाज़ार सोजती गेट से मोहनपुरा पुलिया उतरते ही शुरू हो जाता है। पुलिया से उतरने के बाद दाईं ओर केन्द्रीय कारागार और बाईं ओर आर्य समाज के बगल में एसएमके परिसर। यह पहले श्रीमहाराज कुमार कॉलेज था, जिसका निर्माण जोधपुर दरबार द्वारा किया गया था। बाद में इसे विश्वविद्यालय को दे दिया गया। इस विशाल परिसर में घुसते ही दाईं ओर जसवंत छात्रावास और जसवंत हॉल है। जसवंत हॉल और उसके आसपास के कमरों में वाणिज्य संकाय संचालित होता है और सीधे चलने पर बाईं ओर खेल संकुल के आगे पुरानी भव्य इमारत में कला संकाय के विभिन्न विषयों की कक्षाएँ चला करती हैं। इस परिसर के समृद्ध पुस्तकालय को पूर्व कुलपति वी.वी. जॉन ने सत्तर के दशक में आधुनिक बनवाया था, तब हिन्दी विभाग में प्रो. नामवर

सिंह, तुलनात्मक साहित्य विभाग में अज्ञेय, अंग्रेज़ी में प्रो. ज्योतिस्वरूप सक्सेना, समाजशास्त्र में प्रो. योगेन्द्र सिंह तथा अर्थशास्त्र विभाग में प्रो. वाई.के.अलघ इत्यादि आचार्य थे। कुलपति स्वयं न केवल अंग्रेज़ी की कक्षाएँ लिया करते थे अपितु शाम के समय सभी आचार्यों से उम्मीद करते थे कि वे पुस्तकालय आयें। यह विश्वविद्यालय के इतिहास में उसका स्वर्णकाल था, जिसकी चर्चा अब भी गाहेबगाहे लोग करते पाये जाते हैं। विश्वविद्यालय का क्षेत्रफल विस्तृत है इसलिए शहर के दूसरे छोर पाली रोड तक नया परिसर का विशाल प्रांगण फैला हुआ है। कहते हैं कि नया परिसर पूर्व कुलपति प्रो. वी.वी.जॉन ने भारतीय वायुसेना से ज़मीन लेकर बनवाया था। तब राजस्थान के मुख्यमन्त्री मोहनलाल सुखाड़िया थे, जो कहा करते थे कि प्रो. जॉन की कोई फाइल रोकी नहीं जानी चाहिये। इसलिए विशाल परिसर को बनाने में आर्थिक संकट उत्पन्न नहीं हुये थे, जिनका सामना बाद में विश्वविद्यालय करता रहा है।

विश्वविद्यालय के अलावा सामाजिक-राजनीतिक संगठनों में सक्रिय मांगीलाल श्रीमाली, हिन्दू सिंह सोढ़ा, गोविंद माथुर, महेश बोड़ा, पी.के. लोहरा, संगीत लोढ़ा, नारायण बारेठ तथा कैलाश कबीर इत्यादि से क्रमशः भेंट हुई। ये सब गोविंद जी की मित्र मंडली के लोग थे इसलिए उनसे भेंट होना स्वाभाविक ही था। मांगीलालजी राजस्थान उच्च न्यायालय में वरिष्ठ अधिवक्ता थे। संयोग है कि उनका कार्यालय सोजती गेट पर ही था। गोविंद माथुर ने अपनी वकालत शुरू ही की थी, हिन्दू सिंह सोढ़ा क्रान्तिकारी छात्र नेता रहे थे जो बाद में पाकिस्तानी शरणार्थी समस्या के समाधान के लिये संगठन बनाकर प्रभावी रूप से जुड़े, महेश बोड़ा, पी.के. लोहरा तथा संगीत लोढ़ा वकील थे, बाद में गोविंद जी, लोहरा साब और लोढ़ा साब राजस्थान उच्च न्यायालय के न्यायाधीश बने। जस्टिस गोविंद माथुर ने उत्तर प्रदेश उच्च न्यायालय के मुख्य न्यायाधीश पद से अभी हाल ही में अवकाश ग्रहण किया है, जस्टिस लोहरा साब को सेवानिवृत्ति के बाद राजस्थान के लोकायुक्त पद पर नियुक्त किया गया है तथा जस्टिस संगीत लोढ़ा राजस्थान उच्च न्यायालय में वरिष्ठ न्यायाधीश हैं। नारायण बारेठ तब नवभारत, जोधपुर में ब्यूरो चीफ थे, जो अब राजस्थान सूचना आयोग में आयुक्त हैं और संजय सिंढाइच जापान में अपनी जापानी मित्र के साथ रह रहे हैं। कैलाश कबीर मशहूर लोक कथाकार विजयदान देथा के पुत्र हैं, यह उनकी पहचान भी है और सीमा भी। उन्होंने जीवन में न किसी की चाकरी की और न करवाई। इस मामले में वे सच्चे अर्थों में कबीर हैं। कहते हैं जिस दिन वे नहाते हैं उस दिन पूरे घर के बर्तनों में पानी भरकर रख दिया जाता है और घर के सदस्य दरवाजा बन्द कर बाहर अपना-अपना काम करते रहते हैं। कबीर

साब का स्नान-आयोजन कई घंटों का होता है इसलिए उन्हें कोई टोकता भी नहीं हैं। एक बार हम लोगों ने किसान संगठन को सक्रिय करने की योजना बनाई। मशहूर अधिवक्ता महेश बोड़ा के पास हाउसिंग बोर्ड में एक अतिरिक्त मकान था इसलिए तय हुआ कि किसान संगठन के कार्यालय के लिये उस मकान का उपयोग किया जाये। वहाँ शाम के समय महेशजी की डॉक्टर पत्नी डॉ. सुमित्रा बोड़ा मरीज देखती थीं। कबीर साब को किसान संगठन की पत्रिका का सम्पादन भार दिया गया। कबीर साब ने अपने कार्यालय में बैठकर काम करना शुरू कर दिया था। लेकिन उनकी समस्या यह थी कि डॉ. सुमित्रा बोड़ा उन्हें नमस्कार नहीं करती थीं जो उन्हें अपने प्रति और सम्पादक की गरिमा के प्रति अपमान और उपेक्षा का कारण लगता था। कबीर साब का पक्ष महेश जी के सामने रखा गया तो वे हँसते रहे पर कोई जवाब नहीं दिया। बाद में कुछ ही समय में कार्यालय बन्द हो गया और किसान संगठन की योजना भी ठंडे बस्ते में चली गयी। कबीर साब इस प्रकार की योजनाएँ बनाने में माहिर थे। एक बार मेड़ता थाने में किसी महिला के साथ बदतमीजी की गयी तो कबीर साब उसके विरोध में सोजती गेट पर पंडाल लगाकर धरने पर बैठ गये। उनकी मांग थी कि 'प्रधानमन्त्री राजीव गांधी को बर्खास्त किया जाये।' हम लोगों ने बहुत समझाया कि यह प्रदेश की समस्या है इससे केन्द्र सरकार के इस्तीफे का कोई मतलब नहीं है। लेकिन वे तो कबीर थे इसलिए किसी की नहीं सुनी। दो-चार दिन धरने पर बैठे और उठ गये लेकिन उनके धरने का न मीडिया ने कोई संज्ञान लिया और न सरकार ने। जोधपुर में उस समय विरोध स्वरूप जो मशाल जुलूस निकाले जाते थे वे अन्दर शहर में भी जाते थे, जहाँ बड़ी-बड़ी इमारतों के बीच संकरी गलियाँ जलती मशालों से रोशन और क्रान्तिकारी नारों से गूंज उठती थीं।

जस्टिस गोविंद माथुर के बड़े भाई जस्टिस एन.एन.माथुर राजस्थान और गुजरात उच्च न्यायालय के कड़क और ईमादार न्यायाधीश रहे हैं। गोविंद जी अपने भाइयों में सबसे छोटे हैं इसलिए उनकी परवरिश जस्टिस एन.एन.माथुर की सरपरस्ती में हुई। उनकी भाभी प्रो. आनन्द माथुर उन्हें अत्यन्त आत्मीयता और दुलार के साथ गोविंद बाबू कहती हैं। गोविंद जी की माता जी का बहुत पहले स्वर्गवास हो गया था इसलिए उनकी भाभी मांतुल्य थीं। मैं जब गोविंद जी से पहली बार मिला था, तब वे सीपीएम के सक्रिय कार्यकर्ता थे और छात्र आन्दोलन से मजदूर आन्दोलन में आये ही थे। वे बहुत अच्छे वक्ता, श्रेष्ठ अधिवक्ता और ईमानदार न्यायाधीश रहे हैं। सामान्य जीवन और मित्रों के बीच उन्हें गप्पें मारने में आनन्द आता है इसलिए मैं अक्सर उन्हें गपोड़ी कहा करता हूँ और यह सुनकर वे जोर से हँसते हैं। जब वे वकील थे और प्रतिष्ठित वकील थे, तब भी अपनी व्यस्तता में से समय निकालकर

वे मित्रों के बीच सहज होकर देर रात तक गप्पें मारते रहते थे। लेकिन अपने काम में किसी को हस्तक्षेप करने की अनुमति वे कभी नहीं देते, वकालत के दौरान भी और न्यायाधीश बनने के बाद भी। मेरा यह सौभाग्य है कि वे मेरे पारिवारिक मित्र हैं, ऐसे मित्र कि कभी भी उन्हें फ़ोन किया जा सकता है और कभी भी उनके घर जाया जा सकता है। मैं जब वर्धा चला गया था तब मेरी पत्नी तथा बेटी जोधपुर में ही थीं, उस समय गोविंद जी ने सगे भाई की तरह उन्हें सँभाला था। संयोग से उनका आवास हमारी कॉलोनी में ही नहीं बल्कि घर के पास ही था। उनकी पत्नी आभा जी बहुत अच्छा गाती हैं और एक सच्चे कलाकार की तरह बहुत सहज-सरल हैं। गोविंद जी का घर हमारे लिये अपने घर की तरह है। इसलिए जोधपुर छोड़ने के बाद जब भी वहाँ जाना होता है तो हम लोग उन्हीं के घर पर ठहरते हैं और देर रात तक गप्पें मारते रहते हैं। गोविंद जी की यह मस्ती उनकी उदारता से उपजी है इसलिए उनके यहाँ कोई मुलम्मा नहीं है।

जोधपुर में अधिकांश संगोष्ठियाँ सूचना केन्द्र में होती थीं, जो टाउन हॉल और हाईकोर्ट के पास था। सोजती गेट से मंडोर जाने वाले मुख्य मार्ग पर सूचना केन्द्र था, इसलिए हर आने-जाने वाले के लिये सुविधाजनक स्थिति में था। लगभग 2000 ई. तक शहर के बड़े साहित्यिक आयोजन इसी सूचना केन्द्र में आयोजित किये जाते थे। लेकिन हर विश्वविद्यालय के हिन्दी विभागों की तरह जोधपुर का हिन्दी विभाग भी ऐसे साहित्यिक आयोजनों से दूर ही रहता था। शुरूआती दौर में डॉ. विमल और मैं ऐसे आयोजनों में न केवल जाते थे बल्कि अपनी सहभागिता भी निभाते थे। मुझसे पहले डॉ. रामप्रसाद दाधीच तथा डॉ. सावित्री डागा नियमित रूप से कार्यक्रमों में जाते थे। विभाग के ही डॉ. जगदीश शर्मा यदाकदा जाते थे इसका कारण उनकी अपनी कोई वैचारिकता नहीं थी। कई लोगों का यह मानना था कि जगदीशजी चाहते तो बड़े आलोचक हो सकते थे पर पता नहीं ऐसे कौन-से कारण थे कि वे विभाग में डॉ. इंदिरा जोशी से लगातार लड़कर अपनी प्रतिभा और ऊर्जा नष्ट करते रहे। डॉ. जगदीश शर्मा को गुस्सा बहुत आता था, गुस्से में उनकी छिदी हुई नाक फड़क उठती थी। एक बार पदोन्नति के साक्षात्कार में डॉ. इंदिरा जोशी ने उनके इस स्वभाव का अनुचित इस्तेमाल किया। डॉ. जोशी ने उनसे पूछा कि 'क्या आपने डी.लिट. की थीसिस जमा कराई थी? और क्या वह रिजेक्ट हुई थी?' प्रश्न सुनकर जगदीशजी भड़क गये और गुस्से में कहा 'आप झूठ बोल रही हैं?' इंदिरा जोशी कड़वा घूंट पीकर चुप हो गयीं लेकिन जगदीशजी गुस्से में बोलते रहे। साक्षात्कार के बाद जब निर्णय की बारी आयी तो कुलपति ने डॉ. जोशी से उनकी राय जाननी चाही तब उन्होंने कहा 'मैं क्या बताऊँ, आप सबने देखा कि वे किस प्रकार की असंयत और

असंवैधानिक भाषा का प्रयोग करते हैं? ऐसे व्यक्ति के साथ विभाग चलाना मुश्किल है?' डॉ. जोशी ने अपनी चाल धीरे से चल दी और जगदीश जी को ऐसे काटा कि न ख़ून ही निकला और न दर्द ही हुआ। बाद में जब परिणाम सामने आया तो जगदीशजी ख़ून का घूँट पीकर रह गये।

उस समय जोधपुर में वैचारिक आन्दोलनों का जोर था और इसका केन्द्र सोजती गेट ही था। हैदर बिल्डिंग में सीपीएम का कार्यालय था तो सामने वाली बड़ी इमारत में सीपीआई, ट्रेड़ यूनियन, फ़िल्म सोसायटी तथा विश्वविद्यालय शिक्षक संघ का कार्यालय था। सोजती गेट शहर का हृदय स्थल था, कहीं भी जाने के लिये सोजती गेट जाना ही पड़ता था। रेलवे स्टेशन, बस स्टेंड, हाई कोर्ट, घंटा घर, पुराना परिसर तथा इधर उधर जाने के लिये सोजती गेट रास्ते में ही पड़ता था। सोजती गेट में ही घीसू खां की प्रेस तथा डॉ. महेन्द्र पटवा की पैनेसिया होम्योपैथी की क्लिनिक थी। हर इतवार के दिन दोपहर में घीसू खां की प्रेस आबाद रहती थी। अधिकांश वरिष्ठ अध्यापक घीसू खां की संगति में बैठे रहते थे। घीसू जी कभी विश्वविद्यालय में नहीं रहे पर विश्वविद्यालय की वाम राजनीति के केन्द्र में वे हमेशा रहे। इसी तरह डॉ. पटवा की रुचि विश्वविद्यालय की राजनीति में गहरी थी, वे 'चील' नामक एक छोटा-सा पाक्षिक अख़बार निकालते थे। उनकी क्लिनिक पर मरीज़ों के साथ विश्वविद्यालय के प्राध्यापकों का भी जमावड़ा रहता था। शिक्षक राजनीति में उस समय मोहनस्वरूप महेश्वरी, एस.डी. कपूर तथा श्याम सिंह टाक इत्यादि सक्रिय थे। शिक्षक राजनीति दो खेमों में बंटी हुई थी, एक, सत्ता के विरोध में तथा दूसरी, सत्ता के पक्ष में। मोहनस्वरूप जी विरोधी गुट के बेहद प्रतिभाशाली और कद्दावर नेता थे। वे फ़िल्म सोसायटी के अध्यक्ष भी थे। साहित्य और समकालीन कलाओं की भी उन्हें बहुत अच्छी समझ थी। वे मृदुभाषी थे और हर शिक्षक के साथ खड़े होने में सुख का अनुभव करते थे। विश्वविद्यालय की हर गतिविधि की उन्हें जानकारी रहती थी, ज़रूरी कार्यालयादेश उनके थेले में रहते थे। सिंडिकेट, अकादमिक परिषद तथा सीनेट के लिये जब शिक्षक प्रतिनिधियों का चुनाव होता तो वे सूची देखकर बता देते थे कि कौन अध्यापक किसे वोट देगा। इसलिए वे घर-घर घूमने की अपेक्षा शिक्षकों की आँखें पढ़कर जीतने में यकीन रखते थे। कुलपति उनसे घबड़ाते थे और शिक्षक बिना किसी भय के उनके साथ नीबू की चाय पीते हुये सहज अनुभव करते थे। नीबू की चाय का रंग देखकर विरोधी उनके बारे में यह अफ़वाह उड़ाते थे कि 'मोहनस्वरूप तो दिन में भी शराब पीते हैं।' लेकिन इस तरह की अफ़वाहों का उन्होंने कभी कोई जवाब नहीं दिया।

जोधपुर विश्वविद्यालय छात्र संघ की राजनीति में राजपूत और जाटों में हमेशा कांटे की टक्कर रही है, बाकी की कौमें उनके आगे-पीछे रहती हैं। एक बार पुराना परिसर में छात्र संघ के चुनाव कराने की ज़िम्मेदारी कला संकाय के अधिष्ठाता प्रो. के.सी. मूंदड़ा, संस्कृत विभागाध्यक्ष प्रो. एस.के.शर्मा तथा हिन्दी विभागाध्यक्ष के रूप में मेरे ऊपर आ गयी। छात्रों ने कहना शुरू कर दिया कि 'ब्राह्मण बणिये क्या चुनाव करायेंगे? यह एसएमके परिसर तो स्वर्ण मन्दिर है जो यहाँ घिर गया वह बचकर नहीं निकल पाया।' चुनौती कठिन थी और तमाशा देखने वाले भी कम नहीं थे। मूंदड़ा साब इतने सीधे थे कि लड़के नाराज़ होकर आते और कहते कि बैलेट पेपर चोरी हो गये हैं, फ़र्जी मतदान चल रहा है तो वे उनके साथ चलने को तैयार हो जाते कि 'चलो चलो बताओ कहाँ हो रहा है?' शर्मा जी ने मुझसे धीरे-से कहा कि 'मूंदड़ाजी तो इस तरह हमें भी पिटवा देंगे।' अन्ततः उन्हें साफ़ तरीके से समझाया कि आप लड़कों के कहने से अपनी कुर्सी छोड़कर बाहर मत जाओ, इसका परिणाम मतदान पर अच्छा नहीं पड़ रहा है।' मूंदड़ाजी मान गये और फिर उसके बाद नहीं गये। अपने अवकाशप्राप्ति के दिन उन्होंने हम दोनों के सहयोग की भरपूर प्रशंसा की। पुराना परिसर और नया परिसर में लगभग दस किमी की दूरी है पर स्थिति यह है कि पुराने परिसर में जाट विद्यार्थियों की संख्या बहुत सीमित रहती है और नये परिसर स्थित विज्ञान संकाय में राजपूत विद्यार्थी सीमित संख्या में पाये जाते हैं। अस्सी के दशक तक दोनों समुदायों में लड़ाइयाँ तलवार और लाठियों से ही होती थीं इसलिए जब छात्रावासों की तलाशी ली जाती तो बड़ी मात्रा में यही परम्परागत हथियार वहाँ मिला करते थे। अस्सी के दशक के संधिकाल में हिन्दू सिंह सोढ़ा बड़े छात्र नेता हुआ करते थे, जो बाद में मेरे मित्र बने। उनका परिवार 1971 की लड़ाई के दौरान पाकिस्तान से आया था। उनके चाचा लक्ष्मणसिंह सोढ़ा पाकिस्तान में मन्त्री रहे थे। पाकिस्तानी सिंध का अमरकोट सोढ़ा राजपूतों का गढ़ रहा है। लेकिन हिन्दू सिंह बेहद ईमानदार, बेहद विनम्र और बेहद सुलझे हुये इंसान थे। एक बार मैं और हिन्दू सिंह जी डॉ. विमल के घर गये तो वहाँ उनकी मुँहबोली बहन विधु मिलीं। विधु ने हिन्दू सिंह जी के जलबे सुने थे, लेकिन प्रत्यक्ष मुलाकात कभी नहीं हुई थी। संयोगवश वे उनके किस्से सुनाने लगीं। मैंने जब उनका परिचय हिन्दूसिंह जी से कराया तो उनके होश उड़ गये। उनकी कल्पना में ही नहीं था कि उनके सामने जो व्यक्ति बैठा है वह वही व्यक्ति है जिसके विज्ञान संकाय आने की ख़बर से पूरे संकाय में सन्नाटा छा जाता था। कई बार उनके साथी सिटी बस में, चौराहों पर पुलिस वालों से, दुकानदारों से या विश्वविद्यालय अधिकारियों से हिन्दूसिंह जी का नाम लेकर अपनी धौंस दिखाया करते थे पर मैंने हिंदूसिंह जी को इस प्रकार की

धौंस दिखाते या अपने नाम का गलत फायदा उठाते हुये कभी नहीं देखा। छात्र संघ की राजनीति का दायरा प्रशासन तक सिमटा हुआ रहता था, सामान्य अध्यापकों और कर्मचारियों के साथ उनके सम्बन्ध हमेशा अच्छे ही रहते थे। राजस्थान के मुख्यमन्त्री अशोक गहलोत, जुगल काबरा, जालमसिंह रावलोत, बाबू सिंह राठौड़, गजेन्द्र सिंह शेखावत तथा हरीश चौधरी इत्यादि राजस्थान के बड़े राजनेता जोधपुर विश्वविद्यालय छात्र संघ की राजनीति की ही देन हैं।

अस्सी के दशक तक न केवल जोधपुर बल्कि कांग्रेस की केन्द्रीय राजनीति में अशोक गहलोत मजबूत दावेदार के रूप में उभरकर सामने आ गये थे। गांधी परिवार से उनके निजी सम्बन्ध थे इसलिए दिल्ली का वरदहस्त सदैव उनके ऊपर रहा है। उनसे पहले जोधपुर में तीन वयोवृद्ध कांग्रेसी अत्यन्त प्रभावशाली थे, जो पश्चिमी राजस्थान की तीन प्रमुख जातियों के कद्दावर नेता भी थे। खेतसिंह राठौड़-राजपूत, परसराम मदेरणा-जाट तथा रामसिंह विश्नोई। ये तीनों नेता अशोक गहलोत के सामने चुनौती भी थे और बाधा भी। इन तीनों को साथ लेकर नेतृत्व करना भी कठिन था और इन तीनों की उपेक्षा करना भी कम ख़तरनाक नहीं था। पर अशोक गहलोत ने धीरे-धीरे कुछ गांधी परिवार की सहायता से और कुछ अपनी सूझबूझ से इन्हें किनारे कर राजस्थान के शीर्ष नेतृत्व की बागडोर सँभाली। यह सर्वविदित है कि राज्य की राजनीति से लेकर केन्द्र की राजनीति तक में जोधपुर की उपेक्षा नहीं की जा सकती। जोधपुर न केवल पश्चिमी राजस्थान का सिंह द्वार है अपितु थल सेना, वायु सेना, सीमा सुरक्षा बल, रेलवे, काजरी, आफरी तथा रक्षा प्रयोगशाला इत्यादि का बड़ा केन्द्र भी है। अशोक गहलोत ने न केवल जोधपुर को पानी की सनातन समस्या से निजात दिलाई अपितु रेल सेवाओं का अप्रत्याशित विस्तार करवाया, आईआईटी, एम्स, आयुर्वेद विश्वविद्यालय, नेशनल लॉ यूनिवर्सिटी के साथ अन्य तमाम बड़े संस्थान जोधपुर में प्राथमिकता के साथ स्थापित करवाये। लेकिन साम्प्रदायिक राजनीति से लड़ने के लिये ऐसा कोई प्रबन्ध नहीं किया जिससे भविष्य में जोधपुर की राजनीति उनकी मुट्ठी में रहती। वे चाहते तो कर सकते थे, उनका जनाधार था, कांग्रेस और वाम विचारधारा के लेखक, पत्रकार, अधिवेत्ता तथा प्राध्यापकों के वे हमेशा चहेते नेता रहे हैं पर इस ओर कभी उनका ध्यान नहीं गया। राजीव गांधी स्टडी सर्किल इत्यादि की स्थापना से यह उम्मीद थी कि वे साम्प्रदायिक राजनीति के बरक्स इस संस्थान को खड़ा करेंगे लेकिन जातिवादी राजनीति के चक्कर में ऐसा कुछ नहीं कर पाये और विगत लोकसभा के चुनाव परिणामों ने यह दिखा दिया कि जब तक दूरदर्शिता के साथ अपने शत्रु से मुकाबला नहीं होगा तब-तक निश्चित परिणामों की अपेक्षा सम्भव नहीं है।

जोधपुर में वाम राजनीति लम्बे समय से सक्रिय रही है। यद्यपि मुख्यधारा की राजनीति में उसका विशेष महत्त्व कभी नहीं रहा है लेकिन मजदूर संगठनों में उनकी पकड़ लगातार बनी रही है। यही कारण है कि सोजती गेट स्थित संगठनों के केन्द्र में वाम विचारधारा ही प्रमुख रही है। इसके साथ प्रगतिशील लेखक संघ तथा जनवादी लेखक संघ दोनों की सक्रियता से सृजनात्मक लेखन भी ख़ूब फला-फूला है। अस्सी के दशक में रेलवे स्टेशन के पास मंगलसिंह जी की पत्रिकाओं की दुकान पर महफिल जमती थीं। अधिकांश लिखने-पढ़ने वाले रोजाना नहीं तो सप्ताह में एक दिन वहाँ जरूर जाते थे। नब्बे के बाद सोवियत संघ का विघटन हुआ और मंगलजी की दुकान भी कई कारणों से सिमटती चली गयी। बाद के दिनों में मैंने उन्हें पुरानी-सी साइकिल पर थोडे-से अख़बार लिये बांटते देखा था। पता नहीं उन्हें कौन-सी बीमारी हुई कि वे नाले की बदबू को सूंघकर ऊर्जा प्राप्त करने लगे थे। प्रगतिशील लेखक संघ और जनवादी लेखक संघ भी धीरे-धीरे ढलते चले गये। वकालत में ख़ूब धन और कीर्ति हासिल करने वाले मरुधर मृदुल का सपना था कि कविता में भी उन्हें उतना ही सम्मान मिले। नगर में होने वाले अधिकांश कार्यक्रमों में मंच उनके लिये सुरक्षित रहता था। लेकिन पत्रिकाओं से उनकी कविताएँ वापस आतीं तो उन्हें यह अपमानजनक लगता था। पता नहीं क्या हुआ कि वेद व्यास से मिलकर उन्होंने प्रलेस और जलेस को मिलाकर 'प्रजलेस' रूपी नया लेखक संगठन बनाया, जो बहुत दिनों तक नहीं चल पाया। उन्होंने एक पत्रिका भी निकाली जिसके सम्पादकों ने उसे कभी हिन्दी की गम्भीर पत्रिका नहीं बनने दिया। मृदूल जी नेहरू पार्क के जिस इलाके में रहते थे उसमें कवयित्री सावित्री डागा और कवि रामप्रसाद दाधीच भी रहते थे, यह अकेला मुहल्ला था, जिसमें तीन कवि रहते थे। सावित्री जी ने अपने कवि पति स्व. मदन डागा की स्मृति में सभागार निर्मित कराया तथा दाधीच जी ने अपने जीवित रहते ही 'डॉ. रामप्रसाद दाधीच साहित्य सम्मान' की घोषणा की। मृदुल जी के बच्चे कमाऊ पूत थे इसलिए उन्होंने ऐसा कोई काम नहीं किया।

अस्सी और नब्बे के दशक में जोधपुर कहानीकारों का शहर माना जाता था। इन कहानीकारों में हबीब कैफी, हसन जमाल, योगेन्द्र दवे, मीठेश निर्मोही, रघुनन्दन त्रिवेदी, सत्यनारायण के साथ मेरा नाम भी आता था। रघुनन्दन त्रिवेदी की शुरूआत अच्छी थी लेकिन वे अपनी प्रसिद्धि और प्रेम में ऐसे गाफिल रहते थे कि तरह-तरह की बीमारियों ने उनके मन और शरीर को कमजोर कर दिया था। वे और सत्यनारायण अधिकतर साथ रहते थे। सत्यनारायण की कोई प्रेमिका कभी 23 मई को उनका साथ छोड़कर अमेरिका चली गयी थी, इसलिए वे हर 23 मई को पूरे दिन शराब पीते और घर बन्दकर उदासी में डूबे रहते थे। वे कहते थे कि 'मैं तो

23 मई को ही मर गया था।' रघुनन्दन जी की प्रेमिका जयपुर में रहती थी, जिसका पता उन्हें मालूम नहीं था इसलिए वे कहा करते थे कि 'वे जल्दी ही जयपुर के पुराने शहर में घोड़ा तांगा चलाना शुरू करेंगे ताकि गलियों से छोटे बच्चों को स्कूल पहुँचा सकें। इन्हीं बच्चों में एक बच्चा उनकी प्रेमिका का भी होगा जिसे वह तांगे में बैठाने आया करेगी।' वे जयपुर की बड़ी-बड़ी हवेलियों के बीच घोड़े की टापों और तांगा चलाने वाले के डंडे को पहियों में लगाने की ऐसी मधुर आवाज़ निकालते कि उनकी शक्ल देखने लायक होती थी। रघु जी के जाने के बाद सत्यनारायण जी ने हसन जमाल को पकड़ा। सत्यनारायण को एक ऐसे उदास आदमी की तलाश थी, जो प्रकृति से चुप्पा और हताश हो। हसन जी अपने हालातों के मारे थे, उन्होंने एक बार लिखा था कि 'वे कहानीकार बनना चाहते थे लेकिन 'शेष' के सम्पादक बनकर रह गये, वे बेटा चाहते थे लेकिन बेटियाँ हुईं, वे किसी अच्छी जगह रहना चाहते थे लेकिन रंगरेजों के पुराने घर में रहना पड़ा।' बहरहाल, हसन जी अस्थिर चित्त के व्यक्ति हैं। वे एक बार में सौ पोस्टकार्ड खरीदते थे और रात भर बेचैनी में लोगों को उल्टा-सीधा लिखकर डिब्बे में डाल देते थे। वे बताते थे कि आधे से अधिक पोस्टकार्ड तो वे डालने से पहले ही फाड़ दिया करते थे, जो पहुँच जाते उनसे लोग नाराज़ हो जाते। एक बार 'हंस' सम्पादक राजेन्द्र यादव को लिख दिया कि 'आपके मरने के बाद मैं सवा मन लड्डू बांटूंगा।' राजेन्द्र जी ने जवाब में लिखा 'हज करने के बाद तुमने यह कैसे मान लिया कि अल्ला मियाँ तुम्हारी हर बात मान लेगा। मैं अभी मरने वाला नहीं हूँ लड्डू तुम्हीं खा लो और घर वालों को खिला दो।' ज़ाहिर है कि इस जवाब से हसन जी दुखी हुये और ख़ूब हुये। वे कचहरी में जज साब के रीडर थे इसलिए उन्हें दफ्तर में हमेशा रहना पड़ता था जबकि उनके कई साथी शिक्षा विभाग, बिजली घर, पुलिस तथा अन्य जगहों पर काम करते हुये सामाजिक रूप से मिलना-जुलना बरकरार रखते थे। हसन जी जिस गली में रहते थे वह बहुत संकरी थी इसलिए जब भी उनसे कोई मिलने जाता तो वे ऊपर से झांककर मना करवा देते और बाद में पछतावा करते थे। अवकाश प्राप्ति के बाद वे रेलवे स्टेशन के पास एक उजाड़-सी जगह पर बैठकर पहले अख़बार पढ़ते और फिर उसी अख़बार को बिछाकर सो जाते। उनके पास में कई कुत्ते और एकाध दो भिखारी भी सो रहे होते थे। दोपहर बाद सत्यनारायण उनके पास जाते और दोनों अपना दुख एक दूसरे से साझा करते। इसमें कोई शक नहीं है कि वे 'शेष' जैसी पत्रिका अच्छी निकालते थे लेकिन उनकी अस्थिरता की वजह से अक्सर लोग नाराज़ रहते थे। हबीब कैफी बिजली घर में नौकरी करते थे। शुरू में वे कहानियाँ लिखते थे लेकिन पता नहीं क्या हुआ कि उन्होंने 'रानी साहिबा' उपन्यास लिखा, जिसमें रानी लेखक के साथ

सिगरेट और शराब पीती हैं। कई लोगों ने उनसे कहा कि आपको सामंतवाद की समझ नहीं है लेकिन उस उपन्यास को पढ़ने के बाद लगा कि कहानी और उपन्यास दोनों ही उनका साथ छोड़ चुके हैं। उन्हीं दिनों उनकी पत्नी की मृत्यु हो गयी थी इसलिए उन्होंने एक विधवा महिला से शादी कर ली जबकि उनके बेटे पहले से शादीशुदा थे। योगेन्द्र दवे पहले एक छोटी-सी पत्रिका निकालते थे लेकिन धीरे-धीरे पत्रिका भी बन्द हो गयी और उनका लेखन भी। बहुत दिनों बाद वे अचानक मिले तो कुछ बदले हुये-से थे। उन्होंने बताया कि रात में कोई बुढ़िया उनकी छत पर आती है और उन्हें परेशान करती है। लेखन छूटने के बाद पैदा हुये अकेलेपन के कारण ही इस प्रकार का मानसिक उन्माद पैदा हुआ होगा। मीठेश निर्मोही राजस्थानी और हिन्दी दोनों में लिखते हैं। वे निडर और स्वाभिमानी व्यक्ति हैं। सन् 2000 में मैं हिन्दी विभाग का अध्यक्ष बना तो उन्होंने इतना बड़ा अभिनन्दन समारोह आयोजित किया, जिसकी कल्पना सिर्फ़ वे ही कर सकते थे। उनका मानना था कि अभी तक विश्वविद्यालय के प्रोफेसर हिन्दी विभाग के अध्यक्ष बनते आये हैं लेकिन पहली बार एक लेखक अध्यक्ष बने हैं इसलिए हम सभी लेखकों के लिये यह गर्व की बात है। आजकल 'कथा' साहित्यिक संस्थान के तहत प्रदेश के कई लेखकों को हर वर्ष सम्मानित करने का बड़ा काम कर रहे हैं। वे धुन के पक्के हैं, जो जंच जाये उसमें कितना भी हानि-लाभ हो, उससे वे पीछे नहीं हटते। बाहर से आने वाले साहित्यकारों की आवभगत करने में उन्हें सुख मिलता है। आजकल वे राजस्थानी भाषा से अन्य प्रांतीय भाषाओं तथा अन्य भाषाओं से राजस्थानी में बहुत अच्छे अनुवाद कर रहे हैं, इससे उनकी प्रतिष्ठा भी बढ़ रही है और भाषांतर से एक दूसरे के सृजनात्मक लेखन को पढ़ने समझने में सुविधा भी हो रही है।

रेलवे स्टेशन के सामने कुछ ऐसे मकान बने हुये थे, जो एक अहाते के अन्दर थे। उनमें अन्तिम मकान कादरी साहब का था। कादरी साब तो एक सिनेमाघर में गेट कीपर थे पर उनकी बीवी उमराव बेन कांग्रेस की सक्रिय कार्यकर्ता थीं। कांग्रेस के दिग्गज नेता अशोक गहलोत और गिरिजा व्यास की इतनी मुँहलगी थीं कि वे उन्हें अशोक और गिरिजा ही कहा करती थीं। किस्सा सुनाने में उन्हें मज़ा आता था, इसलिए अपने घर आये व्यक्ति को वे एक ही किस्से को कई बार और कई रूपों में सुना देती थीं। कभी वे बताती कि उनके पिता जूनागढ़ में रेलवे स्टेशन मास्टर थे और कभी अपनी पिनक में बतातीं कि 'जब उनके पिता लालटेन लेकर गाड़ियों की शंटिंग कराते तो बचपन में हम भी उन्हें देखने जाते थे।' वे यह भी बतातीं कि गिरिजा व्यास या अशोक गहलोत को भूख लगती तो वे कहते 'आंटी हमारी कचौड़ी कहाँ है?' तो वे झट से अपने पर्स से निकालकर दे देतीं। उमराव बेन के चार बेटे

और चार बेटियाँ थीं। उनके यहाँ परम्परा थी कि बेटे का नाम सईद तो बेटी का नाम सईदा, बेटे का नाम आबिद तो बेटी का नाम आबिदा रखा जाता, इसकी वजह से बहुत सारे नाम खोजने की उन्हें जरूरत नहीं पड़ी। सईद कादरी फ़िल्मों में अभिनय करना चाहते थे लेकिन सफल नहीं हो पाये इसलिए उन्होंने गीत लिखने शुरू किये जो महेश भट्ट जैसे बड़े फ़िल्म निर्देशक की बाद की कई फ़िल्मों में फ़िल्माये गये हैं। 'भीगे होंठ तेरे' पर उन्हें आइफा अवार्ड मिला तो 'अगर तुम मिल जाओ जमाना छोड़ देंगे हम' गीत बेहद चर्चित रहा। उनके घर के दरवाजे हमेशा खुले रहते थे और चाय गैस पर चढ़ी रहती थी। आबिदा ने हिन्दी में एम.ए. किया था इसलिए मुझे चाय के बाद पान भी मिलता था। वह घर सांझी संस्कृति का जीता-जागता नमूना था। वहाँ रहने वाले और वहाँ जाने वाले हर सदस्य के पास अपने किस्से होते थे इसलिए एक ही कमरे में अलग-अलग जगहों पर बैठकर लोग एक दूसरे को किस्से सुनाते रहते और चाय पीते रहते। वह घर मुख्य बाज़ार, रेलवे स्टेशन तथा शहर की अन्य आवश्यक जगहों के बीच में पड़ता था इसलिए आते-जाते हम लोग चाय पीने और गप्पें मारने के लिये अक्सर वहाँ जाया करते थे।

जोधपुर की पहचान किले, बड़ी हवेलियों तथा बावड़ियों इत्यादि के कारण ही नहीं है बल्कि तरह-तरह की स्वादिष्ट मिठाइयों, चटखारेदार मिर्ची बड़ा और घरों में बनने वाली तरह-तरह की सब्जियों के लिये भी है। जोधपुर की भाषा मीठी है, यहाँ आने पर भी पधारो सा कहा जाता है और जाने पर भी 'पधारो सा' ही कहा जाता है। जोधपुर अपनी ओर खींचता है, अपणायत के साथ। यहाँ रहकर हमेशा यह अनुभव होता है कि अपने लोगों के बीच किसी छोटे-से शहर में रह रहे हैं इसलिए कि यह शहर बड़ा होते हुये भी अपने बड़े होने से न डराता है और न चौंकाता है बल्कि यह विश्वास दिलाता है कि सब कुछ आसपास और अपना ही है।

राज. साहित्य अकादमी की उजली यादें

राजस्थान के मेरे हमउम्र कवि अक्सर इस असमंजस में रहते कि वे 'वेद व्यास के साथ रहें या प्रकाश आतुर के साथ।' उनका मानना था कि वेद व्यास उनकी जाति के हैं, जोधपुर के हैं और प्रगतिशील लेखक संघ के सचिव हैं तथा प्रकाश आतुर साहित्य अकादमी के अध्यक्ष हैं। दोनों की कृपा को वे ज़रूरी मानते थे। हम लोग उनकी इस बात पर तब भी हँसते थे और आज भी। हमारा मानना यह है कि अकादमी या लेखक संघ किसी को लेखक नहीं बना सकते, जिसमें दम है वह उभरकर आयेगा ही। यह अस्सी के दशक की बात है, जब राजस्थान साहित्य अकादमी का स्वर्णकाल था इसलिए हर लेखक यह मानता था कि अकादमी उसकी अपनी है। यह आतुर साब का ज़माना था, जब बेहिचक कोई भी उन्हें 'मधुमती' के लिये रचना भेज सकता था और बेहिचक अपनी आगामी योजनाओं से अवगत करा सकता था। तब 'मधुमती' लेखकों की अपनी पत्रिका थी, उसकी रचनात्मकता बनी हुई थी जो बाद में अकादमिक होती गयी और उसमें लेखकों से अधिक वे अध्यापक छपने लगे जो अपने कैरियर के लिये नकल टीपने में गौरव का अनुभव करते हैं। उन दिनों साहित्य अकादमी राजस्थान के कोने-कोने में कार्यक्रम कराती थी और उन कार्यक्रमों में बिना किसी हिचक के सभी विचारधाराओं के साहित्यकार शामिल होते थे। तब तक न उदारीकरण आया था, न साम्प्रदायिकता का उभार हुआ था और न सोवियत संघ का विघटन ही हुआ था। वह ऐसा समाज था जब केवल वैचारिकता, प्रतिबद्धता और सरोकारों के आधार पर अकादमी के आयोजनों में लम्बी बहसें हुआ करती थीं। आयोजनों में बुजुर्ग पीढ़ी से लेकर एकदम युवा पीढ़ी अपनी सक्रियता से प्रदेश के साहित्यिक वातावरण को समृद्ध करती थी। अधिकांश कार्यक्रमों का उद्‌घाटन किसी बड़े साहित्यकार से कराया जाता था और अकादमी अध्यक्ष उसकी अध्यक्षता करते थे। उनकी अनुपस्थिति में किसी बुजुर्ग साहित्यकार से अध्यक्षता कराई जाती थी। यह न केवल राजस्थान के साहित्य जगत के लिये

रचनात्मक समृद्धि से भरा समय था बल्कि राजस्थान साहित्य अकादमी के इतिहास में भी यह गौरवपूर्ण समय था।

प्रकाश आतुर साब इतने खुले विचारों के थे कि 1984 के अक्टूबर में आ. रामचन्द्र शुक्ल की जन्म शताब्दी के अवसर पर 'मधुमती' के विशेषांक के लिये मैंने परिचर्चा का प्रस्ताव रखा । तब हम जैसे सामान्यजनों के पास टेलिफ़ोन इत्यादि की सुविधाएँ नहीं थीं इसलिए सारा काम चिट्ठियों से ही होता था। मैं 1981 में राजस्थान आया था और उस समय झुंझुनू में था। मैं कहानियाँ लिखता था जो देश की सारी पत्रिकाओं में प्रकाशित होती थीं पर मुझे यह विश्वास नहीं था कि आतुर साब मुझे जानते हैं। तब तक मैं न 'मधुमती' में छपा था और न अकादमी के किसी आयोजन में शामिल ही हुआ था। युवा उम्र की भावुकता आगे बढ़कर किसी को अपने बारे में कुछ कहने से रोकती है तो आत्मविश्वास आगे बढ़ने के लिये प्रेरित करता है। एक दिन मैं इस द्वंद्व से निकला और एक पोस्टकार्ड के द्वारा मैंने अपनी योजना प्रकाश आतुर साब को अकादमी के पते पर लिखकर भेज दी। कुछ दिनों बाद उनका जवाब आया कि 'मधुमती' के आ. शुक्ल विशेषांक के लिये आप प्रस्तावित परिचर्चा पूरी करके जल्दी भेजें, हम प्रतीक्षा कर रहे हैं।' मेरे लिये उनकी यह स्वीकृति चमत्कारिक थी। मैंने प्रो. मैनेजर पांडेय, प्रो. कुंवरपाल सिंह, प्रो. नवल किशोर और डॉ. जीवन सिंह को तुरन्त पत्र लिखे और अपनी योजना से अवगत कराया। ये सब लोग मुझे किसी न किसी रूप में जानते ही थे इसलिए उन्होंने निर्धारित समय में परिचर्चा के प्रश्नों के उत्तर लिखकर भेज दिये। वह समय हाथ से लिखकर डाक से भेजने का था, अब तो कम्प्यूटर के कारण यह सुविधा हो गयी है कि ख़ुद कम्प्यूटर पर टाइप करिये और तुरन्त मेल कर दीजिये। बहरहाल परिचर्चा 'मधुमती' के विशेषांक में न केवल प्रकाशित हुई अपितु उसे पुस्तकाकार रूप में भी प्रकाशित किया गया था। उन दिनों 'मधुमती' की अपनी साख थी इसलिए उसके पाठक भी बहुत थे। इसका प्रत्यक्ष प्रमाण मुझे तब देखने को मिला जब मैं जोधपुर विश्वविद्यालय, जोधपुर में नियुक्त हुआ। मैं रजिस्ट्रार कार्यालय में पदभार ग्रहण कर बाहर आया ही था कि हिन्दी विभाग के डॉ. जगदीश शर्मा मिल गये और पहली ही भेंट में उन्होंने कहा कि 'मधुमती में आप द्वारा आयोजित परिचर्चा वैचारिक और कई तरह की जड़ताओं को तोड़ने वाली है।' उन्होंने मुझे 'मधुमती' में प्रकाशित परिचर्चा और हिन्दी विभाग का सदस्य बनने पर बधाई दी। निश्चित ही किसी अपरिचित जगह पर अपरिचित व्यक्ति के द्वारा इस प्रकार की प्रशंसा उत्साह से भी भरती है और लेखन के प्रति दृढ़ता भी प्रदान करती है। विभाग के किसी भी सदस्य से यह

मेरी पहली मुलाकात थी, मेरे लिये यह सामान्य मुलाकात इसलिए भी नहीं थी कि इसने मेरे लेखन को स्वीकृति दी थी।

जगदीश जी पढ़े-लिखे अध्यापक थे। यह वह समय था जब विभागों में एक या दो प्रोफेसर हुआ करते थे। जगदीश जी उस समय रीडर थे। उस समय की विभागाध्यक्ष से उनके अच्छे सम्बन्ध नहीं थे इसलिए अथक परिश्रम करने के बावजूद वे उस समय तक प्रोफेसर नहीं बन पाये थे। उनमें अच्छी बात यह थी कि वे मुझसे पढ़ने-लिखने की बातें किया करते थे लेकिन यह भी सच है कि वे विभाग की राजनीति और स्वयं प्रोफेसर न बन पाने के कारण दुखी रहते थे। यह 1989 के पहले महीने की घटना होगी कि लक्ष्मणगढ़ जिला सीकर में साहित्य अकादमी द्वारा आयोजित संगोष्ठी में भाग लेने के लिये मैं, जगदीश जी, विमल जी और कुछ साहित्यिकगण रात की बस से जोधपुर से जयपुर पहुँचे और जयपुर से लक्ष्मणगढ़ की बस पकड़ी। उस समय सर्दी का मौसम था इसलिए हम सबने कंबल ओढ़ रखे थे। सर्दियों के दिनों में सुबह की बसें लगभग खाली ही हुआ करती हैं इसलिए हम लोग आगे वाली सीटों पर बैठ गये। कंडक्टर टिकट देने आया तो हम सबको एक साथ बैठे हुये देखकर बोला 'आज क्या लक्ष्मणगढ़ में खादी आश्रम वालों की कोई मीटिंग है।' हम सब चुप होकर कंडक्टर की बात पर हँसते रहे। अचानक एक साहब खाली सीट पर हमारे पास आकर बैठ गये, वे लक्ष्मणगढ़ के आसपास के थे और राजस्थानी में लिखते थे, ऐसा उन्होंने स्वयं बताया था। पता नहीं क्यों वे राजस्थान साहित्य अकादमी से नाराज़ थे इसलिए हम लोगों से भी नाराज़ ही दिखे। उन्होंने हमसे पूछा कि 'आप लोग मुझे जानते हैं' हम लोग वास्तव में नहीं जानते थे इसलिए सहज रूप में कह दिया कि 'नहीं'। उन्होंने जोर देकर कहा कि वाकई आप लोग मुझे नहीं जानते। हममें से किसी ने मज़ाक के रूप में कह दिया कि 'आप भारत के राष्ट्रपति तो हैं नहीं, जिन्हें जाने-पहचानें।' उनका दुख हिलौरे मार रहा था और हम लोग रात की नींद पूरी न हो पाने की खुमारी और ठंड के प्रकोप से कंबलों को चारों ओर से दबाये चुपचाप बैठे थे। उन्होंने नाराज़ होते हुये कुछ कहा भी तो हम लोगों ने उसे अनसुना कर दिया। उन दिनों साहित्यकारों को किसी धर्मशाला इत्यादि में ठहराने की व्यवस्था होती थी। लक्ष्मणगढ़ तो सेठों का नगर है इसलिए किसी अच्छी-सी धर्मशाला में हम लोग ठहर गये और तैयार होकर कार्यक्रम स्थल पर पहुँचे तो वहाँ विरोध का ज्वलंत रूप देखने को मिला। दो चार लोग उग्र होकर जोर-जोर से कह रहे थे कि 'यह सतियों की पवित्र भूमि है यहाँ कम्युनिस्टों की बारात को कोई नहीं सुनेगा।' हम लोग अपने उत्साह में थे, उससे कुछ पहले

ही दिल्ली में सफदर हाशमी की हत्या हुई थी इसलिए हमने भी उसी तुर्शी में अपना पक्ष रखते हुये कहा कि 'सफदर की तरह हत्या कर दीजिये पर हम कार्यक्रम करके ही रहेंगे।' जैसे-तैसे करके समझाइश के बाद कार्यक्रम शुरू हुआ। उसका उद्घाटन करते हुए औघड़ गुरु विश्वंभरनाथ उपाध्याय ने अपने भाषण में कुछ ऐसी तीखी बातें कहीं जो उग्र विरोध का कारण बनीं। विश्वंभरजी तो उद्घाटन करके चले गये पर उसके दुष्प्रभाव हम लोगों ने झेले। पूरे कार्यक्रम में विरोध और गहरी रचनाशीलता के प्रति आग्रह साफ-साफ़ दिखाई देते रहे। उस समय तक न तो साहित्यकार 'अन्ध भक्त' हुये थे और न भ्रष्टाचार के आधार पर खड़ी संस्थाओं में हवाई टिकिट, पंच सितारा होटलों की सुविधाओं और शाम को रसरंजन के चटखारों में बेईमान ही हुये थे, वे अपने सामाजिक सरोकारों के प्रति कटिबद्ध थे। कई बार इस प्रकार की विरोधात्मक स्थितियों में मंच अधिक गम्भीर हो जाता है और ऐसी सार्थक बातें होती हैं जो सामान्य स्थितियों में सम्भव नहीं हो पातीं। कार्यक्रम में अकादमी से भी दो लोग आते थे सम्भवतः उन्होंने ही उदयपुर पहुँचकर आतुर साब को सारी घटना से अवगत कराया होगा तभी उन्होंने हम सभी को व्यक्तिगत पत्र भेजकर साहित्य के प्रति हमारी निष्ठा के लिये आभार व्यक्त किया था। कहना न होगा कि हमारी निष्ठा का मूल साहित्य के व्यापक सरोकारों में छिपा था, जिसकी रक्षा के लिये हम किसी भी स्थिति में समझौता करने को तैयार नहीं थे।

इन्हीं संगोष्ठियों में मुझे प्रो. नवल किशोर, कवि नन्द चतुर्वेदी, डॉ. जीवन सिंह, डॉ. दुर्गा प्रसाद अग्रवाल, डॉ. रमाकांत शर्मा, माधव नागदा, मालचन्द्र तिवाड़ी, अनिरुद्ध ऊमट, सवाई सिंह शेखावत, गोविंद माथुर, आईदान सिंह भाटी, हबीब कैफी, मीठेश निर्मोही, प्रेमचन्द गांधी, हितेश व्यास, सत्यनारायण, विभा सक्सेना एवं कैलाश मनहर जैसे अनेक साथी साहित्यकार मिले, जिनसे मिलकर पारिवारिक सदस्यों जैसा अनुभव होता था। लेकिन जब मंच पर अपना पक्ष रखने की बारी आती थी तो सब लोग खुलकर अपना पक्ष रखते थे। इसका प्रत्यक्ष उदाहरण भीनमाल में तब देखने को मिला जब राजस्थान साहित्य अकादमी और गांधी शान्ति प्रतिष्ठान के तत्वावधान में 'रचना और आलोचना के अन्त:सम्बन्ध' विषयक संगोष्ठी में रचनाकार और आलोचकों की प्रतिबद्धता पर तीखी बहस हुई। उस संगोष्ठी में मैंने भी पत्र वाचन किया था, जिसमें मुक्तिबोध द्वारा उठाये गये प्रश्नों को मैंने अपनी तरह से रखने की कोशिश की तो दो चार सज्जनों ने प्रतिबद्धता का विरोध करते हुये अज्ञेय का हवाला दिया। वे अपना पक्ष मंच पर रखते तो मैं उत्तर भी देता पर वे जहाँ बैठे थे वहीं से बोलने लगे तो जोरदार बहस हुई और उस समय वे लोग भी बोले जो

मंच पर नहीं थे। बहस उत्तेजक थी क्योंकि विषय ही इस प्रकार का था जिस पर दो भागों में विश्व साहित्य अब भी बंटा हुआ है। उस बहस के बाद दोपहर के खाने में हम सब लोगों ने एक साथ बैठकर खाना खाया और खाना खाते हुये भी अपना पक्ष रखते रहे। कार्यक्रम की बागडोर गांधी शान्ति प्रतिष्ठान के सचिव सुप्रसिद्ध गांधीवादी नेमिचन्द जैन भावुक ने सँभाल रखी थी इसलिए उत्तेजना में भी सन्तुलन था, हम सब लोग भावुक जी को अपना संरक्षक मानते थे। यह कहना आज भी चकित करता है कि राजस्थान साहित्य अकादमी ऐसा मंच था, जहाँ पर तमाम तरह की वैचारिक बहसें हुआ करती थीं इन सबके बावजूद केन्द्र में साहित्य ही रहता था, व्यक्ति नहीं।

मैं इसे अपने जीवन की बहुत बड़ी उपलब्धि मानता हूँ कि मुझे राजस्थान साहित्य अकादमी ने बहुत बड़ा साहित्यिक परिवार दिया, जो धीरे-धीरे मेरा अपना परिवार ही बन गया। हम एक दूसरे की रचनाओं को बड़े चाव से पढ़ते, उन पर बातचीत करते और अपनी असहमतियों को भी बिना संकोच के एक-दूसरे के साथ साझा करते थे। यही कारण था कि साहित्यिक संगोष्ठियों के दो-तीन दिन बातें करते, अपना पक्ष रखते हुये न जाने कहाँ निकल जाते, पता ही नहीं चल पाता। हम लोग कार्यक्रमों के बाद में भी चिट्ठियों से एक दूसरे से इस प्रकार जुड़े रहते जैसे अपने परिवार से जुड़े रहते हैं। उन दिनों होटलों में ठहरने का प्रचलन नहीं था इसलिए हम लोग कभी एक दूसरे के यहाँ जाते तो उनके घरों में ही ठहरा करते थे। हमारी बातचीतों का सिलसिला अनथक था, जिसे देख और सुनकर घरवाले भी आश्चर्य करते थे। एक बार जयपुर में राजस्थान साहित्य अकादमी के तत्वावधान में 'समकालीन कविता' पर संगोष्ठी थी, जिसमें उदयपुर से नवल जी और नन्द बाबू भी आये थे। उदयपुर को आज भी अपना घर मानने वाले डॉ. दुर्गा प्रसाद अग्रवाल उस समय जयपुर में उच्च शिक्षा निदेशालय में संयुक्त निदेशक थे, वे संगोष्ठी में हमारे साथ ही थे पर सम्बन्धों के घनत्व के कारण वे शाम को नवलजी, नन्द बाबू और मुझे अपने घर ले गये। ख़ूब सारी बातें हुईं जिनमें उदयपुर से लेकर पूरा साहित्यिक परिदृश्य शामिल था। यह वह समय था जब साहित्यिक सम्बन्ध घर जाये बिना पूरे नहीं माने जाते थे। मेरी उदयपुर की यात्रा नवलजी और नन्द बाबू के घर जाये बिना पूरी होती ही नहीं थी और सिलसिला केवल उसी समय तक सीमित नहीं था बल्कि बाद में जब भी अकादमिक कार्यों से भी उदयपुर जाना हुआ तब भी नवलजी और नन्द बाबू से मिलकर ही आया। नवलजी की विद्वता का कोई मुकाबला नहीं था, वे नियमित साहित्य अकादमी के पुस्तकालय में जाते, नयी से नयी किताब और ताज़ा पत्रिकाओं को पढ़कर स्वयं को अद्यतन किये रहते। नन्द बाबू हिन्दी के महत्त्वपूर्ण कवि थे, उनकी विचारधारा लोहियावादी थी, एक समय में उन्होंने 'बिन्दु' जैसी

चर्चित पत्रिका का सम्पादन किया था। उन्हें सुनना एक बड़े कवि को सुनना था। एक बार जोधपुर विश्वविद्यालय के हिन्दी विभाग में आयोजित पुनश्चर्या कार्यक्रम में मैंने उन्हें आमन्त्रित किया तो दोनों ने साथ आना पसन्द किया। वे रात की बस से जोधपुर आये और पूरे दिन हिन्दी विभाग के आयोजन में रहे। नवलजी कम बोलते थे लेकिन दूसरों की बातें ध्यान से सुनते थे पर नन्द बाबू अक्सर दूसरों को सुनते हुये सहज नहीं रहते थे, दूसरे कवि को सुनते हुये उनके हाव-भाव बच्चों जैसे चंचल हो उठते थे। जोधपुर में दोनों को एक साथ मंच से सुनना ऐतिहासिक उपलब्धि थी, न केवल मेरे लिये अपितु प्रतिभागी प्राध्यापकों के लिये भी।

बीकानेर मूलतः कवियों का शहर है जहाँ स्व. हरीश भादानी और नन्दकिशोर आचार्य जैसे महत्त्वपूर्ण कवियों ने न केवल राजस्थान अपितु पूरे हिन्दी जगत में अपनी पहचान बनाई है। हरीश जी लोक के कवि थे, लोक उनकी कविताओं में बोलता है, बीकानेर की सुनहरी रेत उनकी कविताओं को पढ़ते हुये अब भी उड़ती हुई दिखाई देती है। 'वातायन' पत्रिका के लिये उन्होंने अपनी पुश्तैनी हवेलियाँ तक बेच दीं, यह उदाहरण उन सम्पादकों के लिये आश्चर्य का विषय हो सकता है जो धन कमाने के लिये पत्रिका का सम्पादन करते हैं। भादानी जी समाजवाद से मार्क्सवाद की ओर आये थे, लालच उन्हें छू तक नहीं गया था। वे न केवल गीत रचते थे, बल्कि उन्हें लयबद्ध गाते भी थे और उन गीतों के रचयिता जैसा निष्कलुष जीवन भी जीते थे। आचार्य जी 'चौथे सप्तक' के महत्त्वपूर्ण कवि हैं, उनकी कविताएँ स्थानीय प्रभाव से अलग होते हुये भी अपने आसपास की दुनिया की पगध्वनि से गुंजित हैं। कविताओं के अलावा उन्होंने दुनिया की महत्त्वपूर्ण और अनिवार्य पुस्तकों के अनुवाद किये हैं। गांधी और गांधीवाद के प्रखर चिंतक के रूप में उनकी पहचान है। वे न जनवादी हैं और न प्रगतिशील पर उनसे विचारधारा पर लम्बी बहस की जा सकती है। अपनी बहसों में वे उत्तेजित नहीं होते बल्कि बहुत धैर्य के साथ अपना पक्ष रखते हैं और दूसरे को उतने ही ध्यान से सुनते हैं। कुछ वर्ष पहले नागपुर विश्वविद्यालय के हिन्दी विभाग में मैंने साहित्य के सरोकारों पर अपना पक्ष रखते हुये 'गोदान' की व्याख्या की और कहा कि उन्नीस सौ तीस और चालीस के दशक के भारतीय किसान, गाँव, सूदखोरों के शोषण, शहरी पूंजी के वर्चस्व और दूसरे विश्वयुद्ध की छाया में फैलती भयंकर मंदी के दौर को समझे बिना 'गोदान' को समझ पाना कठिन है। आचार्य जी ने बहुत संक्षिप्त टिप्पणी में इस व्याख्या से अपनी असहमति प्रगट करते हुये कहा कि 'गोदान' हमारे लिये केवल उपन्यास है। यानी साहित्य के सामाजिक सरोकारों से अपनी असहमति प्रगट कर उन्होंने अपना पक्ष स्पष्ट किया। हम दोनों शाम तक साथ रहे और लगातार साहित्य पर बातचीत

करते रहे पर दोनों के वैचारिक आधार अलग-अलग थे। मैं जब-जब बीकानेर गया तब-तब हरीश जी और आचार्य जी के घर भी गया। सम्भवत: वह राजस्थान साहित्य अकादमी के अध्यक्ष पूनम दईया का समय था जब बीकानेर में कहानी विषयक संगोष्ठी थी, जोधपुर से मैं उस संगोष्ठी में भाग लेने गया था और वहाँ एक सत्र की अध्यक्षता भी की थी। मालचन्द्र तिवाड़ी, मदन सैनी और अनिरुद्ध ऊमट से लम्बी और आत्मीय भेंट उन्हीं के शहर बीकानेर में ही हुई थी। आचार्य जी अपनी व्यस्तता के कारण कार्यक्रम में नहीं आ सके थे तो मैं शाम को उनके आवास पर मिलने गया और बहुत देर तक हम समकालीन लेखन पर बातें करते रहे। उन्होंने बातचीत में ही बताया कि वात्स्यायन जी मेरे घर इस छोटे दरवाजे से आते थे। कहना न होगा कि वे अज्ञेय को वात्स्यायन जी कहते हैं। पूनम जी को अध्यक्ष बनवाने में आचार्य जी की महत्त्वपूर्ण भूमिका थी पर अकादमी और उसकी गतिविधियों को लेकर उन्होंने कोई टिप्पणी नहीं की जबकि नन्द बाबू अकादमी से अपनी असहमति को कभी छुपाते नहीं थे।

उदयपुर में साहित्य अकादमी के तत्वावधान में 'कविता' पर कार्यक्रम था, जिसकी बागडोर कवि विजेन्द्र जी के हाथ में थी। विजेन्द्र जी ने कार्यक्रम को विषयवार कई उपगोष्ठियों में विभाजित किया था। विजेन्द्र जी स्वयं गम्भीर अध्येता और उतने ही सतर्क कवि थे, जिसकी छाप संगोष्ठी में पढ़े जाने वाले पत्रों और लगातार हो रही बहसों में साफ़ दिखाई दे रही थी। पर उनकी दिक्कत यह थी कि अपने समकालीन प्रतिष्ठित कवियों में केदारनाथ सिंह, रघुवीर सहाय इत्यादि को वे बड़ा कवि नहीं मानते थे। वे त्रिलोचन, कुमारेन्द्र पारसनाथ सिंह और स्वयं को बड़ा कवि मानते थे। एक बार 'ओर' में मैंने केदार जी की कविता 'बाघ' पर लिखने के लिये कहा तो उन्होंने नाराज़ होकर पोस्टकार्ड लिखा कि 'बाघ कविता में आपको ऐसा क्या दिख गया, जिस पर आप लिखना चाहते हैं?' मुक्तिबोध से वे बहुत नाराज़ रहते थे और जीवन के अन्तिम प्रहर तक जब मुक्तिबोध को सभी ने महत्त्वपूर्ण कवि मान लिया था, तब भी वे लगातार मुक्तिबोध के विरोध में लिखते और कहते रहे। अपनी सीमा और ज़िद के बावजूद वे लोक के कवि थे, लोक से उनका गहरा जुड़ाव था इसलिए अपनी छोटी-सी पत्रिका 'ओर' जो बाद में 'कृति ओर' बनी, में वे लोकोन्मुखी कविता और उस पर तीखी बहस चलाते रहते थे। उन्होंने कई उदीयमान कवियों को पहचान दी और कई आलोचकों से उनका बेहतरीन लिखवाया। उनके लिखे पोस्टकार्डों की घनी लिखावट और चिन्ताधारा आज भी बेचैन करती है। डॉ. जीवन सिंह और डॉ. रमाकांत शर्मा से मेरी निकटता के मूल में विजेन्द्र जी ही थे, वे जोड़ने में विश्वास करते थे, तोड़ने में नहीं। अगर कहीं टूटा भी

तो टूटने वाले के विचलन के कारण ही ऐसा हुआ होगा। वे पारिवारिक थे इसलिए साहित्य को भी एक परिवार ही मानते थे।

मैं अब भी यह मानने को तैयार नहीं हूँ कि कोई भी अकादमी या लेखक संघ किसी व्यक्ति को लेखक बना सकने में सक्षम होते हैं फिर भी यह मानता हूँ कि लेखक की क्षमता को मूल्यांकित करने और उसे धार देने में दोनों की भूमिका असंदिग्ध है। इसलिए यह भी ज़रूरी है कि अकादमी की पत्रिका और मंच हर महत्त्वपूर्ण रचना और रचनाकार के लिये खुले रहने चाहिये। इस सन्दर्भ में यह भी कहना चाहूँगा कि 'मधुमती' ने अपनी लम्बी यात्रा में कई उतार-चढ़ाव देखे हैं। अकादमी की पत्रिका को रचनात्मक होना चाहिये, उसे केवल अकादमिक होने से इसलिए भी बचना चाहिये कि जब से उच्च शिक्षा में पदोन्नति के लिये तथाकथित शोध निबन्धों की अनिवार्यता को आधार बनाया गया है, तब से शोध निबन्धों की दुर्गति को हम सब देख रहे हैं। हिन्दी की कोई भी बड़ी पत्रिका यूजीसी द्वारा न तो मान्य है और न उनके सम्पादक उस मान्यता प्राप्ति की पंक्ति में ही खड़े हैं क्योंकि वे मान्यता प्राप्ति की राजनीति और उसके दुष्परिणामों से भलीभांति परिचित हैं। हमारे सामने आज भी कवि सोमदत्त द्वारा सम्पादित 'साक्षात्कार' एक प्रतिमान है, जिसने अकादमी की पत्रिका को रचनात्मक शिखर तक पहुँचाया था। 'मधुमती' हमारे प्रदेश की प्रतिनिधि पत्रिका है इसलिए हम चाहते हैं कि वह रचनात्मक बनी रहे और तमाम रचनाकार उससे आत्मीयता के साथ जुड़े रहें।

❑❑